中华现代学术名著丛书

中国疆域沿革史

顾颉刚 史念海 著

图书在版编目(CIP)数据

中国疆域沿革史/顾颉刚,史念海著.—北京:商务印书馆,2015(2023.9重印)
(中华现代学术名著丛书)
ISBN 978-7-100-11812-5

Ⅰ.①中… Ⅱ.①顾…②史… Ⅲ.①疆域—变迁—中国 Ⅳ.①K928.1

中国版本图书馆 CIP 数据核字(2015)第 283491 号

权利保留,侵权必究。

本书据商务印书馆 1999 年版排印

中华现代学术名著丛书
中国疆域沿革史
顾颉刚 史念海 著

商 务 印 书 馆 出 版
(北京王府井大街36号 邮政编码100710)
商 务 印 书 馆 发 行
北 京 冠 中 印 刷 厂 印 刷
ISBN 978-7-100-11812-5

2015 年 12 月第 1 版　　开本 880×1240　1/32
2023 年 9 月北京第 5 次印刷　印张 9　插页 30
定价:63.00 元

顾颉刚

(1893—1980)

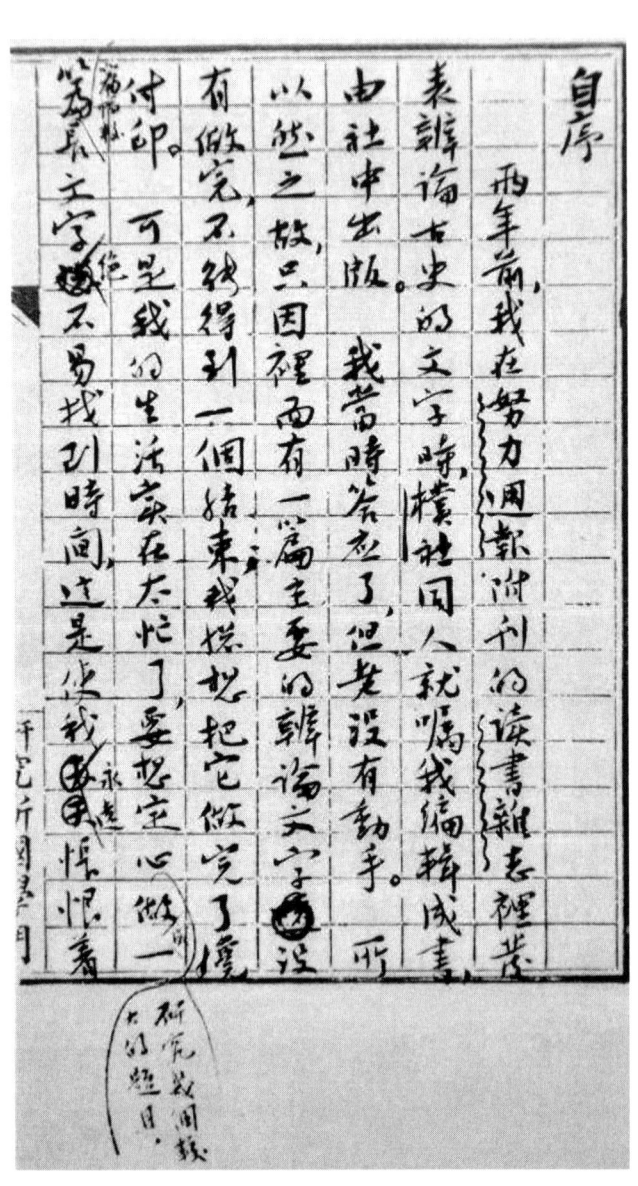

顾颉刚先生手迹

史 念 海

(1912—2001)

《中国疆域沿革史》重印本前言

六十年前，商务印书馆创编《中国文化史丛书》，独辟新径，分门别类，各为撰述，既显示当年学术思潮和学人治学风格，亦发扬中国固有文化，为功至钜。故发刊伊始，即已蜚声士林，见誉人口。迄至今日，犹受人称道，盖有由也。

丛书之中列有《中国疆域沿革史》，请顾颉刚先生撰述。顾先生慨然应允，然以诸务萦身，无暇执笔，要我先为搜集材料及起草。当时禹贡学会初创，并得张石公（国淦）先生捐赠房舍，作为会址。顾先生邀我先期移居禹贡学会之内，以便着手进行工作。

当时正是国难当头，日本帝国主义侵凌日甚一日，东北三省早已沦陷，其锋镝及于山海关内，北京（当时称北平）势同前线，几有不可终日之势。顾先生曾感慨地说："吾人处于今日，深感外侮之凌逼，国力之衰弱，不惟汉唐盛业难期再现，即先民遗土，亦岌岌难保，衷心忡忡，无任忧惧。"故吾时刻不忘撰著此书，实有深

出版说明

百年前,张之洞尝劝学曰:"世运之明晦,人才之盛衰,其表在政,其里在学。"是时,国势颓危,列强环伺,传统频遭质疑,西学新知亟亟而入。一时间,中西学并立,文史哲分家,经济、政治、社会等新学科勃兴,令国人乱花迷眼。然而,淆乱之中,自有元气淋漓之象。中华现代学术之转型正是完成于这一混沌时期,于切磋琢磨、交锋碰撞中不断前行,涌现了一大批学术名家与经典之作。而学术与思想之新变,亦带动了社会各领域的全面转型,为中华复兴奠定了坚实基础。

时至今日,中华现代学术已走过百馀年,其间百家林立、论辩蜂起,沉浮消长瞬息万变,情势之复杂自不待言。温故而知新,述往事而思来者。"中华现代学术名著丛书"之编纂,其意正在于此,冀辨章学术,考镜源流,收纳各学科学派名家名作,以展现中华传统文化之新变,探求中华现代学术之根基。

"中华现代学术名著丛书"收录上自晚清下至20世纪80年代末中国大陆及港澳台地区、海外华人学者的原创学术名著(包括外文著作),以人文社会科学为主体兼及其他,涵盖文学、历史、哲学、政治、经济、法律和社会学等众多学科。

出版说明

出版"中华现代学术名著丛书",为本馆一大夙愿。自1897年始创起,本馆以"昌明教育,开启民智"为己任,有幸首刊了中华现代学术史上诸多开山之著、扛鼎之作;于中华现代学术之建立与变迁而言,既为参与者,也是见证者。作为对前人出版成绩与文化理念的承续,本馆倾力谋划,经学界通人擘画,并得国家出版基金支持,终以此丛书呈现于读者面前。唯望无论多少年,皆能傲立于书架,并希冀其能与"汉译世界学术名著丛书"共相辉映。如此宏愿,难免汲深绠短之忧,诚盼专家学者和广大读者共襄助之。

商务印书馆编辑部
2010年12月

凡　例

一、"中华现代学术名著丛书"收录晚清以迄20世纪80年代末,为中华学人所著,成就斐然、泽被学林之学术著作。入选著作以名著为主,酌量选录名篇合集。

二、入选著作内容、编次一仍其旧,唯各书卷首冠以作者照片、手迹等。卷末附作者学术年表和题解文章,诚邀专家学者撰写而成,意在介绍作者学术成就、著作成书背景、学术价值及版本流变等情况。

三、入选著作率以原刊或作者修订、校阅本为底本,参校他本,正其讹误。前人引书,时有省略更改,倘不失原意,则不以原书文字改动引文;如确需校改,则出脚注说明版本依据,以"编者注"或"校者注"形式说明。

四、作者自有其文字风格,各时代均有其语言习惯,故不按现行用法、写法及表现手法改动原文;原书专名(人名、地名、术语)及译名与今不统一者,亦不作改动。如确系作者笔误、排印舛误、数据计算与外文拼写错误等,则予径改。

五、原书为直(横)排繁体者,除个别特殊情况,均改作横排简体。其中原书无标点或仅有简单断句者,一律改为新式标点,专名号从略。

六、除特殊情况外,原书篇后注移作脚注,双行夹注改为单行夹注。文献著录则从其原貌,稍加统一。

七、原书因年代久远而字迹模糊或纸页残缺者,据所缺字数用"□"表示;字数难以确定者,则用"(下缺)"表示。

目　　录

重排本前言 …………………………………………………… 1
第一章　绪论 ………………………………………………… 5
第二章　中国疆域沿革史已有之成绩 ……………………… 8
第三章　夏民族之历史传说及其活动范围 ………………… 16
　　第一节　大禹治水分州之传说 ………………………… 16
　　第二节　从夷夏交争与少康中兴等传说中
　　　　　　观察夏代中世之疆域 ……………………… 18
　　第三节　晚夏之疆域范围 ……………………………… 20
第四章　殷商民族之来源及其活动区域 …………………… 23
　　第一节　殷商民族起于东方说 ………………………… 23
　　第二节　殷商之建都与迁都 …………………………… 25
　　第三节　殷代之势力范围与其征伐所及 ……………… 27
第五章　西周之疆域范围及东周王畿之区域 ……………… 31
　　第一节　周民族起于西方及其东侵 …………………… 31
　　第二节　周灭殷后之东方封国 ………………………… 33
　　第三节　周室之东迁及东周王畿之疆域 ……………… 35
第六章　春秋列国疆域概述 ………………………………… 39
　　第一节　春秋时期华夏之疆域 ………………………… 39
　　第二节　春秋时夷蛮戎狄之分布 ……………………… 42

v

第三节　春秋时代诸侯之互相吞并及夷狄之同化 ········· 45

第七章　战国疆域变迁概述 ································· 48
　　第一节　战国之形势 ··································· 48
　　第二节　战国时华夏疆域之扩张及民族之同化 ········· 49
　　第三节　郡县之起源 ··································· 51

第八章　先秦人士之区划地域观念 ························· 54
　　第一节　九州说及大九州说 ···························· 54
　　第二节　十二州说 ····································· 56
　　第三节　畿服说 ······································· 58

第九章　嬴秦统一后之疆域 ································· 62
　　第一节　六国之灭亡及秦之统一 ······················· 62
　　第二节　秦郡考略 ····································· 64
　　第三节　长城 ··· 67

第十章　西汉疆域概述 ····································· 72
　　第一节　汉初之封建制度 ······························· 72
　　第二节　西汉之郡国区划及其制度 ····················· 75
　　第三节　西汉地方行政制度 ···························· 79
　　第四节　西汉对外疆土之扩张 ·························· 81

第十一章　新莽改制后之疆域 ······························· 85

第十二章　东汉复兴后之疆域 ······························· 88
　　第一节　东汉初年郡国之省并 ·························· 88
　　第二节　两汉地理制度之比较与其疆域之消长 ········· 90
　　第三节　汉末九州制之复兴 ···························· 92

第十三章　三国鼎峙中之疆域 ······························· 95
　　第一节　曹魏之疆域 ··································· 95

第二节　蜀汉之疆域 ………………………………… 98
　　　第三节　吴之疆域 …………………………………… 99
　　　第四节　三国时之地方制度与特殊制度 …………… 101
　　　第五节　三国时北边汉族之南徙与南蛮山越之征服 … 103

第十四章　西晋统一后之疆域及其地方制度 ……………… 105

第十五章　东晋南北朝疆域概述 …………………………… 109
　　　第一节　五胡乱华及汉族之南迁 …………………… 109
　　　第二节　侨州郡县制度之建立 ……………………… 113
　　　第三节　江左诸朝疆域之变迁 ……………………… 115
　　　第四节　北魏周齐疆域之分合 ……………………… 119
　　　第五节　南北朝时代地方制度之沿革及其紊乱 …… 122

第十六章　隋代疆域概述 …………………………………… 126
　　　第一节　隋代疆域之区划及其制度 ………………… 126
　　　第二节　运河 ………………………………………… 129

第十七章　唐代疆域概述 …………………………………… 132
　　　第一节　唐代疆域之区划及其制度 ………………… 132
　　　第二节　府制之确立及其种类 ……………………… 135
　　　第三节　节度使区域之建置 ………………………… 138
　　　第四节　唐代地方行政制度 ………………………… 141
　　　第五节　唐代疆域之扩张及羁縻州县之建置 ……… 142

第十八章　五代割据时期疆域概述 ………………………… 147
　　　第一节　五代递嬗期间中原疆域之演变 …………… 147
　　　第二节　十国之割据与此期疆域之变迁 …………… 150

第十九章　宋代疆域概述 …………………………………… 155
　　　第一节　北宋之疆域区划及其制度 ………………… 155

第二节　宋室南渡后之疆域 ………………… 159
　　　第三节　宋代地方行政制度 ………………… 163
第二十章　辽国疆域概述 ……………………………… 165
第二十一章　金源疆域概述 …………………………… 170
第二十二章　元代疆域概述 …………………………… 174
　　　第一节　元初领土之扩张及四大汗国之建立 … 174
　　　第二节　元代中国本部之疆域区划与其制度 … 177
　　　第三节　元代地方行政制度 ………………… 181
第二十三章　明代疆域概述 …………………………… 184
　　　第一节　明初布政使司之建置及其疆域区划 … 184
　　　第二节　明代地方行政制度 ………………… 187
　　　第三节　都司卫所之分布 …………………… 188
　　　第四节　明代九边之建置及边墙之修筑 …… 191
第二十四章　清代疆域概述 …………………………… 196
　　　第一节　未入关前之满清 …………………… 196
　　　第二节　清代行省之区划 …………………… 198
　　　第三节　蒙藏底定后之四方藩属 …………… 201
　　　第四节　清代地方行政制度 ………………… 206
　　　第五节　清代西南土司制度 ………………… 208
第二十五章　鸦片战后疆土之丧失 …………………… 212
第二十六章　民国成立后疆域区划及制度之改革 …… 218

顾颉刚先生学术年表 ………………………… 王煦华　223
史念海先生学术年表 ………………………… 王京阳　254

重排本前言

六十年前，商务印书馆创编《中国文化史丛书》，独辟新径，分门别类，各为撰述，既显示当年学术思潮和学人治学风格，亦发扬中国固有文化，为功至巨。故发刊伊始，即已蜚声士林，见誉人口。迄至今日，犹受人称道，盖有由也。

丛书之中列有《中国疆域沿革史》，请顾颉刚先生撰述。顾先生慨然应允，然以诸务萦身，无暇执笔，要我先为搜集材料及起草。1934年禹贡学会初创，翌年得张石公（国淦）先生捐赠房舍，作为会址。顾先生邀我先期移居禹贡学会之内，以便着手进行工作。

当时正是国难当头，日本帝国主义侵凌日甚一日，东北三省早已沦陷，其锋芒及于山海关内，北京（当时称北平）势同前线，几有不可终日之势。顾先生曾感慨地说："吾人处于今日，深感外侮之凌逼，国力之衰弱，不惟汉唐盛业难期再现，即先民遗土，亦岌岌莫保，衷心忡忡，无任忧惧。"故承应撰著此书，实有深意。顾先生一再指出，必须详细论述疆域损益及其演变踪迹，借以使国人具知创造祖国山河之匪易，寸土皆应珍视，不能令其轻易沦丧，这不仅是口头的指示，而且在书中开篇明白写入。

顾先生上述指示，实为本书框架轮廓，大纲目录即依此制定。目录中特设《明代长城和九边》《清代后期失地》等章节，亦有所指。论述历代疆域，涉及许多具体地名，若一一备举，悉以入于文内，显得繁琐累赘。顾先生又指示，应分别列成表格，既清眉目，亦可少占篇幅。顾先生还指示，讲地理不能不用地图，讲现代地理如此，讲沿革地理更不能舍之不用。根据这个指示，书中先后列表 31 个，附图 27 幅。

以前我在大学学习时，曾听过谭其骧先生讲授《中国历史时期的地理》的课程。谭先生很会讲课，上课时只带一些卡片，就滔滔不绝地讲起来，既不发讲义，也不绘制地图和表格，学生只是听讲记笔记。在起草中，我翻阅过我所记笔记，由于和顾先生的指示以及写作要求差距较大，很难配合。特别是顾先生在本书目录开端绪论之后，列有《中国疆域沿革史已有之成绩》一章，笔记中无此内容可资参考，而疆域沿革之学有其历史渊源，历代学人咸有撰著，非一朝一代史事，起草此章要遍览前哲时贤的著述，我深感难于措手。这些情形，我皆曾坦率地向顾先生谈过。顾先生鼓励我从头学起，而且给我一年多的时间，作为我在禹贡学会的工作。在这不很长的时间里，我只好埋头苦读，翻检有关图书。这使我能博览和参考古今许多学者的著述和学说，不囿于一家之言。在苦读中，时时得到顾先生的指点，又不时和当时在禹贡学会工作的韩儒林、童书业、张维华诸先生共同研讨，使我得到不少进益。在起草工作中也曾征询过诸先生的论点和意见，其中尤以童书业先生的为多，但都没有注出他们的大名，因为都仅是口头的谈论，不是著作，无从为之注出。

总的说来，全书的框架轮廓以及大纲目录都有顾先生的指示，有规矩可依，所谓起草工作只是就章节题目做文章，看起来似乎不会很费力，但实际做起来却非常吃力。除了前面提到的《已有之成绩》一章外，由于这本书以论述历代疆域变迁为主，旧日所谓正史大都有《地理志》或《郡国志》,就是有缺的,后来也有人为之补撰,可以据以论述,不过有些志中也还有若干问题,前代学人于此都有论述,这就不能不多事翻检,博采众议,斟酌取舍。又在此书撰写之前,顾先生曾经著有《两汉州制考》,对于《汉书·地理志》的讹误有所校订。既已创立规矩,就须一律踵行。再有疆域规划时有变迁,历年既久,其间自多增并损益,而改朝换代之后,改易更多,尤其是接近边地各处,又时有盈亏。凡此种种,皆须一一董理,方不至有所讹误。更为繁琐的则为图表的制定清绘。前代学人于此颇著功力,成果累累,但仍有不甚确切之处,需要考订,而且要与现代地名对照,自不能不再下功夫,逐一为之查勘。因此,以一年多的时间完成全书起草,极为紧张。但是经过这次锻炼,使我能够深入其中仔细钻研,今日能够稍有寸进,确实是由顾先生谆谆的教导,为我奠定治学的基础,这是我没齿难忘的。

此书自出版迄今已六十年,本来已是往事一宗,无烦再为道及。现在商务印书馆决定重印,因就回忆所及,略述当年起草过程,亦雪泥鸿爪的微意。当年顾先生承应撰著此书,如前所说,是由于日本帝国主义的侵凌,日甚一日,其时国力衰弱,难于阻遏强敌,故欲借此书以昭告国人,不使大好河山继续沦陷。现在国力日强,国运鼎盛,边圉安谧,民康物阜,与六十年前迥然不同。顾先生在天之灵亦当为之欣慰无已也。

史念海谨述

1998年2月

第一章 绪论

在昔皇古之时,汉族群居中原,异类环伺,先民洒尽心血,耗竭精力,辛勤经营,始得今日之情况。夏商以前,古史渺茫,难知究竟;即以三代而论,先民活动之区域犹仅限于黄河下游诸地;观夫春秋初年,楚处南乡,秦居西陲,而中原大国即以戎狄视之,摈不与之会盟,他可知矣。春秋战国之际,边地诸国皆尝出其余力,向外开扩,故汉族之足迹,所至渐广。汉族强盛之时,固可远却所谓夷狄之人于域外;然当其衰弱之日,异族又渐复内侵;故有秦皇、汉武之开边扩土,即有西晋末年之五胡乱华;其间国力之强弱,疆域之盈亏,皆吾先民成功与失败之痕迹,正吾人所应追慕与策励者也。

传说中之黄帝,已尝划野分州,建置万国,其言虽荒诞,然疆域之区划,皇古之时似已肇其痕迹。自《禹贡》以下,九州、十二州、大九州之说,各盛于一时,皆可代表先民对于疆域制度之理想。自郡县肇建而地方制度与区划,始稍见完善。厥后诸代建置之情形,各有不同,或因前朝旧规,或自创设新制,故汉州、唐道、宋路、元省皆成一代之主要地方制度,其名称虽异,而其演变之迹尚可循求。今日国内以省区为首要,然夷考其初,须溯自金元;求其远因,则应取证魏晋。今日之县制为地方基本区划,若一探究其根源,又须推至先秦之时。今日去逊清尚近,各地习俗仍多以府、州相称,其所指不过一城,所辖不出数县或数十县;岂意两汉、魏晋一州之大,较诸今省犹有过之。隔代视之，似属奇突；求其因革，罔不有所依据。吾人欲考究先民疆土之盈亏，则其时制度之变迁，固不可忽视者也。

且也，吾国今日人口之分布，东南密而西北疏，即以中原而论，亦较前代为衰。返观两汉之时，三辅、三河、陈留、颍川、南阳、汝南实为人口稠密之区域，以今地按之，则人口衰落之陕西中部、山西南部及河南是也。求其今古差别之原因，则东晋、南宋两度偏安实有以促成之。盖东晋之时，五胡乱华，中原衣冠相率南渡；南宋一代，金元之南侵，遂使北地人民再度逃徙。此种剧烈之事变固为人口迁徙之最大原因；而南北郡县增损之情形亦可假此解释。盖人户繁多之地，其政务自较复杂，郡县之建置亦必日渐增多；反之，荒凉之地，户口稀少，不惟不必增置郡县，抑且日有废省（南北朝时代郡县增多实逾常轨不能以此例之）。西汉十三州刺史部及司隶校尉部之区划，南方仅居其四（荆、扬、益、交四州），而北方实得十区；西晋十九州，南七而北十二；是北方地理区划实远密于南国。自经东晋、南北朝长期之纷乱，至唐代始渐归平均，故唐初十道，南北各半。至明时之十三布政使司及二直隶则又北五而南十；清代内部十八省，亦北六而南十二，南北盛衰之情形于此显见，故吾人欲考究历代疆域之变迁，人口之增减亦不能不注意之也。

虽然，移民之事业，吾国古代即已有之，特晋宋两代为最著耳。先秦之时姑不具论，嬴秦、两汉实数见不鲜。秦汉建都关中，因徙各地豪民富家于畿辅，故三齐诸田、燕、赵巨族，皆车毂相接，络绎西迁，关中人口盛极一时，此实都之策也。秦皇北逐匈奴，南取蛮、越，建郡置县，徙罪民以居之，故河南、岭外已有汉族之足迹。汉武拓地北方，开通西域，建河西四郡，益徙内地人民实之，而其时屯戍之卒且远及于渠犁,殖边之故也。东汉而后,降胡内徙,皆徙之塞下,移异族入吾境圉,实伏西晋乱离之先机。厥后民户南迁日甚,南北盛衰顿异。及元时括户,北部一州不当南国大县;明初虽有徙宽乡(徙南人入北)之举,然积习日久,卒不能改。浸至塞外委为蒙地,辽东舍于满族,亦视为应然,毫不足怪也。近年以来,强邻虎视,欲得我地而甘心,乃谓满、蒙非我旧土,不知汉之辽东、玄菟,实当今辽宁诸地,右北平属县大半皆在热河境内;唐代之安东都护府治所实在今鸭绿江以南,其所辖州郡,亦散布于朝鲜半岛。原强邻侵略之野心,固当抹煞事实,而国人亦多数典忘祖,随声附和,岂不谬哉!

吾人处于今世,深感外侮之凌逼,国力之衰弱,不惟汉唐盛业难期再现,即先民遗土亦岌岌莫保,衷心忡忡,无任忧惧!窃不自量,思欲检讨历代疆域之盈亏,使知先民扩土之不易,虽一寸山河,亦不当轻轻付诸敌人,爰有是书之作。其地方制度州郡区划与夫人户之移徙亦疆域史中所不可少者,因并论及,著之于编。

第二章　中国疆域沿革史已有之成绩

吾国地理之学发达极早,其见于文字之记载者,则《尚书·禹贡》、《山海经》、《尔雅·释地》、《周礼·职方》诸书盖为最古。然言地理者必有地图始能相佐为用。地图之创始当在文字记载以前,诚以图象之制作较文字为易,故先民多先图而后书。吾国地图之见于记载者始于周初,《尚书·洛诰》"伻来以图,及献卜",《诗·周颂》"隋山乔岳,允犹翕河",即见明证(纬书之言地图早在神农、黄帝之时,如《太平御览》卷三十六引《春秋元命苞》云"神农时怪义生白阜图地形脉道",其说不足据)。《周礼》亦云"职方氏掌天下之图,以掌天下之地",是地图之制作已渐臻发达。春秋战国之世,诸侯交争,地图益多。《战国策·秦策》:"司马错与张仪争论于秦惠王前……仪曰:……据九鼎,按图籍,挟天子以令天下,天下莫敢不听,此王业也。"《赵策》:"臣窃以天下地图案之,诸侯之地,五倍于秦,料诸侯之卒,十倍于秦。"《史记·蔺相如传》:"因请召有司案图,指从此以往十五都予赵。"而荆轲为燕太子丹西刺秦王时所挟之《督亢图》尤艳称于后人口中。战国学术本极发达,而地图之绘制尤为一时之盛事;盖各国相争,遣使结盟,出兵夺地,交通、道路、山川、形势在所必知,故地图之繁多实吾人意料中之事也。

及刘项亡秦,萧何随汉祖入关,先收秦丞相及御史律令图书藏之,《萧相国世家》所谓:"汉王所以具知天下厄塞户口多少,强弱之处,民所疾苦者,以何具得秦图书也。"《张丞相列传》"苍乃自秦时为柱下史,明习天下图书计籍",吾人可由此稍知秦人作图之概况,及其图上所记载之情形。入汉以来,图籍之著作益盛,吾人姑举其著者言之,《三王世家》:"臣昧死奏《舆地图》,请所立国名。"《淮南衡山列传》:"王日夜与伍被、左吴等案《舆地图》。"《汉书·江都易王传》:"具天下之舆地及军陈图。"《后汉书·光武纪》:"臣请大司空上《舆地图》。"《马皇后纪》:"帝按地图将封皇子,悉半诸国。"《〈岑彭传〉注》引《续汉书》:"辛臣为(田)戎作地图,图彭宠、张步、董宪、公孙述等所得郡国,云洛阳所得如掌耳。"《马援传》:"前披阅《舆地图》,见天下郡国百有六所。"《李恂传》:"拜侍御史,持节使幽州……所过皆图写山川屯田聚落百余卷,悉封奏上。"惜汉世诸图今已亡佚,不得知其究竟;惟晋裴秀奏上《禹贡地域图》时犹得见之,其言曰:"今秘书既无古地图,又无萧何所得,惟有汉氏《舆图》及《括地》诸杂图,各不设分率,又不考正准望,亦不备载名山大川,虽有粗形皆不精审,不可依据,或荒外迂诞之言,不合事实,于义无取。"(《晋书》本传)据秀所言汉图殆仅有各地之轮廓,似非精细之作。惟此时有一事应为吾人所注意者,即追记古代地理之舆图,已见萌芽。《汉书·张骞传》:"天子案古图书,名河所出山曰昆仑。"《后汉书·循吏传》:"乃赐(王)景《山海经》、《河渠书》、《禹贡图》。"武帝所案之图是否出自汉代,吾人不得而知;然景所得者,当为汉时所制。盖《禹贡》虽载九州区域,不过先秦人士之地理学说,其图自非先秦之时所能作也。

两汉地图之外,舆地之著作尤为众多,太史公之《河渠书》及班孟坚之《地理志》,皆千古之绝作,而为后世研究疆域沿革之人士奉为圭臬,故《隋书·经籍志》曰:"武帝时,计书既上太史,郡国地志固亦在焉;史迁所记,但述《河渠》而已。其后刘向略言地域,丞相张禹,使属朱贡条记风俗,班固因之作《地理志》,其州国郡县山川夷险时俗之异,经星之分,风气所生,区域之广,户口之数,各有攸叙,与古《禹贡》、《周官》所记相埒。"淮南王安宾客所撰之《淮南子·地形训》继骖衍之后,纵论天下九州,犹有先秦人士言地之余风。杨雄之《十二州箴》,王莽职方可以考见。后汉应劭著《十三州志》及《风俗地理志》,以记各地沿革,惜其书不传,难窥全豹,仅于他书中略睹其断简佚句,稍知其体例而已。

此期尚有一可注意之事,即方志之著作是也。方志之名虽早见于《周礼》;然其时是否已有此类书籍,实属疑问。《后汉书·西域传》:"(甘英)抵条支而历安息,临西海以望大秦,拒玉门、阳关者四万余里,靡不周尽……而二汉方志,莫有称焉。"吾人逆料二汉之时,方志之著作盖极普遍,故《隋书·经籍志》谓"武帝之时,计书既上太史,郡国地志因亦在焉"。惟其时方志所载事物不若后世之繁杂而已。举其著者则圈称《陈留风俗传》、王逸《广陵郡图经》(《〈文选·芜城赋〉注》引)皆是也。自此而后,作者代有,至于今日,荒州僻县亦皆各有其志书,于是各地之沿革亦能溯其本源,考其变迁。虽其间优劣不齐,要为治疆域沿革史者之别军也。

自太史公作《河渠书》,班孟坚因之作《沟洫志》,二家之后,水道之记载,久而不闻;魏晋间有《水经》一书出,遂为谈水者别开生面。《水经》一书,前人或以为汉桑钦所撰,然书中载有魏晋间事,当非钦所能知。元魏之时,郦道元为之作注,发幽显昧,顿成名山之业,后世遂以之与先秦之《山海经》并称,为治地学者所不可少之要籍,清人治此书者极多,其详述于后文。

晋初，杜预以酷爱《左传》成癖，因著《春秋左氏经传集解》，而列国地理遂散见于其书中。司空裴秀博学多闻，因撰《禹贡地域图》，《晋书》本传载其书序文曰："今上考《禹贡》山海川流原隰陂泽，古之九州及今之十六州，郡国县邑疆界乡陬及古国盟会旧名，水陆经路，为地图十八篇。"窥其撰述之意，盖考古兼以证今，山川郡国靡所不述，实为研究疆域沿革之名作；惜其书不传，难知其详耳。其作图之法，据《传》所言，则大要有六："一曰分率，所以辨广轮之度也；二曰准望，所以正彼此之体也；三曰道里，所以定所由之数也；四曰高下，五曰方邪，六曰迂直，此三者各因地而制宜，所以校夷险之异也。"隋宇文恺谓其图以二寸为千里（《隋书》本传），则其轮廓可知。秀客京相璠又撰《春秋土地名》，则专考究一代。厥后虞挚又依《禹贡》、《周官》撰《畿服经》百七十卷，《隋书·经籍志》谓"其州郡及县、分野、封略、事业、国邑、山陵、水泉、乡、亭、城、道里、土田、民物、风俗、先贤旧好，靡不具悉"，盖亦一代集大成之作也，而今则亡矣。齐之陆澄（《地理书》）、梁之任昉（《地记》）、陈之顾野王（《舆地志》）皆尝祖述虞氏体例，各有撰述，实则抄集诸家之说，故《隋志》谓其不能成一家之体也。宋谢庄尝制《方丈图》，《宋书》本传，谓其"分《左氏》经传，随国立篇，制本《方丈图》，山川土地各有分理，离之则州别郡殊，合之则寓内为一"。案其图例，实可与京相璠之书相辅而行。其他疆域沿革之要籍，则齐有刘澄之之《永初山川古今记》，梁有陶弘景之《古今州郡记》，其书皆佚，存其目而已。晋郭璞注《山海经》与北魏郦道元之注《水经》，皆为整理古籍之名作，先后辉映，长为后世学人所景仰者也。

唐初史臣纂修《晋书》，《地志》一篇，疏误甚多，深予后人以评论之口实。然魏王泰侍臣所撰之《括地志》，贾耽之《贞元十道录》、《华夷图》、《古今郡国县道四夷述》，李吉甫之《元和郡县图志》皆卓然自成一家之言。贾氏《古今县道四夷述》所载"中国本之《禹贡》，外夷本班固《汉书》，古郡国题以墨，今州县题以朱，刊落疏舛，多所厘正"（《新唐书》本传），今人治疆域沿革者所绘图表，以朱墨套印，盖贾氏之遗制也。《传》又谓耽"著《贞元十道录》。以贞观分天下隶十道，在景云为按察，开元为采访，废置升降备焉"。其本朝疆域之沿革具于此矣。若《括地志》、《元和郡县图志》则皆言今而兼述古，《括地志》亡佚已久，《元和郡县图志》尚存，其图亦早失矣。《四库全书总目提要》谓："舆地图经隋、唐《志》所著录者，率散佚无存，其传于今者惟此书（《元和郡县志》）为最古，其体例亦最善，后来虽递相损益，无能出其范围"，其见重于后世若此。

至于宋代，乐史著《太平寰宇记》、欧阳忞作《舆地广记》、王象之撰《舆地纪胜》，考其所述，则郡县沿革、山川、人物、艺文等目无不备载，盖循李氏《郡县》之旧规，而又扬其余波者也。若王存之《元丰九域志》之类，虽亦舆地名作，然仅述本朝郡县，不载沿革，非吾人所欲讨论也。其专论地理沿革之著作，则王应麟《通鉴地理通释》其最著者，王氏素精舆地之学，而斯书又详阐历代地理之变迁，故《四库提要》称其"徵引浩博，考核明确，于史学最为有功"也。他若税安礼《历代地理指掌图》、程大昌《禹贡山川地理图》、吴澥《历代疆域志》、郑樵《春秋地名谱》亦此期研究疆域沿革之成绩，《宋史·艺文志》载有不著撰人之《三代地理志》一书，当亦为此时之著作。

元代阿拉伯绘图之法传入，吾国地图因经一度改良，朱思本之《广舆图》即利用新法而作成者，朱《图》至明时为罗洪先所增补，今日尚存。元人始创修《一统志》，明清继之，代有修纂，惜《元一统志》已佚，为可惜耳。元代论疆域沿革之著作，多不可考见，仅胡三省之《资治通鉴注》流传甚广，胡氏所注固非专究舆地，然温公书中之地名，得胡氏阐述，亦可知其沿革，其功正不可没也。至明而有桂萼之《历代地理指掌》，吴龙之《郡县地理沿革》，郭子章之《古今郡国名类》等今皆亡矣。

清代朴学最为发达，疆域沿革之研究亦因以远超前人之范围。清人之治疆域沿革者，多偏重于整理故籍，而于校补各史地理志，用力尤勤。自班固著《汉书·地理志》后，司马彪承其余绪，撰《续汉书·郡国志》，及陈寿著《三国志》，遂阙此不作；而唐人所修《晋书·地理志》又多讹误疏漏，其余诸史或阙或陋，正待后人之修补，故清儒之治古地理者，多侧重于此。其所补之志，如：刘文淇之《楚汉诸侯疆域志》，谢钟英之《三国疆域表》，吴增仅之《三国郡县表》（杨守敬《补正》），洪亮吉之《补三国疆域志》、《东晋疆域志》、《十六国疆域志》，洪齮孙之《补梁疆域志》，汪士铎之《南北史补志》，徐文范之《东晋南北朝舆地表》等。其所校注者，如：全祖望之《汉书地理志稽疑》，钱坫之《新斠注地理志》（徐松《集释》），汪远孙之《汉书地理志校本》，王绍兰之《汉书地理志校注》，吴卓信之《汉书地理志补注》，杨守敬之《汉书地理志补校》，毕沅之《晋书地理志新补正》，方恺之《新校晋书地理志》，成孺之《宋书州郡志校勘记》，温曰鉴之《魏书地形志校录》，张穆之《延昌地形志》，杨守敬之《隋书地理志考证》，练恕之《五代史地理考》，李慎儒之《辽史地理志考》等。凡此皆就《史》、《汉》以后诸史为之校补注释，若先秦之时则研究者亦不乏人，若阎若璩之《四书释地》、胡渭之《禹贡锥指》、蒋廷锡之《尚书地理今释》、孙冯翼之《禹贡地理古注考》、焦循之《毛诗地理释》、朱右曾之《诗地理征》、高士奇之《春秋地名考略》、江永之《春秋地理考实》、沈钦韩之《左传地名补注》、张琦之《战国策释地》、程恩泽之《国策地名考》等皆论上古时之地理者。至若各家文集札记，亦往往有论地之作，然零篇短札难于备举矣。

《山》、《水》二经自郭璞、郦亭之后，虽时见重于世人，然专董其业者尚不多见。入清以后，治之者甚多，而《水经》尤为人所注意。清儒之治《山经》者，以吴任臣为最早，其所著书曰《山海经广注》，毕沅继之有《山海经新校注》，郝懿行之《山海经笺疏》最后成，而其书亦最优。清初之治《水经》者甚多，据赵一清《注释》征引之本，则有钱曾、黄宗羲、孙潜、顾炎武、顾祖禹、阎若璩、黄仪、刘献廷、胡渭、姜宸英、何焯、沈口、沈炳巽、董熜、项絪、杭世骏、齐召南、全祖望诸家，而全祖望、赵一清、戴震三家校本尤著。他若孔继涵之《水经释地》，赵匡学之《水经注释地》，陈澧之《水经注西南诸水考》，沈钦韩之《水经注疏证》，汪士铎之《水经注提纲》、《水经注释水》（沈、汪二家之书未刊），皆精研博证，厥功至伟。清末，王先谦更集诸家之说为《合校本水经注》，学者便之。杨守敬进而撰《水经注疏》，惜未竟全功，然就已刊之《水经注疏要删》观之，则包罗诸家，集大成之作也。清儒为《水经注》作图，始自黄仪，仪于每水各写一图，汪士铎继之因著《水经注图》，清末，杨守敬别著新图，较旧作精详矣。清儒治水道沿革，《水经》而外，多本《汉·志》，因班氏《志》文间注水流，故学者多从而考核之，陈澧之《汉书地理志水道图说》及洪颐轩之《汉志水道疏证》其最著者。

诸家之外，其综考历代疆域沿革之著作，则以顾祖禹之《读史方舆纪要》最为博大，而杨守敬之《历代地理志沿革图》尤为巨制。其他若陈芳绩之《历代地理沿革表》及李兆洛之《历代地理沿革图》、《历代地理志韵编今释》等虽不若顾、杨二家之宏博,犹能备学者之参考,不可废也。

疆域沿革之学,其初本为史学之附庸,自经清代朴学诸君子之努力,渐由附庸而为大国,吾人细览前人之成绩,诚不禁向往之甚也。

第三章　夏民族之历史传说及其活动范围

第一节　大禹治水分州之传说

夏代以前因文献无征，研究中国历史者惟有缺疑。夏代历史虽亦仅凭后世之记载，然由种种方面证明，则知在殷商以前确有此一朝代也。夏之始祖相传为禹，但禹究竟与夏人是否有血统上之关系，又属疑问。战国以前书中之禹，但称禹，不称夏禹，或者禹之传说乃为中国之《创世记》耳。关于大禹传说最著者为治水及分州二事，今述之于后，以见中国古代之地理观念。

世界各民族皆有洪水之传说，其著者若巴比伦、犹太、印度、波斯、云南猓猓等均有此神话。我国古代文明滥觞于黄河流域，夏民族又播迁流转于此地，黄河自古即多泛滥之灾，或即误以部分之水灾为普遍之大害，遂产生治水分州等传说邪？最初说为治水之人物，即为大禹，如《诗·大雅·文王有声》篇谓："丰水东注，维禹之绩。"《商颂·长发》篇言："洪水茫茫，禹敷下土方。"《尚书·吕刑》篇言："禹平水土，主名山川。"盖在西周时，已认定禹为首出奠定山川者，凡后人所居皆禹之迹，故"禹迹"、"禹都"即为天下之代表名

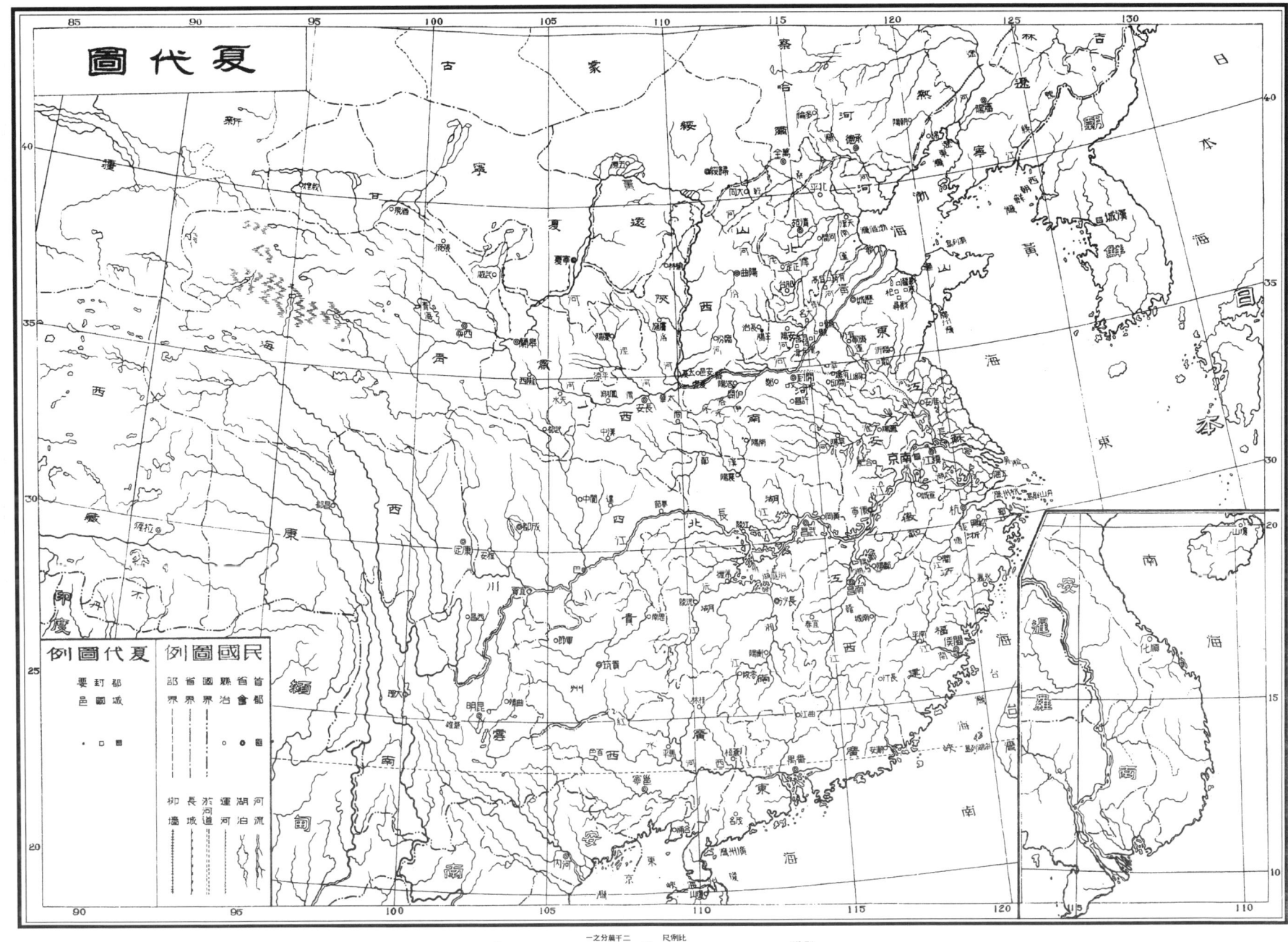

词。时代愈后,洪水之传说愈纷歧,于是自燧人氏、颛顼以至帝尧、帝舜时,乃莫不有治水患之传说,而治水之事业亦不始于禹矣。如传说中谓禹父鲧曾治水而失败。《国语·周语》又云:"昔共工……淫失其身,欲壅防百川,堕高堙庳以害天下,皇天弗福……共工用灭。有崇伯鲧播其淫心,称遂共工之过,尧用殛之于羽山。其后伯禹念前之非度……共之从孙四岳佐之,高高下下,疏川导滞。"此谓在禹之先已有共工及鲧之治水,但皆用壅防之法而致失败,以致共工既灭,鲧亦被诛。禹虽疏导成功,然传说亦谓其备极勤劳,如《庄子·天下》篇云:"墨子称道曰:'昔者禹之湮洪水,决江河,而通四夷九州也,名川三百,支川三千,小者无数,禹亲自操橐耜,而九杂天下之川,腓无胈,胫无毛,沐甚雨,栉疾风,置万国。'"如此勤劳,尚须十三年而功始竣(《史记·河渠书》,《孟子》作八年)。随治水而来之传说,则为分划九州之事。"九州"一名辞,虽已见于春秋时铜器《齐侯镈钟》及《诗·商颂》(作"九有"、"九围"等),但整个九州每州之名称及疆域之分划,则恐为战国以后所安排,试观《墨子·兼爱》中道禹治水之事,为西以泄渠、孙、皇之水,北以利燕、代、胡、貉、西河之民,东以利冀州之民,南以利荆、楚、于越。毫无《禹贡》九州之色彩(冀州为一固定地名,非九州中之一州),则可知《禹贡》九州之名称及划分,应在《墨子》一书后也。今日所见之《禹贡》为记禹时九州贡赋及治水刊山之书,虽非禹时实录,然亦足代表战国时代人之古代地理观念。其中所述禹时之九州为:(一)冀州,(二)兖州,(三)青州,(四)徐州,(五)扬州,(六)荆州,(七)豫州,(八)梁州,(九)雍州。以今日之地理约略言之,则冀州在今山西省及河北、河南省之一部,兖州在今河北与山东省之一部,青州在今山东省境内,徐州在今山东及江苏省之一部,淮水以南今江苏、安徽等处则为扬州,荆州在今两湖境内,豫州略包括今河南省,梁州包括今四川、西康及陕西省之一部,雍州则起自今陕西省东界,并包有甘肃等地。然以上云云,特大略言之,夷考其详,则诸家考据亦未有定论;况九州之分划既属空中楼阁,详细考证亦属徒然也。

第二节　从夷夏交争与少康中兴等传说中观察夏代中世之疆域

据《史记·夏本纪》所记,禹后为启,启后为太康、中康、相、少康四君。惟《史记》于启后一段无何重要事迹之记载,若依《左传》(襄公四年及哀公元年)则知夏代于后相时,曾有中绝之事,扰攘数十年,卒由少康中兴,恢复禹绩,不失旧物。盖夏自太康以后,国势已衰,东夷崛起,夷族中有有穷后羿者遂革去夏命,因夏民以代夏政。但羿固非能理民事者,淫于田猎,弃贤臣而用伯明氏之谗子寒浞,卒致依样画葫芦,以其所取夏之天下归于寒浞;浞并妻其妃妾,生子浇及豷。后相自失天下后,本依于同姓诸侯斟灌、斟寻,后见嫉于寒浞,乃命浇灭此二国,并杀夏后相。相妻后缗方娠,逃出自窦,奔于母家有仍,生子少康。少康年长为有仍牧正,时浇封于过,豷封于戈,浇又思害少康,少康乃自有仍逃奔有虞。虞君妻以二女,封以纶邑,遂有田一成,有众一旅,建立中兴之基础。先是夏之遗臣靡,在羿死后,逃奔有鬲,至是亦出收夏之遗民,剿灭寒浞,少康卒即王位,有夏中兴之事业于以完成(按此段故事甚有问题,今以夏代地理材料流传绝少,姑依《左传》言之)。

第三章　夏民族之历史传说及其活动范围

此书本讲中国疆域沿革,于此一段历史事实琐屑道及者,因夷夏交争之迹,可以觇夏族在当时活动之舞台究为何地耳。据历代经史家考证,知有穷国在今山东德县北,寒在今山东潍县东北,有鬲亦与有穷相近;斟灌在今山东寿光县东北,斟寻在今山东潍县西南;有仍在今山东济宁县(即任国);过在今山东掖县,戈不详其地,据旧说在宋、郑两国之间,当在今河南中部;有虞与纶在今河南虞城县。吾辈如以地图覆按之,则知上述诸地固不出黄河下游之地域也。

此外太康亦曾居斟鄩(《水经注》等书引《汲冢古文》)。后相之都城并在黄河下游。《左传》僖公三十一年云:"卫迁于帝丘……卫成公梦康叔曰:'相夺予享。'公命祀相,宁武子不可,曰:'鬼神非其族类,不歆其祀。杞、鄫何事!相之不享于此久矣,非卫之罪也。'"因帝丘本相之旧都,一旦为卫所据,故相夺康叔之享。帝丘在今河北南端之濮阳县西南;后讹为商丘,古本《竹书纪年》谓相即位,居商丘(《太平御览》引)有《左传》为之佐证,似可信也。且后相时曾征淮夷、畎夷、风夷、黄夷等,而于夷来宾(均本古本《竹书纪年》),少康即位,方夷来宾(同上),伯杼子征于东海(同上),后芬即位,九夷来御(同上),是皆夏都本在东方之证。且在《诗经》中夏之与国亦在黄河下游,如《商颂·长发》云"韦、顾既伐,昆吾、夏桀",韦、顾、昆吾盖均夏末强国,故汤当伐夏前先除去之。韦国在今河南滑县东南;顾国在今山东范县东南;昆吾在今河北濮阳县东,虽分处三省,地望实相近也。

至于夏之同姓国,古籍、甲、金文中可考者则有观、莘、杞、鄫、寒诸国。考其地望,则观国在今山东观城县,居顾国之西。莘国约在今山东曹县。杞本居今河南杞县,后一再迁徙,至山东昌乐县。

古鄫国有二：一姬姓，一姒姓。姒姓之鄫，约在今山东峄县东，姬姓之鄫，盖汉阳诸姬之一，与申戎构乱祸周者。并非姒姓之鄫本居西方，后乃东迁也。寒国之为姒姓，则见于金文（《攈古录》卷二之二），吴式芬引徐籀庄说，谓即寒浞之寒，如然，则少康与寒浞之争亦阋墙耳。

吾辈试一统计上述诸地，则夏代中世之政治势力范围甚了然矣；盖其政治中心似在今山东、河北、河南三省间也。然此种疆域亦仅限于夏代中世，若至晚夏则其政治中心似已西移。换言之，即夏已迁都也。但政治中心虽移，其民族并非尽数西迁，故东方尚多有其同姓及与国也。

第三节　晚夏之疆域范围

夏代自帝杼以后所见故事传说甚少，其居址不可甚详；但当夏之晚年，其政治中心不在鲁西，而在今河南巩、洛以至河东一带，则为有证有据之事，未容否认者也。至于其西徙原因可以猜测者，或因黄河大泛滥使不能安居，或因东夷之侵陵，皆未可知，但非举族西迁，东方仍有孑遗，后世之杞、鄫诸国是也。何时始西迁？西迁果在何地？今试分述之如下：

在《左传》中曾见有大夏及夏虚二名辞，如昭公元年云："迁实沈于大夏，主参，唐人是因，以服事夏商，其季世曰唐叔虞。当武王邑姜方震大叔，梦帝谓己：'余命而子曰虞，将与之唐，属诸参，而蕃育子孙。'及生，有文在其手曰虞，遂以命之。及成王灭唐而封大叔焉。故参为晋星。"又定公三年《传》云："分唐叔以大路，密须之鼓,阙巩沽洗,怀姓九宗,职官五正;命以《唐诰》而封于夏虚,启以夏政,疆以戎索。"由以上记载,知晋地即大夏,亦即夏虚也。杜预《注》谓大夏"今晋阳县",又谓"夏虚、大夏,今太原晋阳也"。杜《注》盖本于《汉·志》太原晋阳《注》云:"故《诗》唐国,周成王灭唐,封弟叔虞。"服虔《注》谓"大夏在汾、浍之间"。顾炎武是服说,盖服说较近于事实。近钱宾四先生(穆)又修正服氏之说,谓实沈居大夏,当在安邑一带,而晋、唐故居当在河东涑水,不涉汾、浍,其证甚多(见《周初地理考》)。先是顾栋高《春秋大事表》亦曾主张"夏虚今为山西解州之平陆县,在河之北",与钱先生说不甚相远。

夏代何帝始西徙?此难作确切之答复者,但至少在夏后皋时已居河东附近。因《左传》僖公二十三年有云:"殽有二陵焉,其南陵,夏后皋之墓也;其北陵,文王之所避风雨也。"在古代陵墓与居所或不能相距太远,故吾人于其陵处求其居处,当不致有大误。殽,杜《注》谓在弘农渑池县西,亦正夏虚附近之地。至于夏桀之国之在西方,则尤有明证。《国策·魏策》吴起云:"夫夏桀之国,左天门之阴,而右天谿之阳,卢、睪在其北,伊、洛在其南。"《史记·魏世家》引作"夏桀之居,左河、济,右华山,伊阙在其南,羊肠在其北"。太华即今华阴之华山。伊阙,《〈史记·秦本纪〉正义》引《括地志》谓在洛州南十九里(在今洛阳县)。羊肠之说有三:一说在怀、潞间,《史记·魏世家》所云"昔者魏伐赵,断羊肠,拔阏与",《正义》谓羊肠在太行山上,南口怀州,北口潞州。一说在壶关,《汉·志》上党壶关有羊肠坂。一说在晋阳,《水经注》谓"羊肠坂在晋阳西北"。三说之中,晋阳太北,一二两说相近,宜以壶关为是。如此则夏桀之国,西到华阴,东到济水上流,北至壶关(在今山西长治县),南至伊、洛,正包括上所云夏虚(大夏)之域也。此外

《国语·周语》有"昔伊、洛竭而夏亡"之语,《逸周书·度邑解》亦云:"自洛汭延于伊汭,居易毋固,其有夏之居",亦皆夏曾居河南西部之佐证。

总括以上三节所云,禹之传说乃属一种神话性质,不足知夏代政治范围之所在,中夏以先,夏之政治中心似在今山东省,其势力及于河北、河南,晚夏则移居河东及伊、洛流域,然东方仍有其孑遗也。

本章重要参考书:

《尚书·禹贡》。
《国语》。
《左传》。
《史记·夏本纪》。
顾颉刚:《古史辨》第一册。
顾颉刚:《州与岳的演变》(燕京大学《史学年报》第五期)。
钱穆:《周初地理考》(《燕京学报》第十期)。
杨向奎:《夏代地理小记》(《禹贡半月刊》三卷十二期)。

第四章　殷商民族之来源及其活动区域

第一节　殷商民族起于东方说

中华民族之来源,至今未有定论,欧洲学者曾有种种假定,或谓自马来半岛渡海而来,或谓由于阗越山而至,或谓来自中亚细亚,或谓来自美索普达米亚,此外印度、埃及、美洲大陆皆曾说为中华民族之发源地。但说法虽多,皆无强证,较有力者为中亚细亚说。盖在万年以前,该处土质膏腴,应为古代文化散布之地,后经地质变动,成为沙漠,居民不得已而四散。我中华民族或由帕米尔高原越葱岭而东下,以后发荣滋长,乃有今日之中国文化。但此乃有史以前一种假定说法,若凭中国古籍中之记载,则知夏、商代实起于东方,周代乃肇自西土也。

夏与东方之关系,已见上章所述。若商汤则太史公固亦谓起自西方矣。如云:"或曰:'东方物所始生,西方物之成熟。'夫作事者必于东南,收功实者常于西北。故禹兴于西羌;汤起于亳(案此亳指西亳)。"(《六国表序》)近傅孟真先生(斯年)于《夷夏东西说》一文中已辨其非,盖商汤之亳实在东方,在商汤以前关于商代祖先之种种传说,皆足以说明商起于东北,后错处河、济间,其后乃西渐而灭夏。《诗·商颂·玄鸟》有云："天命玄鸟,降而生商。""玄鸟"传说之核心,在于祖宗以卵生而创业,后代神话与此说属于一源而分化者,全属东北民族及淮夷。如《论衡·吉验》篇云"北夷橐离国王侍婢有娠,王欲杀之。婢对曰:'有气如大鸡子,从天而下,我故有娠。'"《魏书·高句丽传》："高句丽者,出于夫余。自言先祖朱蒙,朱蒙母河伯女,为夫余王闭于室中……既而有孕,生一卵大如五升。"此外,高丽《好大王碑》、高丽王氏朝金富轼撰《三国史记·高句骊纪》、朝鲜《旧三国史·东明王本纪》、清《太祖武皇帝实录》等书均记有此等传说。由此可知此种传说在东北各部族中之普遍与绵长。在东北以外,古淮夷亦有此种神话,如《史记·秦本纪》云："秦之先,颛顼之苗裔孙曰女修。女修织,玄鸟陨卵,女修吞之,生子大业……"虽记秦事,实叙淮夷之祖,因秦本嬴姓,嬴姓乃东方滨海之民族也。淮夷本东海上部族,《诗·鲁颂》云"至于海邦,淮夷来同",是其证。据此种种佐证,则知所谓"天命玄鸟,降而生商"实与东北民族各神话同一来源。持此以证商民族与东北有密切关系,盖为无疑也。

再就《诗·商颂》"宅殷土芒芒"一句而言,殷土果何在乎?自武乙以来所都之处,《史记》称之曰殷虚,殷虚正在洹水南岸,今河南安阳县境。不过此为后来之事。更求殷商部族之本土,则《吕氏春秋·慎大览》有云:"亲郼如夏。"高诱注曰:"郼读如衣,今兖州人谓殷氏皆曰衣。"毕沅曰"《书·武成》,殪戎殷,《中庸》作壹戎衣,二字声本相近。"然则殷即郼,郼、韦、卫三字当为一字之异体。卫之地位易求,如《吕氏春秋·有始览》云"河、济之间为兖州,卫也";又《左传》哀公二十四年杜《注》云:"东郡白马县东南有韦城。"晋白马县当今滑县东境,亦正古所谓河、济之间也。则商汤之

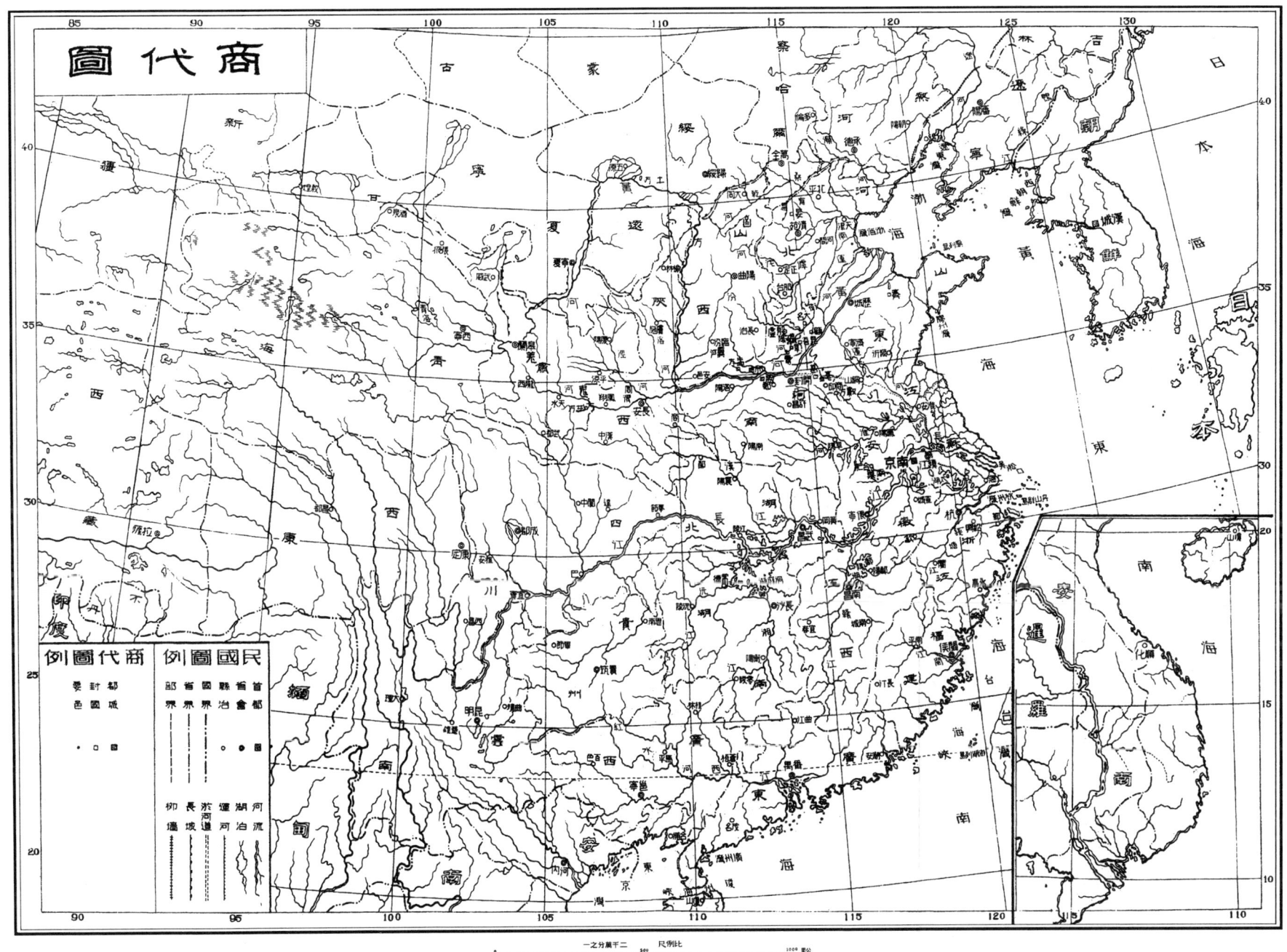

先公发迹于此可知矣。

此外,于《天问》、《山海经》等书中又见商代祖先之故事。《天问》云:"该秉季德,厥父是臧,胡终弊于有扈,牧夫牛羊?……恒秉季德,焉得夫朴牛?……昏微遵迹,有狄不宁。"又《大荒东经》曰:"有困民国,句姓而食。有人曰王亥,两手操鸟,方食其头。王亥托于有易,河伯仆牛。有易杀王亥,取仆牛。"郭璞《注》引《竹书》曰:"殷王子亥,宾于有易而淫焉,有易之君曰绵臣,杀而放之,是故殷上甲微假师于河伯,以伐有易,克之,遂杀其君绵臣也。"以上之故事,实纪殷祖王亥、王恒及上甲微三世之事。有扈亦即有易,盖篆文形近而讹。有易即有狄,音近可通假。有狄之地当在今大河之北,即易水左右。以有易推殷商所在,知其必为邻国,应在今河北省中部或南部,是亦商汤先祖之所处也。

第二节　殷商之建都与迁都

商代之发迹,盖由东北渤海湾与易水流域,后更南徙,往来于济水、黄河间;商汤勃兴,乃先翦除其附近夏之与国如韦、顾及昆吾等而后平灭夏桀。商汤以前,商民族亦曾声势赫赫,如《商颂》云:"相土烈烈,海外有截。"然而灭夏据中原者,则自商汤始,故今考商之都城亦当自汤始。《尚书》序云"自契至于成汤八迁,汤始居亳。"古地以亳名者甚多,如《春秋·襄公十一年》"秋七月己未,同盟于亳城北",杜《注》云"亳城,郑地";《左传·昭公九年》云"肃慎、燕、亳,吾北土也",杜预于此无说,然既与肃慎、燕并举,或当在东北方,与燕及肃慎邻。汤都城之亳所在,说尤纷歧。班固《汉·

志》谓偃师尸乡,殷汤所都,郑玄亦然。皇甫谧以为汤都穀熟,所谓南亳也。《括地志》以为汤始居南亳穀熟,后迁西亳偃师。臣瓒又云,汤都山阳郡之薄县。近王国维氏之《说亳》是其说。此说最有力之证据,如《左传·哀公十四年》,"宋景公曰:'薄,宗邑也。'"此薄即前汉山阳郡之薄县。既云为宋宗邑,自足证其为商汤之都。又如《孟子》言汤居亳,与葛为邻,皇甫谧、杜预等均以宁陵县之葛乡为葛伯国。宁陵与薄县地相接,汤之所都自当在此。其地在今河南商丘县北,与山东曹县接界也。

  商人早岁之屡迁都,或因社会生产尚以游牧为主之故。商汤而后至盘庚,自昔传说尚有五迁,惟说法不一。《史记·殷本纪》云"盘庚渡河南,复居成汤之故居,五迁无定处",是谓盘庚一身五迁也。但《书序》云:"仲丁迁于嚣,作《仲丁》;河亶甲居相,作《河亶甲》;祖乙圮于耿,作《祖乙》;盘庚五迁,将治亳殷……"《史记·殷本纪》云:"仲丁居隞;河亶甲居相;祖乙迁于邢;盘庚宅殷。"盖"隞"即"嚣"、"邢"即"耿"也。是则仍以五王五迁说为较胜。《〈史记·殷本纪〉正义》引《括地志》云:"荥阳故城在郑州荥泽县西南十七里,殷时敖地也。"又云:"故殷城在相州内黄县东南十三里,即河亶甲所筑都之,故名殷城也。"皆黄河附近地。邢,《索隐》以河东皮氏县当之;《正义》引《括地志》云:"在龙门县。"案:仲丁河亶甲所居皆在今河南中部以东,黄河附近数百里内;何以祖乙所居远在河东,是诚难解者;盖别有所在。《说文》"邢"字云:"周公子所封地,近河内怀。"云"近河内怀",乃指《左传》宣公六年及《国策·魏策》之邢丘。邢丘即"邢虚",犹言商丘、殷虚也。祖乙所迁,当即在此杜预注邢丘,谓在河内平皋县,平皋故城在今河南温县东,正逼近大河,《书序》所云:"圮于耿"者,有由来矣。殷地之所在,旧说亦误如《书序》云"盘庚五迁,将治亳殷",亳殷连文,乃相沿以殷为亳。《史记·殷本纪》云"盘庚之时,殷已都河北,盘庚乃遂涉河南治亳,复居成汤之故居",其误与《书序》同。"亳殷"连文,不见于古籍,"亳"盖"宅"字之讹,"宅殷"于义为长。殷地之所在,《尚书疏》引《汲冢古文》云,在邺南三十里,盖即洹水南之殷虚也。在今河南安阳县界。

《竹书纪年》谓:"自盘庚徙殷,至纣之亡七百七十三年,更不迁都。"若然,则商之都殷,为时最久。但亦有异说,如《国语·楚语》云:"武丁入于河,自河徂亳。"亳在河之南,殷在河北,故武丁往亳,必先入河。是盘庚之后,武丁曾一迁也。但殷之亡,实在河北,如《国策·魏策》云"殷纣之国……前带河,后被山",云"前带河",可知其在河之北。且由殷虚卜辞所祀帝王讫于康祖丁、武祖乙、文祖丁言之,知帝乙之世,亦宅河北殷虚,尤足知安阳殷虚之成虚,实因国灭而宗社屋,非由迁徙也。然则自亳还河北者,仍必有人,《殷本纪》谓在武乙时,《帝王世纪》谓在帝乙时,虽不能确定,而盘庚以后又曾二迁,则可知也。

第三节 殷代之势力范围与其征伐所及

殷商自汤始灭夏而有天下,故今所谓殷代之势力范围亦自成汤说起。考殷自开国后,拓土最力之帝王,除汤外为武丁。如《诗·商颂》云"武王载旆……九有有截。韦、顾既伐,昆吾、夏桀",此言汤之武功也。又云"在武丁孙子。武丁孙子,武王靡不胜。龙旂十乘,大糦是承。邦畿千里,维民所止。肇域彼四海,四海来假",此言武丁之盛也。约略言之,则汤本都蒙亳,今山东曹县地,北向而取韦,西向而灭昆吾,再向西至伊、洛一带,翦灭夏桀也;又相传汤放桀于南巢,南巢远在安徽境,如此说可信,则汤起自济水,声威西至河外,南及淮水,北达河北,千里之间,纵横争战,盖亦前代所罕有也。盘庚渡河后,至武丁更向西北扩张。如《易·既济》有关于武丁伐鬼方之记载,云:"高宗伐鬼方,三年克之。"鬼方之地望虽不可确知,约言之,其族在殷商而后,西自汧、陇环中国而北,东及太行、常山间,或分或合,而侵略中国;武丁克之,则必驱之愈西,谓武丁之声威远及汧、陇,非不可也。以上所言为殷商盛时之发展,至商纣时,国势虽衰,然亦有征人方之事,势力且达鬼方,《诗·大雅·荡》有"文王曰咨,咨女殷商,如蜩如螗,如沸如羹,小大近丧。人尚乎由行。内奰于中国,覃及鬼方"之语,可知至商末鬼方与殷仍有关系也。

由甲骨文字中所见之方国之名甚多,此种方国或曾为殷王所到,或为殷商所征,或与殷商有国际交涉,亦足觇殷代之势力范围。曰齐,如云"在齐𡩋",郭沫若谓齐即姜齐之前身,殷时旧国也。曰顾,如云"王正人方,在雇",郭沫若以为即韦、顾既伐之顾国,今山东省范县地方。曰人方,卜辞中多有征人方之记载,董作宾以为人方在武乙、文丁时,尚为属国,至帝辛时始叛变,所有征人方卜辞,皆帝辛时事也。郭沫若谓人方当释为尸方,即东夷。曰曹,如云"贞猷伐棘",郭沫若谓当是卫之曹邑,今河南滑县南白马城是其地。曰𢼎方,如云"贞伐𢼎",丁山以为王莽之酂治即𢼎方故都,今河南永城县境也。曰杞,如云"在杞贞……",杞国在陈留雍丘,今河南杞县,后乃东迁者也。曰晏,如云"寅帚晏示五矛",董作宾以为即后之燕国,今河北易县一带地。曰冀,如云"贞冀不其乎来",丁山以为殷之冀国,在今山西翼城县境。曰盂方,如云"于盂亡戋",王国维以为盂即邘,今河南河内县地。董作宾谓武乙时常猎于盂方,故多"王田于盂"之卜辞,殷之末叶此国有叛变事,故有"命多侯与多伯征盂方"之辞。曰周,如云"令周侯今月亡囚",郭沫若谓"周与殷和逆无常,殷人于周,独屡言寇,足证周人文化比他国较高,有宝物或货财可供寇掠也。亦有称周侯者,则周亦殷之同盟国,其后稍稍强大者也"。曰井方,如云"帚井示七矛,宾",郭沫若谓此井方乃殷之诸侯,殷亡为周人所灭,其国当在散关之东,岐山之南,渭水南岸地。曰羌,如云"不其获羌",董作宾谓后来姜姓之国皆为羌之苗裔,以羌水证羌之所在,当在陕西、甘肃之间。今陕西汉中之宁羌,甘肃之伏羌、安羌、怀羌、来羌、破羌、临羌(西宁)皆古羌地。羌盖早为殷商所征服之民族,故成汤时"自彼氐羌莫敢不来享"。武丁时又有"师获羌"之记载。祖甲以后,常供乐舞。后又叛变,故廪辛康丁时有"于父甲,求戋羌方"之辞,乃祷于祖甲在天之灵,请降灾害于羌方也。武乙之时,羌方又来宾,卜辞有"王于宗门逆羌"之记载。曰土方,如云"庚申卜,㱿贞,今春,王𠂤伐土方",郭沫若谓土方乃殷人西北方之大敌,其疆域当在包头附近。曰𦥑方,如云"今春,伐𦥑方",𦥑方乃游牧民族,其地望当在今山西北部。此外,鬼方亦见于卜辞。其他尚有毋、戉、雈等方国,地望皆不可详考。就以上所知之疆域言,则知殷、商之势力,东起自山东滨海之地,西至汧陇,北至河北及山西北部,南不出今河南省界,西北至包头,东南至淮水流域,此一大王国纵横数千里,盖亦超越前代远矣!由此南北狭而东西长之事实观之,在三代时之中国,实只有东西之对峙,而无南北之纷争也。

本章重要参考书：

《史记》。

王国维:《观堂集林》、《古史新证》。

傅斯年:《夷夏东西说》(《中央研究院历史语言研究所集刊外编·蔡元培先生六十岁庆祝论文集》)。

丁山:《由三代都邑论其民族文化》(中央研究院《历史语言研究所集刊》第五本第一分)。

朱芳圃:《甲骨学商史编》。

第五章 西周之疆域范围及东周王畿之区域

第一节 周民族起于西方及其东侵

周之始祖，相传为弃，为帝尧之农师，舜时之后稷也。然依《史记》所载，自后稷至文王共有十五世，而占时千余年之久，于理不合。虽《世本》谓自公刘至文王为十六世，较《史记》多四世，其相差仍巨。如依《吴越春秋》之说谓公刘当夏桀之世，然公刘上三代即后稷，以三世而占四百余年，尤不合理，故有谓不窋以上失官，世次无可考者（如戴震）。以上之世数与年代问题，虽似不能解决，然苟打破传统观念，不以后稷为虞廷之官，而依《左传》（昭公二十九年）所云"有烈山氏之子曰柱，为稷，自夏以上祀之，周弃亦为稷，自商以来祀之"，则知弃本商稷，世数年代固无不合也。

以上所云，非徒考其世系，亦所以说明弃非东方之传说人物，乃西方传说中之农神也。史谓其始封于邰。后稷卒，子不窋立。依《史记·周本纪》谓因夏政衰，去稷不务，乃奔于戎狄之间。夏代政衰而不窋奔去之原因，虽未可信，但谓不窋奔于戎狄，则有可能，盖殷商之际，环中国西北而居者多为戎狄，周之所以崛起于泾、渭间者亦因此时之奔去也。史云,公刘虽在戎狄之间,复修后稷之业,自漆、沮渡渭取材用,行者居者有所资畜,民赖其庆,百姓怀之,多徙而从之。周道之兴自此始。又言公刘子庆节始立国于豳,然据《诗·大雅·公刘》曰:"笃公刘,于豳斯馆。"《史记·匈奴传》亦云"夏道衰而公刘失其稷官,变于西戎,邑于豳。"《汉书·地理志》亦云:栒邑县有豳城,《诗》豳国,公刘所都。则国于豳者自公刘始,不始于庆节也。公刘后数传至公亶父复修后稷公刘之业,积德行义,国人皆戴之。但因薰育、戎、狄屡事侵略,乃与其私属去豳,渡漆、沮,逾梁山,止于岐下,而豳人举国扶老携幼尽复归之于岐下,其他各国,闻其仁亦多归之者。公亶父或谓即文王之祖太王也(按此说甚有问题)。后文王又遵后稷、公刘之业,则太王、王季之德,而国大盛。于是先后伐犬戎、伐密须、伐耆国、伐邘、伐崇侯虎;又自岐下徙都丰。文王崩,武王立,乃又建立镐京,《诗》所谓"考卜维王,宅是镐京"是也。以上周初发达之迹,可以《汉书·郊祀志》引张敞之议总之曰:"臣闻周祖始乎后稷,后稷封于斄,公刘发迹于豳,太王建国于郊、梁,文、武兴于丰、镐;郊、梁、丰、镐之间,周旧居也。"以今日之地言之,则斄在今陕西武功县界,豳在今陕西栒邑县界,郊、梁皆在陕西扶风附近,丰在今陕西鄠县东,镐在今陕西长安县西南。其迹皆在泾、汧、渭水之间也。

殷、周本东西不同之二民族,但殷久居中原,文化之遗产既厚,服属之方国亦多;周则久与夷、狄为伍,无甚文化可言,武力似亦不如殷商之雄厚,故周曾臣服于商,此不仅见诸史籍,观甲骨文中亦有"令周侯"之字句可知。但历史悠远文化优厚之民族往往趋于颓废,而为新兴较野蛮民族所吞并。至商纣,其本身之失德或不如诸传说之甚,而殷商民族之不如周之剽悍,则可想而知;故牧野一役,

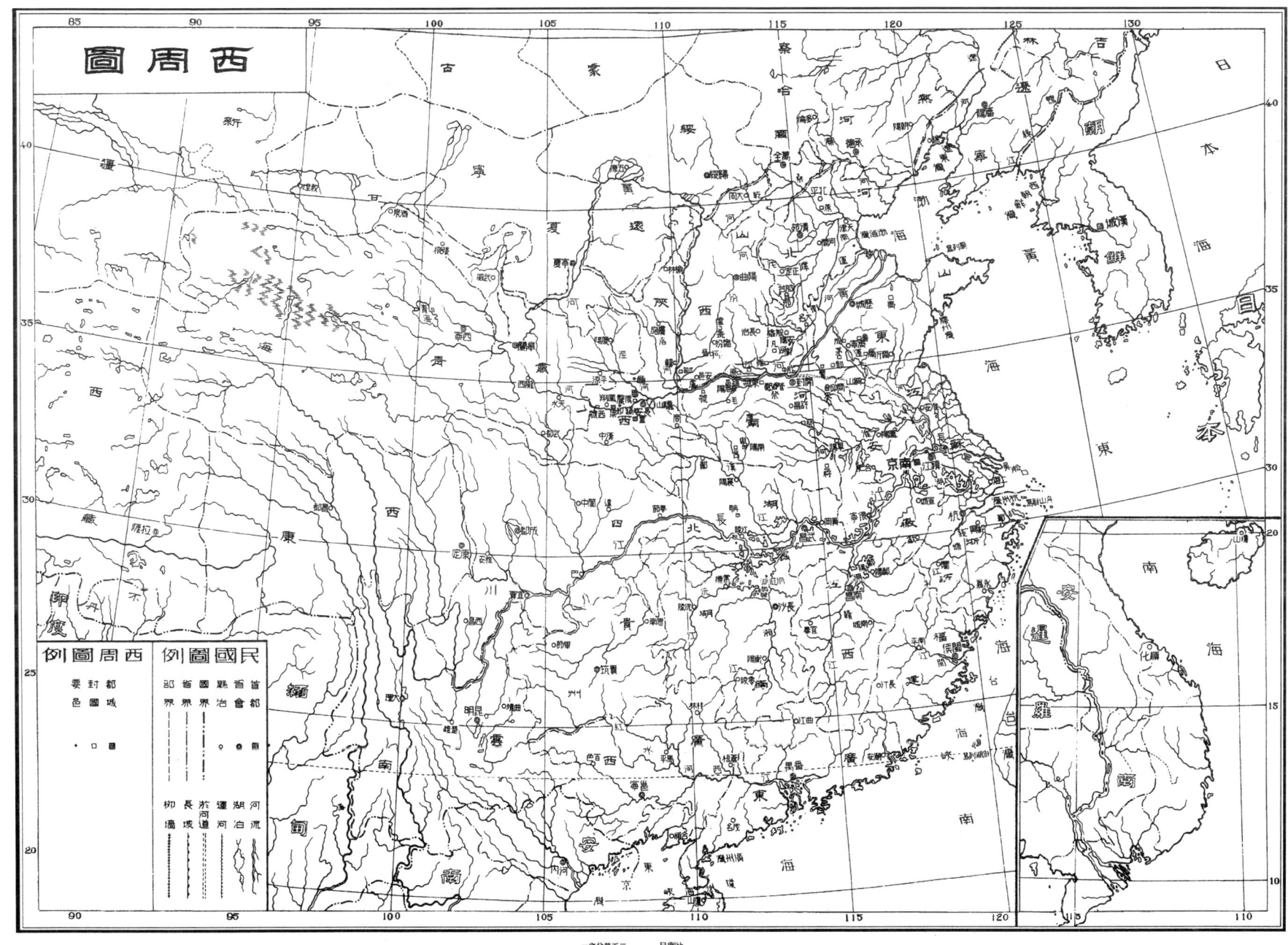

纣虽亿万人而亿万心，卒致国灭而宗社屋。周虽灭殷，然因初定东方，未有其国，而封纣子禄父及殷遗民居殷，使管叔鲜、蔡叔度监之，殷之势力尚不能铲除净尽。殷商以东诸方国，亦仍为旧有势力所把持，故周公已封而未就国；太公就国，莱人来争，其后由周公之东征及太公之开拓，于是始有西周一统之局面焉。

第二节　周灭殷后之东方封国

武王灭殷而后，除封纣子武庚于殷外，据传说又褒封神农之后于焦，黄帝之后于祝，帝尧之后于蓟，帝舜之后于陈，大禹之后于杞。究竟武王有否此封，亦仅凭后世记载，未能确信。据今日所已知者，则神农、黄帝之传说，在周初尚未发生，封建云云，当属不确。尧、舜、大禹其人亦未有有力之证足证其有。然陈、杞二国春秋时尚存，固为奉虞、夏之祀者，或在周初曾受周之封赠；然此等封国实为周之一种怀柔政策，与其势力之东移无多助力也。周之所以能统一中原，开拓东土，虽受戎、夷之侵，仍能立足于成周者，则由其广封同姓子弟及功臣为诸侯之一事耳。

周民族中实包有姬、姜二姓，又常互为婚媾，如由姜嫄之传说及公亶父"来朝走马，率西水浒，至于岐下，爰及姜女，聿来胥宇"之说言之，则姬姓或非巨族，而曾依附于姜姓者。故灭殷而后，于封同姓之外，不能不封姜姓太公望以大国也。同姓中则封周公旦于鲁，召公奭于燕，叔鲜于管，叔度于蔡，叔振铎于曹，叔武于成，叔处于霍，以上盖皆武王在位时所封。周公相成王时封武王同母少弟康叔于卫，成王又封其弟叔虞于唐，即晋也。齐国在营丘，今山东省临淄县。鲁国在曲阜,今山东省曲阜县。燕国在蓟,今河北省大兴县。管国在今河南省郑县。蔡国在今河南省上蔡县。曹国在陶丘,今山东定陶县。郕国在今山东省汶上县。霍国在今山西省霍县。卫国盖在朝歌,今河南省淇县。晋国在大夏,即夏虚,旧说在太原晋阳,实误,晋、唐故居当在河东涑水,顾栋高谓在今山西之平陆县。以上诸封国皆见诸《史记》之记载者。此外,见于《春秋左传》中者则有:滕,为文王子叔绣国,在今山东滕县;东虢为文王弟虢仲国,在今河南汜水县;西虢为文王弟虢叔国,旧都陕西宝鸡县东,后随平王东迁更封于上阳,在今河南陕县;郜为文王子国,在今山东城武县;原为文王子国,在今河南济源县;毛为文王子叔郑国,或以为在今河南宜阳县境;聃为文王子季载国,都于那处,在今湖北荆门县;雍为文王子国,在今河南修武县;毕为文王子国,在今陕西咸阳县;酆为文王子国,在今陕西鄠县;郇为文王子国,在今山西临晋县;邘为武王子国,在今河南沁阳县;应为武王子国,在今河南鲁山县;韩为武王子国,在今陕西韩城县;此外,周公子封国者,有祭,在今河南郑县;邢,初在今河北邢台县,后迁山东;凡,在今河南辉县;蒋,在今河南固始县;茅,在今山东金乡县;胙,在今河南延津县。由此知当武王灭纣而后,酆、镐以东,今河南、山东、山西、河北诸省,固已布满周之封国矣。

商代享国千年左右,拓地数千里,何以被周灭后,只余区区二三百里之宋?殷之遗民除"顽"者迁于雒邑外,其余又何在?盖周之封国,实为一种殖民政策,周人亦仅取其统治权,下层民众固仍多为殷之遗民。如《左传·定公四年》云:"昔武王克商,成王定之,选建明德,以藩屏周。故周公相王室以尹天下,于周为睦。分鲁公以大路、大旗,夏后氏之璜,封父之繁弱,殷民六族:条氏、徐氏、萧氏、索氏、长勺氏、尾勺氏，使帅其宗氏，辑其分族，将其类丑，以法则周公，用即命于周。是使之职事于鲁，以昭周公之明德。分之土田陪敦，祝、宗、卜、史，备物、典策，官司、彝器，因商、奄之民，命以《伯禽》而封于少皞之虚。分康叔以大路、少帛、綪茷、旃旌、大吕，殷民七族：陶氏、施氏、繁氏、锜氏、樊氏、饥氏、终葵氏，……命以《康诰》，而封于殷虚。皆启以商政，疆以周索。分唐叔以大路、密须之鼓、阙巩、沽洗，怀姓九宗，职官五正，命以《唐诰》，而封于夏虚，启以夏政，疆以戎索。"可知鲁、卫之国为殷遗民之国，而晋为夏遗民之国。其他各国，虽文献上不甚可考，然以居处限于丰、镐之周，一旦扩其势力于东方数千里之外，封国数十，其国民自当为旧有民族，周不过取其统治权而已。

第三节　周室之东迁及东周王畿之疆域

武王克殷后二年即崩，子诵立，是为成王。成王年少，周公旦相成王，摄政当国。管叔、蔡叔谓公将不利于孺子，与武庚畔，周公东征，诛武庚、管叔，放蔡叔，封微子启于宋，三年而毕。七年，周公反政成王，北面就群臣之位，作雒邑，为朝会之所。成王又东伐淮夷残奄，迁其君薄姑。既伐东夷，息慎来贺。盖西周声威之极盛世也。当时王室声威所及之疆域，盖北及燕塞，南服巴、濮，西包汧、陇，东达大海焉。成王崩，子康王钊立。康王崩，子昭王瑕立。斯时王道微缺，昭王南巡狩不返，卒于江上，盖已有不服者矣。子穆王满立，为一好大喜功之主，故有征伐犬戎之事。或其性好游览，故又有乘八骏登昆仑会西王母之传说。因其巡狩乐而忘归，乃有徐偃王作乱,造父为穆王御,归而平乱。其后王室渐衰,数传至厉王,益无道,国人畔之,乃出奔于彘,共和行政焉。共和行政有二说:一以为周、召二相共摄政权;一以为共国之伯名和者摄政。前说为正史传统说法,若证以先秦书籍,则以后说为长也。厉王崩,子宣王静立。能修文、武、成、康之遗风,诸侯复宗周。宣王西北攘戎狄,东南服荆蛮,封姜姓之申、吕于今河南南阳县,周人势力又一扩张。宣王崩,子幽王立。因嬖爱褒姒,欲废申后并去太子。申侯怒,与缯、西夷、犬戎攻周,遂杀幽王于骊山下(骊山在今陕西临潼县境)。于是诸侯共迎立故幽王太子宜臼于申,是为平王。平王而后,周室局势丕变矣。

| 平王东迁,洛邑为王城,畿内方六百里之地。《郑诗谱》云:封域在《禹贡》豫州,太华外方之间。《正义》曰:太华、即华山,外方即嵩高。《地理志》华山在华阴县南,外方在嵩高。是从河南河南府嵩县,直接陕西西安府华阴县,皆周之封域。虢国桃林之地,皆其境内矣。又庄二十一年,王与虢公酒泉。杜《注》酒泉,周邑,在今陕西同州府澄城县,直跨大河以西。《汉书·地理志》云:初,洛邑与宗周通,封畿东西长,南北短,短长相覆为千里,二封之地本相通,是时周东迁未远,西畿之地犹未为秦、晋所侵夺也。自晋灭虢而畿内始迫狭,东西都隔绝矣。 | 北得河阳渐冀州之南。《正义》曰:周襄王赐晋文公阳、樊、温、原之田,晋于是始启南阳。杜云:在晋山南河北。是未赐晋时,为周之畿内,故知北得河阳也。今为河南怀庆一府之地。 | 又汝州伊阳县为周郊垂地。《左传》文十七年,甘歜败戎于邥垂,戎即伊洛之戎,与伊阳接境。 | 申、吕为南门。申国在南阳府治南阳县。吕国在府治西三十里。《国语》史伯曰:当成周者,南有申、吕。自楚灭申营方城,因稅州方城山为固,起南阳叶县至唐县,连接数百里,封畛于汝,直至汝水之南,与汝州伊阳县接界,与王城逼近,自是遂观兵周疆矣。 | 虞、虢为北户。虞国在今山西解州之平陆县。虢国在今河南河南府陕州东南。虢旧封为今陕西凤翔府宝鸡县东六十里,东迁后弃为秦之雍地,为西虢。虢叔之子孙从平王东迁,更封以弘农陕县东南虢城,则今地也。是虢亦从周畿内析封矣。 |

续表

隐十一年,桓王与郑苏忿生之田,温、原、絺、樊、隰郕、攒茅、向、盟、州、陉、隤、怀。按此十二邑,俱在今怀庆府。温在今温县西南三十里;原今济源县西北有原乡,僖二十五年,襄王更以二邑赐晋;絺在今河内县西三十二里;樊一名阳樊,在今济源县东南三十里,后赐晋;隰郕在今河内县城西三十里;攒茅在今修武县西北二十里;向在今济源县西南;盟即古孟津,今孟县西南三十里,有古河阳城,后归晋;州今怀庆府东南五十里,后属晋;陉即太行陉,在今怀庆府西北三十里;隤在今修武县北;怀在今武陟县西南十一里,后属晋。昭十七年,晋荀吴帅师灭陆浑之戎。三涂,山名,在今河南府嵩县南,伊水径其东。自是河南嵩县之地属于晋,王畿益迫狭矣。	桓七年,盟、向背郑,郑伐盟向,王迁盟向之民于郑。杜注:郏,王城也。今河南府洛阳县西有郏鄏陌。此十二邑,郑不能有而复归之周也,《传》独言盟向耳。观僖二十五年,王以阳、樊、温、原、攒茅之田赐晋,州属晋为却称,栾豹邑,陉属晋为太行陉,怀又属晋,宣六年,赤狄伐晋围怀即此,使非归之周,何缘更以赐晋乎?	庄二十一年,惠王与郑以虎牢以东,与虢以酒泉。杜注:虎牢,河南成皋县,今河南开封府汜水县西有虎牢城。酒泉,周邑,今陕西同州府有甘泉出匮谷中,造酒尤美,名酒泉。	僖二十二年,秦、晋迁陆浑之戎于伊川。伊川即今河南府嵩县。	僖二十五年,襄王与晋阳、樊、温、原、攒茅之田,晋于是始启南阳。俱见上。

平王因避戎寇,东迁雒邑为王城,畿内之地尚有数百里,其后诸王相继,号令不行,既不能张皇六师,又复披析其地以为赏功之资,于是疆土日削矣。今由顾栋高《春秋大事表春秋列国疆域表》,录东周之疆域如表:

盖东迁之后，周室疆域，尚有旧河南、怀庆二府之地，兼得汝州。跨河南北，有虢国桃林之隘，以呼吸西京；有申、吕、南阳之地，以控扼南服。又虎牢、崤函俱在王略，襟山带河，晋、郑夹辅，势尚不弱。及平、桓、庄、惠相继，号令不行，王纲大坠，酒泉赐虢，虎牢赐郑，至允姓之戎入居伊川。晋灭虢，镐京之消息断；楚灭申，南国之声势张。至温、原，苏忿生之田与郑，复以赐晋，则举大河以北委而弃之。由是旧怀庆所属七县，原武属郑，济源、修武、孟县、温县属晋，王所有者河内、武陟二县及旧河南府之洛阳、偃师、巩县、嵩、登封、新安、宜阳、孟津及汝州之伊阳、鲁山，许州之临颍而已（以上节录《春秋大事表》案语）。至战国时周地更日为韩、秦等国所削，王畿几于不国矣。

周室东迁而后，本都王城（即河南，又名洛邑），敬王乃迁都成周（即洛阳）。案王城、成周均在今洛阳县，至考王时封其弟揭于河南，续周公之官，是为西周桓公，西周又封其支庶于巩邑（在今河南巩县），是为东周。于是周分为三，而有二东周矣。王赧徙都西周，遂与巩之东周分治，而成周无闻焉。后秦昭襄王灭西周，庄襄王灭东周，东、西周皆入于秦，周室遂不祀矣。

本章重要参考书：

《书经》。
《诗经》。
《国语》。
《左传》。
《史记》。
《汉书》。
顾栋高：《春秋大事表》。
傅斯年：《周东封与殷遗民》（中央研究院《历史语言研究所集刊》）。

第六章　春秋列国疆域概述

第一节　春秋时期华夏之疆域

春秋之时,列国之见于书者百四十余,然此并蛮夷之国言之;若仅言华夏,实无此数也。今所谓华夏,以周之封国及风俗文化相同者为限,若楚、吴、越之用夷俗称王创霸者不与焉。华夏诸国,强大者当推齐、鲁、晋、秦、宋、卫、郑诸国,今略述诸国之疆域沿革情形,以觇华夏势力范围之所在。其他附庸及弱小诸国疆域,亦不甚出此区域之范围也。

齐以异姓独封大国,盖姬、姜二姓世为婚媾之故。《左传·僖公四年》"管仲云:……赐我先君履,东至于海,西至于河,南至于穆陵,北至于无棣。"《史记集解》引服虔曰:"是皆太公始受封土地疆域所至也。"窃谓太公始封时疆域必不如此之大,此盖桓公时之疆域,所谓"东至于海",盖北临渤海,东与南并临黄海也。古黄河道经今南乐冠县西,大名东,堂邑博平北,馆陶清平南,正当齐之西境,故曰"西至于河"也。今山东临朐县南百五十里有穆陵关,在大岘山上,齐南境也,故曰:"南至于穆陵。"今河北盐山县即古无棣,为齐北境,故曰:"北至于无棣。"太公初封都营邱(即临淄),胡公徙都薄姑,献公以下复都临淄,今山东临淄县地也。

鲁为周公封国,当春秋时兼有九国之地(极、项、鄅、邿、根牟、向、须句、鄑、郚)。其疆域初占有今山东省之曲阜、宁阳、泗水、金乡、鱼台、汶上、济宁、嘉祥等县地。后又兼涉滕县、邹县、峄县地,与邾接境,泰安与齐接境,兼有新泰、莱芜、临沂、费、沂水、郓城、巨野、武城、单等县地,又兼安邱、诸城二县地,与莒接境。又河南项城县为鲁所灭项国,南又涉江苏之东海县地。都今曲阜,地跨三省,共占今二十余县焉。

晋为武王少子唐叔虞之封国。春秋前后晋所兼并者约二十国左右。景公时霸灭众狄,尽收其前日蹂躏中国之地,又东得卫之殷墟,郑之虎牢,周之陆浑等地。自西及东,延袤二千余里,有今山西省大半之地。又有河北省之元城、邯郸、成安、清河、永年、顺德、邢台、任县、唐山、晋县、赵县、冀县、藁城、栾城、柏乡、临城等地。并有山东省之恩冠、范等县地,与齐、鲁二国接境。更有河南省之济源、修武、孟县、温县、汲县、淇县、辉县、浚县、新乡。南自平陆渡河,又有陕县、阌乡、灵宝、永宁、渑池、偃师等地。后又得今嵩县陆浑之地,与周、郑、卫接境。西自永济渡河,又有陕西之朝邑、韩城、澄城、白水等县,与华阴、肤施、临潼、商县等地俱与秦接境。盖晋在华夏诸国中,疆域最广,地跨五省,初都翼城(绛),后迁于曲沃(新田)焉。

秦为周孝王臣非子封国,至襄公始列为诸侯。初国西垂(在今甘肃礼县),迁都平阳县(在今陕西岐山县),又迁于雍(在今陕西凤翔县)。秦本为西陲附庸,乘衰周之乱,逐戎有岐山以西之地,其后稍稍蚕食西畿虢、郑遗域。至穆公又灭梁芮,势力遂与晋相接

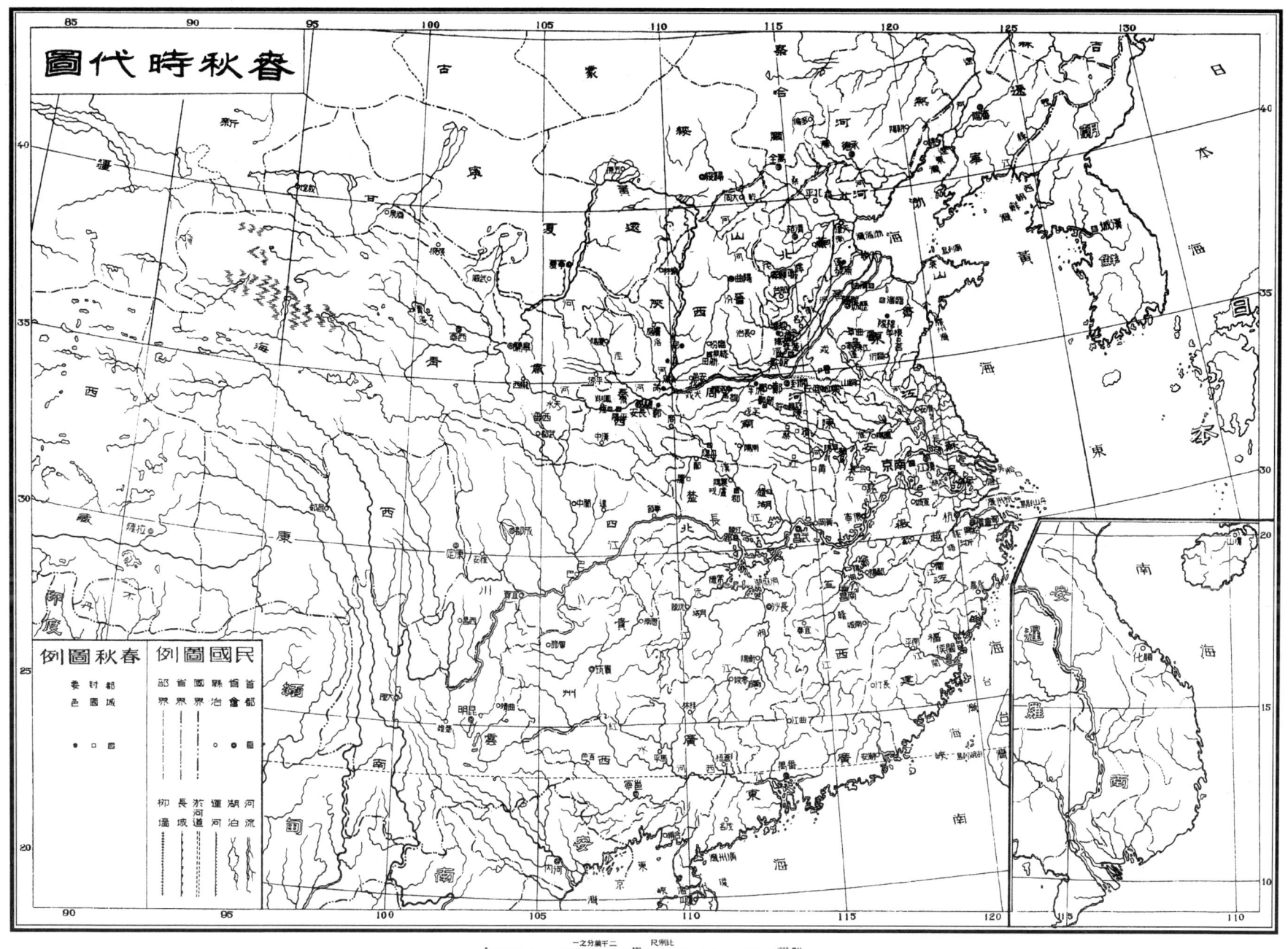

触。春秋时之秦地,约占今陕西中部及北部、南部之一部,兼涉甘肃之东部,东与晋、楚接壤,西与羌戎比邻,其河西要地多为晋所占据,故终春秋之世,秦不能甚得志焉。

宋为殷后微子启之封国,都于商丘。今河南商丘县地。春秋之时,兼有六国之地(宿、偪阳、曹、杞、戴、彭城)。其封域全有旧归德府一府一州八县之地,兼涉杞县、封邱、兰封、滑县、睢宁、西华及江苏省之铜山、沛县、萧县,安徽省之太和,山东省之金乡、峄县、东平、曹县、菏泽、定陶等地。范围跨四省也。

卫为武王弟康叔封国。其始封也,都朝歌(在今淇县),兼有"三监"之地,封域本大,后再迁楚丘、帝丘,而其旧封多入于晋,狭乃迫狭矣。春秋之初,诸侯多务兼并以自广,卫介在齐、晋、宋、鲁、郑五大国之间,无所发展,又被狄难,崎岖迁徙,愈为不振。其地略有今河北省之濮阳、元城、魏县、长垣等地。又错入河南省之滑县、修武、安阳、内黄、林县、封邱等地,山东省之濮县、曹县、阳穀、东阿等地。地多奇零,与诸国交错。

郑为宣王庶弟桓公友之封国,初封陕西华县。东周之初,武公吞并虢桧之地,迁都新郑。武公子庄公英武有为,然因四面皆逢强国,亦无能为开疆启土之计。春秋二百四十年中,仅再灭许,肆其吞噬,而虎牢入晋,犨、栎、郏入楚,郑之封疆亦蚀于晋、楚焉。约略计其疆域,则占有今河南省之开封、兰封、中牟、阳武、鄢陵、洧川、尉氏等县,兼涉杞县,与楚接界;陈留,与陈接界;封邱,与卫接界。许县为其所夺许国之地。又及于延津、登封、巩县、偃师、扶沟、武涉、睢县等地。其在河北省者,则又有长垣县地,为祭仲邑,东明县有郑武父地,仅弹丸黑子而已。

总上诸国疆域所在,合以河南西部之周,河北中北部之燕(其疆域不详),知当时所谓华夏之疆域,仅限于黄河流域,今陕西、山西、河北、河南、山东等省而已。

第二节　春秋时夷蛮戎狄之分布

春秋之时戎狄四起,若非有二三强大诸侯镇抚其间,则诚有所谓"南夷与北狄交侵,中国不绝如线"者矣。戎狄诸族之中,以狄、楚之势为最强大,为患于华夏诸侯亦最厉。狄略分三种,曰:赤狄、白狄、长狄。赤狄之别有六,曰:东山皋落氏、廧咎如、潞氏、甲氏、留吁、铎辰。白狄之别有三,曰:鲜虞、肥、鼓。长狄只有一种,曰:瞍瞒。《史记》谓赤翟、白翟居河西。杜预云,白狄在晋西。清顾栋高则谓狄处晋东,与西无预;实则晋之西、北、东三面皆环居狄族,盖狄无城郭,飘忽无定,迁徙极易。如《史记·晋世家》言晋强西有河西与秦接境,北边狄,东至河内,则知晋北有狄也。晋重耳居蒲,今为永济县,夷吾居屈,今为吉县;《晋世家》言蒲边秦,屈边狄。重耳之在狄也,从狄君以田渭滨,狄以重耳故,击晋于采桑,即今吉县地,由此知晋西亦狄也。重耳在狄时,狄人伐廧咎如,获其二女叔隗、季隗,而重耳从狄君以田渭滨,则廧咎如当亦在晋西。晋既灭潞氏,复伐廧咎如,讨赤狄之余,而廧咎如已在晋东,由此足知狄之东徙之迹矣。春秋自鲁庄公三十二年,始见狄祸,此后如火燎原,东夏悉被其殃。闵二年,狄又伐卫,时齐桓公伯业方兴,乃不能攘却此寇,仅能迁邢于夷仪,封卫于楚邱,坐听邢、卫之亡,则狄势之强可知也。僖十年狄又灭温,其后伐齐、伐鲁、伐郑、伐晋,并蹂躏王室,其势益盛。不特此也,宋伐齐丧而狄救齐,卫病邢而狄为邢谋卫难,仗大义于中国,有伯者风矣。自宣十五年晋师灭赤狄潞氏而赤狄之威杀;翌年,晋人又灭赤狄甲氏及留吁,此后乃不见赤狄为患矣。昭十二年,晋荀吴又灭白狄肥,昭十五年灭鼓,二十二年再灭鼓,白狄所余仅鲜虞,哀六年晋赵鞅伐之而未灭,盖亦不绝如缕耳。鲁文公十一年,瞍瞒侵齐,遂伐鲁,叔孙得臣败狄于咸,获长狄侨如,晋之灭潞也,获侨如之弟焚如,瞍瞒之族遂亡。瞍瞒居地,盖在今山东省境内。

综观狄之分布,盖今陕西渭水以东北及乎蒲、屈皆狄之居,而晋之西北,辽旷之虚,并为狄土无疑。其东则自山西以迄河北、河南直抵山东境内,皆其所出没之地,特其俗无城郭,就山野庐帐而居,不易指名其实处耳。

其次戎族。春秋之时,戎称最杂,有所谓戎、北戎、允姓之戎、扬拒泉皋伊雒之戎,茅戎、犬戎、骊戎等名目。其地域约略可分为三区,戎在今山东省西南部济宁、菏泽一带,北戎约在今河北省,其余诸戎则居渭水流域,以迄伊、洛流域,《左传·昭公九年》云:"允姓之奸,居于瓜州。"杜《注》"瓜州今敦煌",陆浑之戎之迁于伊川自此地。案瓜州当在今陕西省,谓敦煌者当不可信。扬拒泉皋伊雒之戎盖杂处于伊、雒二水之间,然亦自西垂迁来者,如《传》曰:"初,平王之东迁也,辛有适伊川,见被发而祭于野者,曰:'不及百年,此其戎乎,其礼先亡矣。'"足证伊、洛之间,本无戎族,而为以后迁来者也。茅戎在今河南临汝以及山西平陆一带。犬戎则一见于渭汭,再见于桑田(今河南灵宝县境)原居丰镐之西,其后为祸及于成周,此足觇其迁徙之迹矣。至骊戎盖亦在今陕西境内。旧谓在今临潼县。然戎数虽繁,大致仅能局促于诸大之间,非能狼奔豕突,若楚、狄之蚕食鲸吞也。盖戎之大部在春秋时居河、洛之间,北晋、南楚、西秦,为诸夏所包围,又逼近周畿,稍不谨则诛讨至,亦地势之不利,非人谋之不臧也。

次论蛮族。春秋之世,百蛮多属于楚,无由自通于中国,故往往不能举其称,第谓蛮曰群蛮,濮曰百濮以概之,盖其种类实繁,约略计之,可分为卢戎、群蛮、百濮、巴等。其地为今之某县某邑虽颇难详考,然亦约略可指其地。巴约在今四川江北县。卢戎盖在今湖北南漳县境。《左传·文公十六年》云:"楚大饥。戎伐其西南,至于阜山,师于大林,又伐其东南,至于阳邱,以侵訾枝,庸人帅群蛮以叛楚,麇人率百濮聚于选,将伐楚,于是申、息之北门不启,楚人谋徙于阪高。"盖楚东邻群舒及吴,北为汉阳诸姬,西北则群蛮,西南则百濮,正西则巴,诸姬以随为大,群舒以舒为大,群蛮帅乎庸,百濮则帅乎麇也。

楚亦群蛮之一也。盖本东方夷族,周人迁之以西,遂窜居南土,称为强族。周衰代兴,并吞诸夏小国与蛮、夷部落,地广于齐、晋,势雄于秦、狄,其疆域约包今湖北全省,北抵河南南部,西至陕西东南境,与四川东境,东及江西、安徽,兼涉江苏西南一小部,南则不越洞庭湖,地兼跨于七省。初都丹阳(在今河南西南部丹、淅二水交流处,旧说在今湖北秭归等处,非是);后迁于郢(在今湖北江陵县);复迁于都(在今宜城县),号为鄢郢。盖春秋时第一大国也。

吴越亦夷蛮之族,旧说吴为周后,越为夏裔,皆不可信,吴、越王室盖皆楚之支族其民则东南夷也。春秋初,吴服于楚,盖弱小之国,其后晋通之,乃稍强大,蚕食楚属,遂与楚为劲敌。其地略有江苏大部,西披安徽,江西南涉浙江,为春秋晚期之大国。都姑苏,为今吴县。吴强以后,越亦竞起,从楚而仇吴,吴、越之争既起,楚祸乃息,竞争之结果,越强而吴灭。越地在初时略有今浙江省及江西省之一小部,与吴、楚接境,都会稽,为今绍兴;及灭吴后,尽有故吴地,疆域乃大盛焉。

次论夷族。《论语》云"子欲居九夷"。注云:东方之夷有九种,若畎夷、黄夷、白夷之属。考之《春秋》、《左传》诸书,东夷之国亦不少,若淮夷、介、莱、根牟等是也。大凡夷族盛时,举族北上至齐、鲁边境,其衰则举族南迁于徐、扬,如徐本在鲁东,又言在淮,奄在曲阜,又言在淮是也。《左传·僖公十三年》,淮夷病杞,齐桓公会诸侯城缘陵以迁杞,山东夷之势复盛而北侵也。《春秋·僖二十九年》,介葛卢来,此介见《经》之始,其地在今山东省胶县境。莱始见于宣七年。根牟见于宣九年。莱在今山东黄县,后为齐灭。根牟在今山东沂水县,为鲁所灭。此外,群舒及江、黄、六、蓼之属,杂处于淮水流域,盖皆淮夷别种。然在春秋之世,皆未强大。四夷之中,盖以夷势为最弱也。

第三节　春秋时代诸侯之互相吞并及夷狄之同化

自入春秋以来,列国纷争,周室得以绵延数百年不亡者,赖有齐、晋诸大国倡尊王攘夷以支持之耳。齐、晋之所以强大称雄,则由于兼并各国。假令齐、晋谨守侯度,犹为临淄、太原之封,则所谓南夷与北狄交侵之时,周天子安能统率虞、虢诸国以鞭策荆楚而抵御夷狄?终因华夏诸侯中有强大之国,然后能攘却夷狄,中原之文化始获保存。夷狄在政治上趋于灭亡,而在文化上亦必随诸夏以同化矣。今依陈汉章先生《补史记十二诸侯表》以见当时兼并之略焉。

十二诸侯表补

殷	邶	鄘	共	胙	南燕	邢	凡			并灭于卫
奄 极 项 须句 向 祝 邾 郚 鄟 鄅 单 颛 臾										并灭于鲁
茅	须句									先灭于邾
鄫	向									先灭于莒
权 聃 鄧 谷 鄢 罗 卢 郧 鄾 贰 轸 绞 州 蓼 息 邓 申 吕 弦 黄 夔 江 六 蓼 麇 宗 巢 庸 道 柏 房 沈 蒋 舒蓼 舒庸 舒鸠 赖 康 顿 胡 应 鄎 唐 微 卢 濮 厉 畴 许 杞 随 挚 褒 英氏 东不羹 西不羹 陈 蔡										以上五十八 国尽灭于楚
州来	钟离	巢	钟吾	桐						皆灭于吴
吴	郯	莒								继灭于越
戴	萧	徐	宿	偪	焦	葛	偪阳	曹	郜	皆灭于宋
纪 郕 谭 遂 鄣 阳 莱 介 牟 任 薛 郭 夷州										皆灭于齐
唐 韩 耿 霍 魏 虢 虞 荀 贾 杨 焦 温 原 邢 滑 沈 姒 蓐 黄 赵 微 雍 邧 冀										皆灭于晋
虢	郐	许	管	邬	祭					皆灭于郑
召 芮 毛 毕 彭 酆 密 彤 郇 杜 亳 崇 芮 梁										皆灭于秦

上共百五十余国。然据《荀子·仲尼篇》称："齐桓公并国三十五。"《韩非子·难二》篇称："晋献公并国十七,服国三十八。"《有度》篇称："荆庄王并国二十六。"《吕氏春秋·直谏》篇称："楚文王兼国三十九。"《史记·李斯传》称："秦穆公并国二十。"此四国五君已并国百三十七,故上表所列,特其可考者耳。而因华夏诸侯兼并势盛之故,戎狄亦多被吞并,如莱、介等之灭于齐,根牟之灭于

鲁,卢戎、蛮氏等之灭于楚,骊戎、亳等之灭于秦,陆浑之戎、瞍瞒、潞氏、甲氏、留吁、铎辰、东山皋落氏、廧咎如、肥、鼓等之灭于晋。则知大河北境悉入晋封,汝颍以南悉成楚境,秦凉附近尽为秦疆,而胶东一带化为齐土矣。当时异族本多与汉族通婚姻者。如周襄王之狄后,晋献公之骊姬,晋文公之季隗,则知夷狄之文化必受汉族之影响,及其灭亡,遗黎当同化于汉族,即其存者亦渐华化矣。故楚虽蛮、夷而文化人才乃不下于齐、晋,吴、越虽蛮、夷,季札之渊博,种、蠡之文章,皆为一时之上选,可知其文化程度已渐发达,而秦则对西戎又自称中国,此皆由中国文化之推广所发生之同化作用也。

本章重要参考书:

《左传》。
《国语》。
《史记》。
顾栋高:《春秋大事表》。
蒙文通:《周秦民族与思想》。
杨守敬:《历代舆地图》(下各章同)。

第七章 战国疆域变迁概述

第一节 战国之形势

春秋之季,晋六卿强而公室卑,所谓六卿,即范氏、中行氏、智氏、魏氏、赵氏、韩氏也。其后六卿益弱公室,至春秋末,又由六卿变为四卿,智伯与赵、韩、魏共分范、中行之地。时智氏最强,晋国国政皆决于智伯;其后赵襄子、韩康子、魏桓子共杀智伯,尽分其地,时周定王十六年也。然晋犹有君,三家尚为大夫;至周威烈王二十三年,始命晋大夫魏斯、韩虔、赵籍为诸侯,晋国乃亡。同时齐亦为其大夫田氏所篡。周显王四十六年,越王无疆伐楚,楚人大败之,乘胜尽取吴地,越遂散亡。其他宋分于齐、魏、楚三国,鲁灭于楚,郑灭于韩,白狄后之裔中山亦亡于魏、赵,惟卫最后亡,然毫无势力。故所谓战国者,乃指齐、楚、燕、韩、赵、魏、秦七国而言也。

战国七雄:齐当盛时,威王击赵击卫,破魏,又救赵败魏;宣王又破魏伐燕;湣王灭宋分其地,南割楚淮北,西侵三晋,泗上诸侯皆称臣。盖齐之疆域,南自宋、鲁,北临渤海(兼涉河北境),西越大河,东抵于海。楚(顷襄王迁于陈,考烈王迁于钜阳,后又迁寿春)

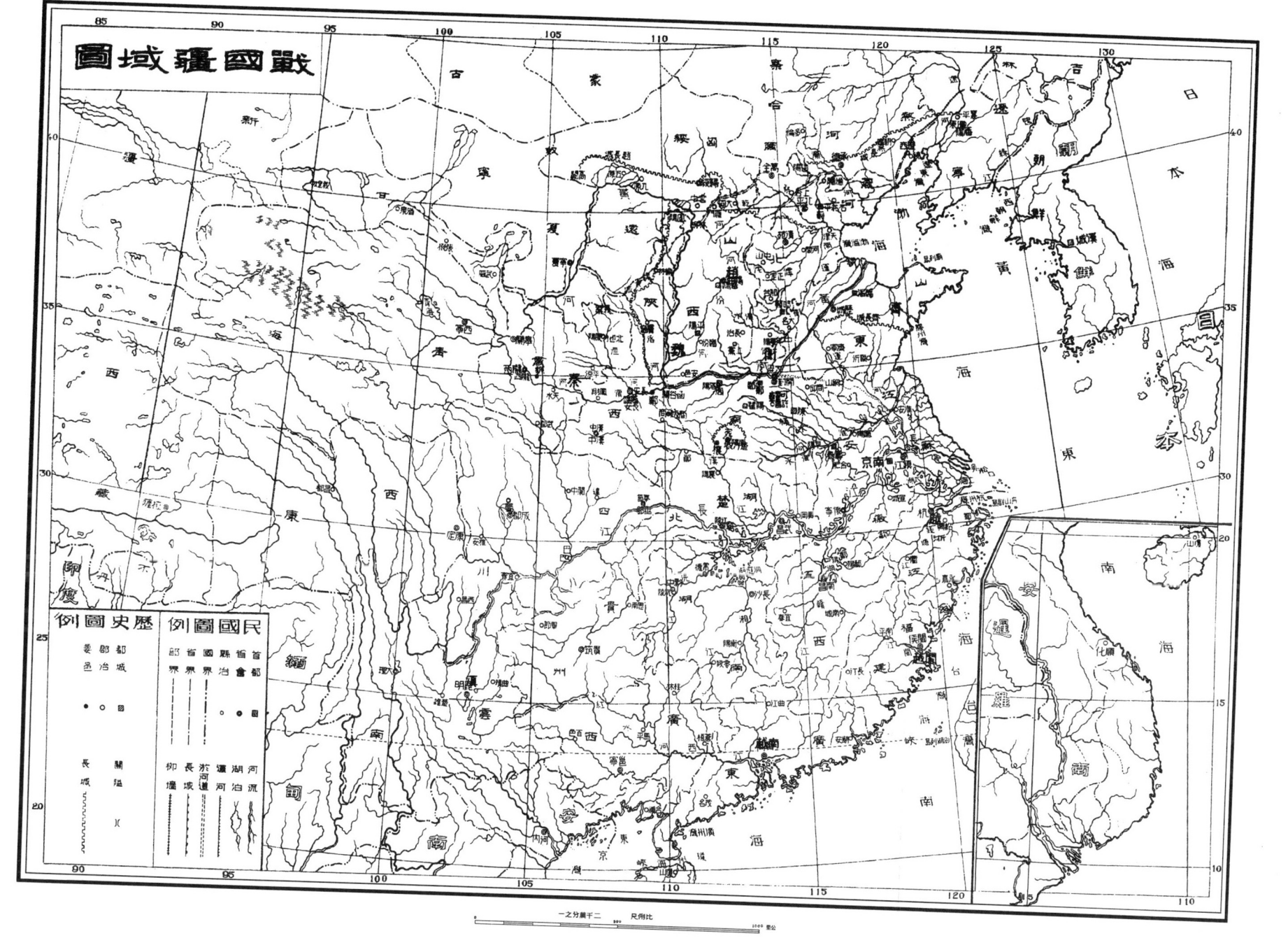

南抵湖南,西南至四川、贵州,西北至汉中,北抵河南南部,东北至山东南部,东至东海,东南抵江西、浙江,于战国时亦最为大国。燕都今北平附近(初在今蓟县,后更建下都于今易县),疆域所至,东临朝鲜,北至塞外,西临赵、代,南及滹沱。韩始都阳翟(在今河南禹县),灭郑后迁都新郑,疆域所至,东临洧水,西接商坂(在陕西商县附近),南至宛(南阳)穰(邓县),北自成皋逾河得上党(故赤狄地);兼有今河南中西部,复涉陕西、山西两省地。赵都晋阳(今山西太原县),徙都邯郸(即今河北邯郸县),中牟(在今河南汤阴县),极盛之世,疆域北至恒山、塞外,南跨漳河,东拥清河,西越汾水,西北直抵今之河套,地跨河北、山东、山西、河南、陕西、绥远六省焉。魏都安邑(在今山西夏县),徙都大梁(在今河南开封县),其疆域东及淮、颍,西达河西,北至太行及山西省南部,南至鸿沟(即汴河),兼涉陕、晋、豫、皖、冀五省之地。秦转徙都咸阳(在今陕西咸阳县),孝公以后,于诸国为强,其疆域初略有今河南西南部,陕西中南部,及北部之一部与甘肃之东部,其后东侵韩、魏、赵、楚,北灭义渠,南并巴蜀,及兼有今山西省之一部,陕西全部,河南与湖北之西部及全蜀地,北亦兼并至今长城一带。盖七国幅员,楚、秦最大,齐、赵、燕次之,魏又次之,韩为最小也。

第二节　战国时华夏疆域之扩张及民族之同化

春秋之世,华夏之地不过当今黄河流域陕西、山西、河北、河南、山东诸省之地。然即在此数省地中尚与夷狄杂处,异族分布情形已见前章所述,故《容斋随笔》卷五有云:

成周之世,中国之地最狭。以今地理考之,吴、越、楚、蜀、闽皆为蛮;淮南为群舒;秦为戎;河北真定,中山之境,乃鲜虞、肥、鼓国;河东之境有赤狄、甲氏、留吁、铎辰、潞国;洛阳为王城,而有扬拒泉皋蛮氏、陆浑、伊洛之戎;京东有莱、牟、介、莒,皆夷也;杞都雍丘,今汴之属邑,亦同夷礼;邾近于鲁亦曰夷;其称中国者独晋、卫、齐、鲁、宋、郑、陈、许而已,通不过数十州,盖于今天下特五分之一耳。

洪迈之说特用《春秋》之义,所谓于诸夏之用夷礼者亦目之为夷也。凡诸夷狄之语言、宗教、衣服、风俗盖多与华夏异,如《左传》记辛有适伊川见被发而祭于野者,曰:"不及百年,此其戎乎。"《论语》记孔子之言曰:"微管仲,吾其被发左衽矣。"可以推定西北群狄之俗为被发左衽。《史记·吴越世家》皆有断发文身之语,可以推定东南濒海之族多断发文身之俗。《史记·西南夷传》称自滇以北,皆魋结,其外巂、昆明皆编发,可以推定西南蛮、夷之俗或盘发或编发。是皆与我中华之冠戴民族不同血统者也。又如《左传》记戎子驹支云:"我诸戎衣服饮食不与华同,言语不通。"又记介葛卢朝鲁,待译而通。孟子斥楚之许行为南蛮鴃舌之人。其语言今虽不可知,而由人民地名中观察楚、吴、越、狄等知其与华夏之单音语有别也。《左传》记东夷有人祭之俗,秦人之祭祀神祇亦与中原不同,是知宗教、风俗亦有别也。然而传布文化之利器,莫如战争,自庄、僖之世,齐桓、晋文继起,并戎狄以自广。秦、楚亦大灭夷、狄而努力于华化,故论人文者春秋时楚为最盛,秦则对西戎固亦以中国自居。其戎狄之被吞并者,当不复保有其文化,故春秋时夷、夏之分野,至战国时固已大部分泯灭。因外族之消灭与秦、楚、燕、赵诸国拓土之事，华夏疆域所及远过于春秋。如秦则厉公先伐大荔，取王城，使秦无东顾忧，是为侵略东方之举。北方之国，义渠最强，厉公伐之于前，惠王征之于后，至于昭王，义渠乃灭，是为侵略北方之举。孝公即位，西斩豲王于渭水以西，置陇西郡，是为侵略西方之举。其后用司马错之议伐蜀，蜀降为侯；及昭王之世，秦又兴定蜀之师，而巴、汉之间悉为秦壤；稽其疆域，南达黔中，是为侵略南方之举。盖四方境地皆有所开辟也。赵则春秋末年，处其西北者有林胡、楼烦，与其杂居者有中山国。襄子逾句注破并、代、临胡、貉，而赵之北境直达雁门。中山兵力最强，惠文王三年始灭其国。又北破林胡、楼烦，筑长城于高阙，置云中、雁门、九原郡。及李牧为将，大破东胡，赵人势力浸及漠南，西至河套，东至恒山，皆为汉族之地矣。燕则战国之时，处其北境者有东胡、山戎诸族，由今宣化达滦州；及秦开袭破东胡，拓地千里，筑长城自造阳之襄平，置上谷、渔阳、右北平、辽西、辽东郡，而东北之地遂直达于朝鲜。楚则当战国之时，封疆万里，东兴兵灭越，地达海隅，而越裔居江南者，悉称臣纳贡；庄𫏋辟地西南，东起黔中，西通滇国。由此知战国之时开化之地，已占有今陕西、湖北、湖南、江西、浙江、安徽、江苏、山东、河南、河北、山西及甘肃、四川，以至贵州、绥远、察哈尔、热河及辽宁之一部焉。较之春秋时仅占黄河流域数省者，其广狭为何如耶？

第三节　郡县之起源

《汉书·地理志》言："秦并兼四海，以为周制微弱，终为诸侯所丧，故不立尺土之封，分天下为郡县；荡灭前圣之苗裔，靡有孑遗。"

后之人祖述其说,遂以为废封建立郡县始自始皇。其实不然也。盖当春秋之时,诸大国并吞小弱,大抵即以其地为县,县或以之赏功臣,或特使大夫守之,如《史记·秦本纪》武公十年伐邽冀戎,初县之。十一年,初县杜、郑。《左传·僖公三十三年》,襄公以再命命先茅之县赏胥臣。宣公十一年,楚子县陈。十二年郑伯逆楚子之辞曰"使改事君,夷于九县"(《注》:楚灭诸小国为九县)。十五年,晋侯赏士伯以瓜衍之县。成公六年,韩献子曰:"成师以出而败楚之二县。"襄公二十六年,蔡声子曰:"晋人将与之县以比叔向。"三十年,绛县人或年长矣。昭公三年,韩宣子曰:"晋之别县不惟州。"五年,薳启疆曰:"韩赋七邑,皆成县也。"又曰:"因其十家九县……其余四十县。"十一年,叔向曰:"陈人听命而遂县之。"二十八年,晋分祁氏之田以为七县,分羊舌氏之田以为三县。哀公十七年,子榖曰:"彭仲爽,申俘也,文王以为令尹,实县申、息。"《齐侯钟铭》记齐侯锡叔夷"其县三百",由以上诸证,知县早起于春秋以前矣。

春秋、战国之时,亦已有郡,如《国语·晋语》:"公子夷吾私于公子挚曰:'君实有郡县。'"又《左传》哀公二年赵简子之誓曰:"克敌者上大夫受县,下大夫受郡。"《史记·甘茂传》:"范蜎对楚王曰:'……楚南塞厉门,而郡江东。'"《国策·秦策》:"甘茂对曰:'宜阳,大县也……名曰县,其实郡也。'"《春申君传》:"黄歇言于楚王曰:'淮北地边齐,其事急,请以为郡便。'"《匈奴传》言赵武灵王置云中、雁门、代郡,燕置上谷、渔阳、右北平、辽西、辽东郡以拒胡;又言魏有西河、上郡以与戎界边。盖边地近敌则郡之。上引赵简子之誓,上大夫受县,下大夫受郡,非郡小于县而相统属,乃因郡远而县近,县聚富庶而郡荒陋,故以美恶异等也。《晋语》夷吾之言,君实有郡县,亦言晋地之属秦者异于秦之近县,则谓之曰郡县,亦非谓郡与县相统属也。及三卿分范、中行、知氏之县,其县与故县隔绝,分人以守,略同守边地之体,故率以郡名,而郡乃大,统有属县。其后秦、楚等国亦皆以所得诸侯地名郡,郡乃渐多矣。

至于郡县之长官,则县有县令(或县大夫)县公,郡有郡守。如《国策·魏策》,"西门豹为邺令"。《史记·春申君传》,"以荀卿为兰陵令"。《秦本纪》:"孝公十二年并诸小乡聚,集为大县,县一令,四十一县。"楚则县之长官曰公,如《左传·宣公十一年》"诸侯县公皆庆寡人"。此后刘邦之称沛公,亦楚制称公之遗意也。《史记·吴起传》:"魏文侯以吴起善用兵……乃以为西河守,以拒秦、韩。"《白起传》:"昭王四十五年,伐韩之野王,野王降秦,上党道绝,其守冯亭与民谋曰,郑道已绝。"《樗里子传》:"昭王元年,樗里子将伐蒲,蒲守恐。"此均可为秦始皇以前已有郡县守令之制之证也。

本章重要参考书:

《左传》。
《国语》。
《史记》。
《战国策》。
洪迈:《容斋随笔》。
顾炎武:《日知录》。
姚鼐:《惜抱轩集》。
梁启超:《中国历史上民族之研究》。

第八章　先秦人士之区划地域观念

第一节　九州说及大九州说

春秋以前,中国内部多为独立的国家及部落。所谓华夏文明只限于今河南、陕西、山东、山西、河北诸省境内,此一区域即当时之所谓"中国"。此外则谓之"蛮方",蛮方在中国人之意想中已距离甚远矣。

上古人之世界观念,实以海为边际,故有"四海"及"海内"之称。《尚书·君奭》篇云"海隅出日,罔不率俾",《立政》篇云"方行天下,至于海表,罔有不服",此足以证明周人以海边为天边也。《诗·商颂》云"相土烈烈,海外有截",此足以证明商人亦以"海外有截"为不世之盛业也。春秋之时,天下之观念尚甚狭小,如齐处山东,楚居湖北、河南,已有南海、北海之别,孔子登太山而小天下,其所谓天下之范围之小可知矣。

古人以宇宙为禹所平定,故有禹迹之称,如《诗·文王有声》云"丰水东注,维禹之绩(迹)",禹迹乃广被天下者,故"禹迹"即为天下之代称。又以为禹曾划分天下为九区,即所谓"九州"者,如《齐侯钟铭》云"虩虩成唐……尃受天命……咸有九州,处禹之堵",此谓成汤受天命遂享有禹之九州也。九州或名"九有"(囿)(《诗·玄鸟》)、"九围"(《诗·长发》)、"九隅"(《逸周书·尝麦解》),因之,知九州原来为一空泛之名称,而非一种具体的地方制度也。

自春秋迄战国,各大国努力开辟土地之结果,中国乃愈推愈远,天下亦愈放愈大,中国人之地理观念乃随之而变,于是具体地方制度之九州说起。记载此种制度之书籍比较可靠者,为《吕氏春秋》,《有始览》云:"河、汉之间为豫州,周也;两河之间为冀州,晋也;河、济之间为兖州,卫也;东方为青州,齐也;泗上为徐州,鲁也;东南为扬州,越也;南方为荆州,楚也;西方为雍州,秦也;北方为幽州,燕也。"由此段文字知九州制度之背景,实为春秋战国之形势,此点本甚显明,前人乃皆不加理会焉。越为扬州,燕为幽州,乃字之声转;楚为荆州,乃沿用旧名;秦为雍州,因雍为秦都;齐为青州,因齐在东方,东方色青,乃五行说既起后之规定。此种九州之疆域盖包括今河南、山西、山东、江苏、浙江、湖北、湖南、江西、安徽、陕西、甘肃、河北、辽宁一带地方,较殷、周时之中国,放大一倍有余矣。

九州之名称除见于《吕氏春秋》者外,又有梁州,见于《禹贡》;并州,见于《周官》与《逸周书》之《职方》篇;营州,见于《尔雅·释地》。《禹贡》云"华阳黑水惟梁州",梁州乃指今陕西南部与四川一带地。《职方》云"东北曰幽州,河内曰冀州,正北曰并州",是知并州乃指今河北、山西之间一带地方。《尔雅》云"齐曰营州",则知营州即青州之变名。以梁州、并州地域补《吕氏春秋》之九州疆域,则添出北部一隅及四川一省,此疆域已有宋、明时中国疆域四分之三矣。

以上所述"九州"之观念,大致尚依实际之地理知识而建立。

此外,战国晚年又有一种但凭想象而建立之世界观念,代表此种观念最完整者,为邹衍之"大九州"说。邹衍,齐人,约生于西历纪元前三四世纪,史谓其著述十余万言,惜今已失传,所可知者,仅于《史记》一小传中见其学说之大概耳。《孟子·荀卿列传》谓邹衍"以为儒者所谓中国者,于天下乃八十一分居其一分耳。中国名为赤县神州;赤县神州内自有九州,禹之序九州是也,不得为州数。中国外如赤县神州者九,乃所谓九州也;于是有裨海环之,人民禽兽莫能相通者,如一区中者,乃为一州。如此者九,乃有大瀛海环其外,天地之际焉"。据此种说法,知禹九州中之一州,仅为全世界中七百二十九分之一。此种世界观念,不能不谓为极大胆的想象也。

邹衍之大九州名称,除赤县神州外,古籍皆不载。但《淮南子》中则记有一套整齐之九州名称,云:"东南神州,曰农土;正南次州,曰沃土;西南戎州,曰滔土;正西弇州,曰并土;正中冀州,曰中土;西北台州,曰肥土;正北泲州,曰成土;东北薄州,曰隐土;正东阳州,曰申土。"其名与《禹贡》等书异,未知是否即邹衍所说之大九州?此外,纬书中又有不同记载,无甚要义,今俱略之。

第二节　十二州说

古书中凡说"州"之制度,仅有九分制而无十二分制,邹衍之大九州说,推广为八十一州,亦为九之自乘数。《尧典》中乃有"肇十有二州","咨十有二牧"等语。但禹既在尧、舜时治水分州,何以《尧典》州数竟与《禹贡》不同?汉初人于此事之解释,已不能见,今所见最早之解释,当推班固《汉书·地理志》。《志序》有云"昔在黄帝……方制万里,划野分州。……尧遭洪水,怀山襄陵,天下分绝为十二州,使禹治之。水土既平,更制九州,列五服,任土作贡",此亦本于谷永之说。《汉书·谷永传》有云:"尧遭洪水之灾,天下分绝为十二州,制远之道微而无乖畔之难者,德厚恩深,无怨于下也。"是谓十二州之划分,乃尧遭洪水时之变制也。然在《尧典》中则丝毫无此意,况既云"肇"乃谓创制,非由洪水之分绝而变制,谷永等说终为曲解耳。

其后马融之解释恰与谷永、班固之说相反,马融云:"禹平水土,置九州。舜以冀州之北广大,分置并州,燕、齐辽远,分燕置幽州,分齐为营州;于是为十二州,在九州之后也。"(《〈史记·五帝本纪〉集解》引)班固谓禹平水土以前为十二州,以后并作九州,马融乃谓禹平水土以后,舜更分九州为十二州;谷永谓天下被洪水分绝为十二州,马融乃谓舜嫌冀、燕、齐之地广而分为十二州:其相异有如是者。至十二州之名称为何,马融以前亦无知者。融谓《禹贡》九州冀、兖、青、徐、扬、荆、豫、梁、雍之外再加并、幽、营,即舜时之十二州。但营州与青州乃名异而实同者,马融之十二州,实际上乃仅十一州,中有一州有名而无实。后来之说居上,其弟子郑玄乃弥补之曰:"舜以青州越海而外齐为营州,冀州南北太远,分卫为并州;燕以北为幽州;新置之州并旧为十二州,更为之定界。"(《〈史记·五帝本纪〉集解》引)由此说则营州乃当辽东、朝鲜一带。但营州由营丘之名而来,何由渡海至辽东耶?况郑玄谓"分卫为并州",亦误,《吕氏春秋·有始览》谓"河、济之间为兖州,卫也",东汉时卫地属河内郡,司隶校尉所辖,郑氏以卫属并州,并州之境界未免偏东南矣。

自马融、郑玄之说起，十二州之名分配停当，于是后来注家依声学舌，代代相承，如《伪孔传》云："禹治水之后，舜分冀州为幽州、并州，分青州为营州，始置十二州。"陆德明《经典释文》云："十有二州谓冀、兖、青、徐、荆、扬、豫、梁、雍、并、幽、营也。"舜时十二州乃被勘定。

吾辈研讨此项问题，知舜时十二州名之成立乃由附会并凑而来，多属无中生有。推其源皆由未肯谓《尧典》十二州无可征考，及未肯说明《禹贡》、《释地》、《职方》州名互相冲突，乃传说互异之故，于是以三篇不同之说分属夏、商、周，又齐不同以为同而属之于舜，渊源既明，其说即不难推翻矣。

以舜时十二州与汉武帝之州制相比，大概相同，仅舜时多一营州，而少朔方、交趾两刺史部。或十二分州制思想之来源，实为秦皇、汉武拓地开疆之反映，因拓地日远，非"九"可包，故扩为十二耳。《汉书·地理志》云："武帝攘却胡、越，开地斥境，南置交趾，北置朔方之州，兼徐、梁、幽、并，夏、周之制，改雍曰凉，改梁曰益，凡十三部，置刺史。"此十二州制背景之最好说明。《左传·哀七年》云："十二，天之大数也"，此亦或为取用十二数之理由也。

由上云云，十二州制之说，本非先秦所有，似未宜置于此章，特以其见于《尧典》，而《尧典》一篇，疑其晚出者尚少，故述此说之来源，兼以证《尧典》乃晚出之书也。

第三节　畿服说

与分州说并称者，古书中又有所谓畿服之说。畿服说最早见

第八章　先秦人士之区划地域观念

于《国语》,《周语》云:祭公谋父曰:"夫先王之制,邦内甸服,邦外侯服,侯卫宾服,夷蛮要服,戎狄荒服。甸服者祭,侯服者祀,宾服者享,要服者贡,荒服者王。"是谓五服。《周语》又载襄王谓晋文公曰,"昔我先王之有天下也,规方千里以为甸服",是甸服大有千里,余服则不知其里数。是说之成盖在春秋、战国之间。时周天子久替,诸侯竞起,中原复无霸主,异族楚、吴、越等迭兴,天王中心之观念已失,夷夏之限亦破,于是心存旧制者遂采观故事,酌合礼情,托诸往古,造为此说。其意盖为王国诸侯异族间定一简单合理之等第,以伸其一己之理想而已。其说既托为先王之制,传之久远,世人遂错认为实事矣。

　　出于战国末或西汉初之《禹贡》,承受此说而稍变其制,云:"五百里甸服:百里赋纳总,二百里纳铚,三百里纳秸,服,四百里粟,五百里米。五百里侯服:百里采,二百里男邦,三百里诸侯。五百里绥服:三百里揆文教,二百里奋武卫。五百里要服:三百里夷,二百里蔡。五百里荒服:三百里蛮,二百里流。"《禹贡》之绥服,盖即《周语》之宾服,余名皆同《国语》。自此五服,乃有一定之里数,而皆距离五百里焉。与《禹贡》同时或稍后之《逸周书·职方》篇(《周官》文同)更分天下为九服,云:"乃辨九服之邦国:方千里曰王圻(《周官》作畿),其外方五百里曰侯服,又其外方五百里曰甸服,又其外方五百里曰男服,又其外方五百里曰采服,又其外方五百里曰卫服,又其外方五百里曰蛮服,又其外方五百里曰夷服,又其外方五百里曰镇服,又其外方五百里曰藩服。"《周官》九服于大司马职称为九畿,于大行人职则仅邦畿及侯、甸、男、采、卫、要六服,六服之内为九州,六服之外谓之蕃国。说者谓要服即蛮服,蕃国即夷、镇、藩三服。案《职方》王畿千里之说,盖本于《诗》,而当《周语》、《禹贡》之甸服。其以甸服居侯服之外,则与《周语》、《禹贡》异。男服与采服、卫服、蛮服、夷服之名,殆即本于《禹贡》"百里采","二百里男邦","二百里奋武卫","三百里夷","三百里蛮"之文。镇服、藩服不知所据,要为杜撰。《禹贡》之地犹方二千五百里,《职方》之天下则有五千五百里之大,其为秦、汉时人观念中之天下而非战国以前人观念中之天下可知也。

《虞书·皋陶谟》称"弼成五服,至于五千",其天下之观念亦大于《禹贡》,而与《职方》相等。《周书·王会》篇又有三服之说:方千里之内为比服,方二千里之内为要服,方三千里之内为荒服。比,近也。比服显为《王会》篇作者新构之王畿别名,要荒两服则亦取自《周语》、《禹贡》,惟推广五百里为千里耳。

畿服之说虽为后人杜撰,然亦略有所本。《矢令方彝》有"众卿事寮,众诸尹,众里君,众百工,众诸侯:侯、田、男"之文,《大盂鼎》亦有"佳殷边侯,田,雩殷正百辟"之语,《周书》更有"侯、甸、男、邦、采、卫,百工播民和,见士于周"(《康诰》),"越在外服:侯、甸、男、卫、邦伯;越在内服:百僚、庶尹、惟亚、惟服、宗工、越百姓、里居"(《酒诰》)。"侯、甸、男、卫,矧太史友,内史友,越献臣,百宗工"(同上),"命庶殷:侯、甸、男、邦伯"(《召诰》),"小臣屏侯甸"(《君奭》),"庶邦:侯、甸、男、卫"(《顾命》)等文,《春秋左传·襄十五年》亦云:"王及公、侯、伯、子、男、采、卫、大夫各居其列。"可见侯、甸、男、采、卫皆爵位之称,侯、甸、男为诸侯,采、卫盖为附庸,其非畿服之称明甚。盖自《酒诰》有"越在外服","越在内服"之语,春秋以后之创为畿服说者即假用其名以托诸古,后世离古愈远,又蔽于儒说之一尊,遂深信之而不疑矣。

第八章　先秦人士之区划地域观念

本章重要参考书：

顾颉刚：《州与岳的演变》(《史学年报》第五期)。

顾颉刚、童书业：《汉代以前中国人的世界观念与域外交通的故事》(《禹贡半月刊》第五卷第三四合期)。

郭沫若：《金文丛考》。

吴其昌：《矢彝考释》(《燕京学报》第九期)。

王树民：《畿服说成变考》(北京大学《史学论丛》第一册)。

第九章 嬴秦统一后之疆域

第一节 六国之灭亡及秦之统一

秦孝公用商鞅变法，国大富强，乃建咸阳，筑冀阙而徙都焉。又并诸小乡聚为大县四十有一，乃东拓土至河，魏因之徙都大梁。及惠文君立，晋先后纳阴晋（今陕西华阴县）及河西地（黄河以西地，今陕西大荔、澄城等县），三晋之衰亡自此始。其后屡兼并诸侯土地。诸侯合纵以控之，合纵之说倡自苏秦。及张仪相秦，又倡连衡之策使六国北面事秦，秦势益张，离六国之交，使关东诸国互相猜忌，日图赂秦以抒祸。秦乃复用所谓远交近攻之策，先服魏灭韩，近东略定，而后北举灭赵，因便灭魏，赵魏灭然后分两军南灭楚，而北灭燕，略定代地。即以灭燕之军南面袭齐，十年之间，六王毕而四海一矣！今略撮秦自孝公以后吞并六国之迹，为表于下（择录《六国年表》）：

孝公八年，与魏战元里，斩首七千，取少梁。

　　十年，卫公孙鞅为大良造，伐安邑，降之。

　　十二年，初取小邑为三十一县，令为田，开阡陌。

惠文王三年，拔韩宜阳。

　　六年，魏以阴晋为和，命曰宁秦。

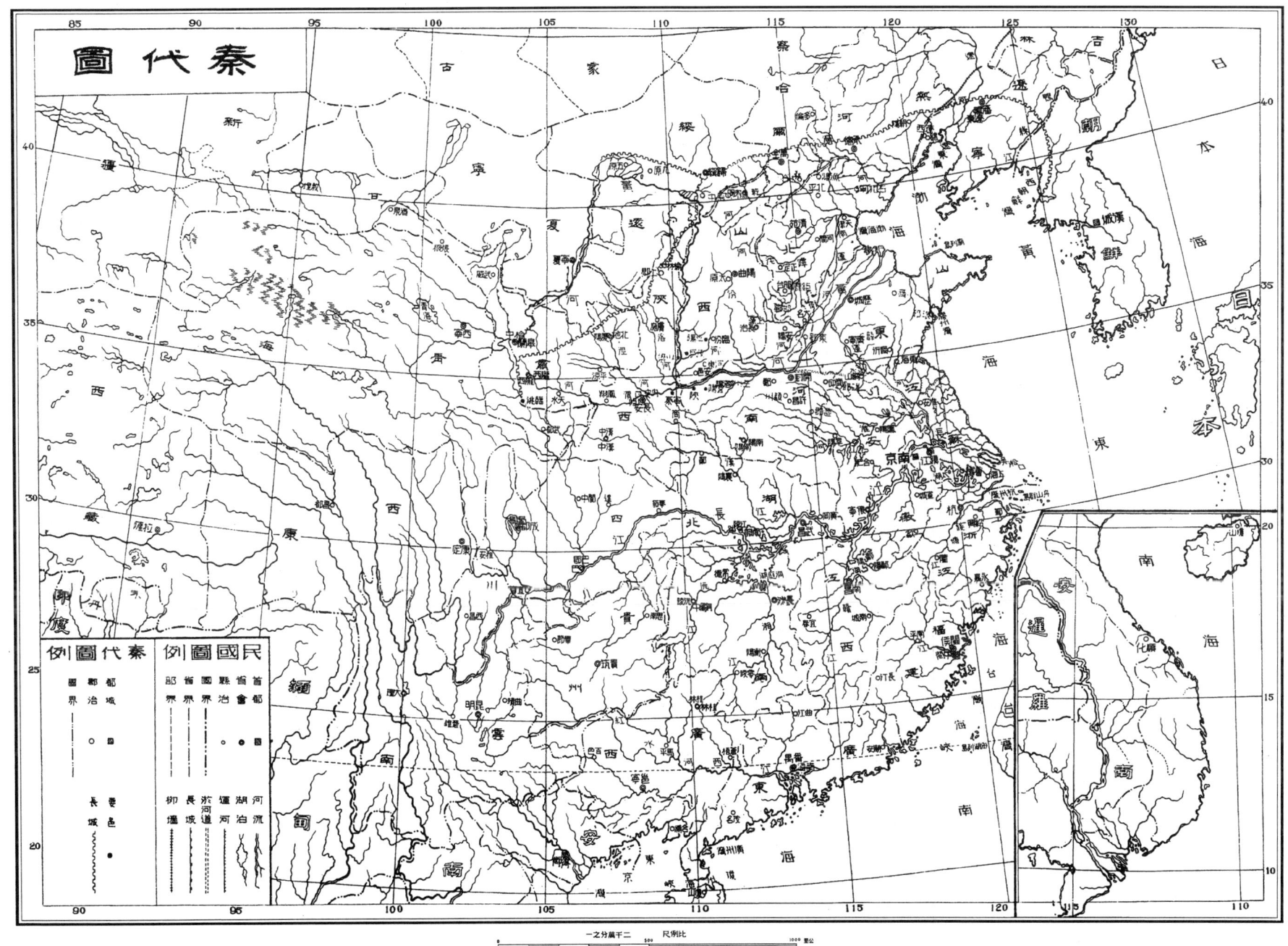

第九章　嬴秦统一后之疆域

　　八年,魏入少梁、河西地于秦。
　　九年,渡河取汾阴皮氏。围焦,降之。
　　十年,公子桑围蒲阳,降之。魏纳上郡。
　　十三年,相张仪将兵取陕。
改元后九年,击蜀,灭之。取赵中都、西阳、安邑。
　　十一年,侵义渠,得二十五城。
武王四年,拔宜阳城,斩首六万。涉河,城武遂。
昭王六年,蜀反,司马错往诛蜀守辉,定蜀。
　　十七年,魏入河东四百里。
　　十八年,客卿错击魏,至轵,取城大小六十一。
　　二十一年,魏纳安邑及河内。
　　二十九年,白起击楚,拔郢,更东至竟陵,以为南郡。
　　四十四年,秦攻韩,取南阳。
　　四十五年,秦攻韩,取十城。
　　五十年,王龁、郑安平围邯郸。及龁还军,拔新中。
庄襄王二年,蒙骜击赵榆次、新城、狼孟,得三十七城。
　　三年,王龁击上党,初置太原郡。
始皇帝三年,蒙骜击韩,取十三城。
　　五年,蒙骜取魏酸枣二十城、初置东郡。
　　六年,秦拔魏朝歌。
　　七年,秦拔魏汲。
　　九年,秦拔魏垣、蒲阳、衍。
　　十一年,王翦击邺、阏与,取九城。
　　十三年,桓齮击平阳……因东击赵之河南。
　　十四年,桓齮定平阳、武城、宜阳。
　　十五年,兴军至邺,军至太原,取狼孟。
　　十六年,发卒受韩南阳地。
　　十七年,内史胜,击得韩王安,尽取其地,置颍川郡。
　　十九年,王翦拔赵,虏王迁,之邯郸。
　　二十一年,秦拔燕蓟,得太子丹,徙王辽东。
　　二十二年,王贲击魏,得其王假,尽取其地。
　　二十四年,王翦、蒙武破楚,虏其王负刍。

二十五年,王贲击燕,虏王喜;又击代,虏王嘉。

二十六年,王贲击齐,虏王建,初并天下。

第二节　秦郡考略

郡县制度虽在春秋时已见其萌芽,然尚非推行普遍之地方制度,郡县间亦不甚相统属。时至战国,郡始辖县。始皇统一天下后,乃分天下为若干郡县,以为地方之行政区划。郡有守,掌治其郡;有丞,掌佐守;有尉,亦掌佐守,典武职甲卒。盖守丞掌文事,尉承武备也。又有郡监,掌监郡。县有令长,掌治其县;有县丞,掌佐令;又县尉,掌武事。

核之《史记·始皇本纪》云:"二十六年分天下以为三十六郡,郡置守、尉、监。"《汉书·地理志》亦云:"本秦京师为内史,分天下作三十六郡。"是谓并天下后分天下为三十六郡。然内史是否在三十六郡内?秦郡是否仅为三十六?皆为中国疆域沿革史上最纷歧之问题。如本《汉书·地理志》诸郡国下所注之沿革,则称秦所旧有之郡并内史为三十七,其名如下:

河东　太原　上党　东郡　颍川　南阳　南郡　九江　巨鹿　齐郡　琅邪　会稽　汉中　蜀郡　巴郡　陇西　北地　上郡　云中　雁门　代郡　上谷　渔阳　右北平　辽西　辽东　南海(以上称秦置)　河南(故秦三川)　沛郡(故秦泗水)　五原(秦九原)郁林(故秦桂林)　日南(故秦象郡)　赵国(故秦邯郸)　梁国(故秦砀郡)　鲁国(故秦薛郡)(以上称故秦某郡)　长沙(称秦郡)　京兆(称故秦内史)

然南海、桂林、象郡据《始皇本纪》及《南越传》谓为始皇三十三年所置，则谓二十六年之三十六郡有此三郡，乃成问题。九原郡于史亦无据。故三十六郡之目，当别有说，而三十六郡亦非秦一代郡之总数可知也。全祖望之《汉书地理志稽疑》于此有详细考证，于诸家之中最具胜义。今撮录之于下：

内史　不在三十六郡内，盖以尊京师也。

陇西　秦故封，不知其置郡之年。

北地　故义渠、大荔诸戎地，昭襄王置，不知其年。

上郡　故魏置，惠文王十年因之。

汉中　故楚置，惠文王后十三年因之。

蜀郡　故蜀国，惠文王后十四年因之。

巴郡　故巴国，惠文王后十四年置。

上六郡皆秦境。

邯郸　始皇十九年置。

巨鹿　始皇二十三年置。

太原　庄襄王四年置。

上党　故韩置，后入赵，庄襄王四年因之。

雁门　故赵置，始皇十九年因之。

代郡　故代国，后入赵，置代郡；始皇二十五年因之。

云中　故赵置，始皇十三年因之。

九原　始皇置。三十三年，蒙恬辟河西地四十余县，盖以此四十余县置九原，不当在始皇二十六年所并三十六郡之内。

上八郡皆赵境。

河东　昭襄王二十一年置。

东郡　始皇五年置。

砀郡　始皇二十二年置。

上三郡皆魏境。

三川　庄襄王九年置。

颍川　始皇十七年置。

上二郡皆韩境。

南郡　昭襄王二十九年置。

黔中　故楚置,昭襄王三十年因之。

南阳　昭襄王三十五年置。

长沙　始皇二十五年置。

楚郡　始皇二十四年置。

九江　同上。

泗水　同上。

薛郡　同上。

东海　同上。

会稽　始皇二十五年置。

上十郡皆楚境。

齐郡　始皇二十六年置。

琅邪　同上。

上二郡皆齐境。

渔阳　故燕置,始皇二十一年因之。

上谷　同上。

右北平　故燕置,始皇二十五年因之。

辽西　同上。

辽东　同上。

广阳　始皇二十三年置。

上六郡皆燕境。

以上除内史及九原外,即始皇二十六年所分之三十六郡也。

南海　始皇三十三年置。

桂林　同上。

象郡　同上。

闽中　始皇置,不知其年。

上四郡,不在三十六郡内。

第三节　长城

长城之建筑肇始于春秋,至战国时代,齐、楚、燕、赵、魏、中山、秦诸国亦先后建城立防。始皇统一天下,使蒙恬修接旧有长城,以防匈奴,所谓"万里长城"非即由其一手所造成也。两汉、北魏、北齐、后周及隋,各修缮其一部。至明,因防蒙古之故,又整理全城;今日之长城实明代边墙,与秦、汉之旧观相去已远。今略述战国时代各国及嬴秦之长城,若明代之边墙,其详述于后文。

(一) 齐长城

《管子·轻重》篇:"管子曰:'长城之阳,鲁也;长城之阴,齐也。'"《〈史记·楚世家〉正义》引《括地志》云:"齐长城西起济州平阴县,沿河历泰山北冈……至密州琅琊台入海。"《〈赵世家〉正义》云:"齐长城西头在齐州平阴县。"《郡国志》济北国下云:"卢有平阴城,有防门,有长城至东海。"由上诸条知齐之长城西起于今山东省西境平阴县,历泰山北冈,南达黄海北岸诸城县境之琅邪台入海。其建筑时代当在春秋之际《鷹氏编钟铭》文中已有"作齐,入长城,先会于平阴"之语,说者谓此钟为周灵王时之器,则春秋时代齐已有长城可知矣。

(二) 楚长城

楚长城又名方城,但方城亦为山名。其为山名者,如楚屈完对齐桓公称"楚国方城以为城",即方城山,在今河南叶县南四十里境。其后历代郡县亦有名方城者,故读古书者应分别何者始为楚之长城也。《〈水经·沅水〉注》引盛宏之《荆州记》云"叶县东界有故城,始犨县东,至瀙水,达沘阳,南北联联数百里,号为方城,一谓长城",即《左传》所谓"楚国方城以为城"是也。案叶县东北之故城,虽为楚长城,但非《左传》所谓之方城也。又《汉书·地理志》南阳郡叶县《注》云"有长城,号曰方城",叶县在今河南鲁山县(古犨县)与泌阳(古沘阳)之间,与《荆州记》所载相合,是知今河南鲁山至泌阳县之间有楚之长城。《〈水经·沅水〉注》:"郦有故城一面,未详里数,号为长城即此。"郦县在今河南内乡县东北十里地。《〈史记·礼书〉正义》引《括地志》云:"方城在房州竹山县东南四十一里……山南有城长十余里。"按竹山县之方城,原为庸有,后楚灭庸,方城始为楚险。至于叶之方城,当为楚北境之长城,惜其遗迹今无存者,多不可考矣。

(三) 魏长城

魏有西长城及东长城。西部长城因防秦而作,《秦本纪》云:

"魏筑长城,自郑滨洛以北有上郡。"《正义》云:"魏界与秦相接,南自华州郑县,西北过渭水滨洛水东岸,向北有上郡鄜州之地,皆筑以界秦境。"《魏世家》云:"筑长城,塞固阳。"《正义》引《括地志》云:"𣑯阳县,汉旧县也,在银州银城县界。"案魏长城自郑滨洛,北达银州,至胜州固阳县为塞也。以今地言之,则知此长城南起于陕西华县,沿北洛水而北,经鄜县、绥德、米脂等地,而达绥远之固阳,长千余里。又《后汉书·郡国志》云"卷有长城,经阳武到密",即魏之南部长城也。魏都大梁,此长城乃绕乎大梁,而为魏之南屏。以今地言之,则北起河南原武县西北,东至阳武县,曲折而达密县,长约四百里。其建筑时代,盖在战国。

(四)燕长城

《史记·匈奴列传》云:"燕亦筑长城,自造阳至襄平,置上谷、渔阳、右北平、辽西、辽东郡以拒胡。"此即燕之北长城也。造阳为今察哈尔省怀来县治,襄平在今辽宁辽阳县北千里地,是知此长城延袤千余里也。《战国策·燕策》云:"张仪谓燕王曰:'今赵王已朝渑池,效河间以事秦,大王不事秦,秦下甲云中、九原,驱赵而攻燕,则易水长城非王之有也。'"此乃燕之南长城。更据《〈水经·易水〉注》所记,知此长城所经之地为今易县西南古关门城,及县东南十六里地古渐离城之西;今徐水县西二十五里地武遂县故城西南两面,及县西南二百里新城县故城之北;自此而东北与今定兴县南十里地范阳县故城相望,又东经今任丘县东南二十里地,阿陵县故城之东北文安县附近。

(五)赵长城

《史记·赵世家》云:"肃侯十七年筑长城。"又云:"武灵王召楼缓谋曰:'我先王因世之变,以长南藩之地,属阻漳、滏之险,立长城。'"先王即指肃侯。此赵之南长城。以今地言,此长城乃在今河北磁县及河南临漳县一带地方。又《史记·匈奴列传》云:"赵武灵王变俗胡服,习骑射,北破林胡、楼烦,筑长城,自代并阴山下至高阙为塞。"《正义》引《括地志》云:"赵武灵王长城在朔州善阳县北。"此赵北长城也。

(六)中山长城

《史记·赵世家》云:"成侯六年,中山筑长城。"中山在赵之东北,今河北省、山西省之间;长城亦应距此不远,盖用以防赵也。

(七)秦长城

《史记·蒙恬列传》云:"始皇二十六年,使蒙恬将三十万众北逐戎狄,收河南,筑长城,因地形用险制塞,起临洮至辽东,延袤万余里。"《〈水经·河水〉注》云:"始皇令太子扶苏与蒙恬筑长城,起自临洮,至于碣石。"盖碣石在今朝鲜平壤南,秦属辽东郡。此长城实集战国沿塞长城之大成也。《史记·匈奴列传》又云:"秦昭王时,义渠戎王与宣太后乱……于是秦有陇西、北地、上郡,筑长城以拒胡。"临洮为今甘肃岷县,陇西今为甘肃狄道县治,而甘肃隆德县城西北六十里有长城,相传为秦所筑;固原西北十里有长城遗址,相传秦灭义渠戎后所筑。此秦原有之长城也。是知秦之大长城西起于今甘肃岷县,东行经狄道、固原、隆德等地,包六盘山而北走,再经环县而入陕西,东过绥德,渡黄河,历山西、河北至山海关,又东北而至朝鲜平壤南,此秦长城之大略也。

本章重要参考书:

《史记》。
《汉书》。
《水经注》。
全祖望:《〈汉书·地理志〉稽疑》。
王国良:《中国长城沿革考》。

第十章　西汉疆域概述

第一节　汉初之封建制度

秦为无道,暴虐天下,陈胜、吴广揭竿首义,项羽、刘邦相继响应,遂屋秦社。项氏听范增之计,复立楚后,以相号召;未几,六国君臣窜伏草莱之间者,亦纷纷而起,相与并立,于是秦之郡县区划复杂以封建制度,殆与秦未灭六国时之情形相差无几矣。

刘、项初起,关中未下,称王号君者不可数计,然朝兴夕伏者亦所在多有,直至项羽分裂天下大封王侯之时,始略得其眉目。项羽于诛秦王子婴之后,与诸侯共尊楚怀王孙心为义帝,自立为西楚霸王,复分宇内为十八诸侯,其时之情形如下:

项羽自为西楚霸王,王梁、楚等九郡,都彭城。

刘邦为汉王,王巴、蜀、汉中,都南郑。

章邯为雍王,王咸阳以西,都废丘。

司马欣为塞王,王咸阳以东至河,都栎阳。

董翳为翟王,王上郡,都高奴。

魏豹为西魏王,王河东,都平阳。

申阳为河南王,都雒阳。

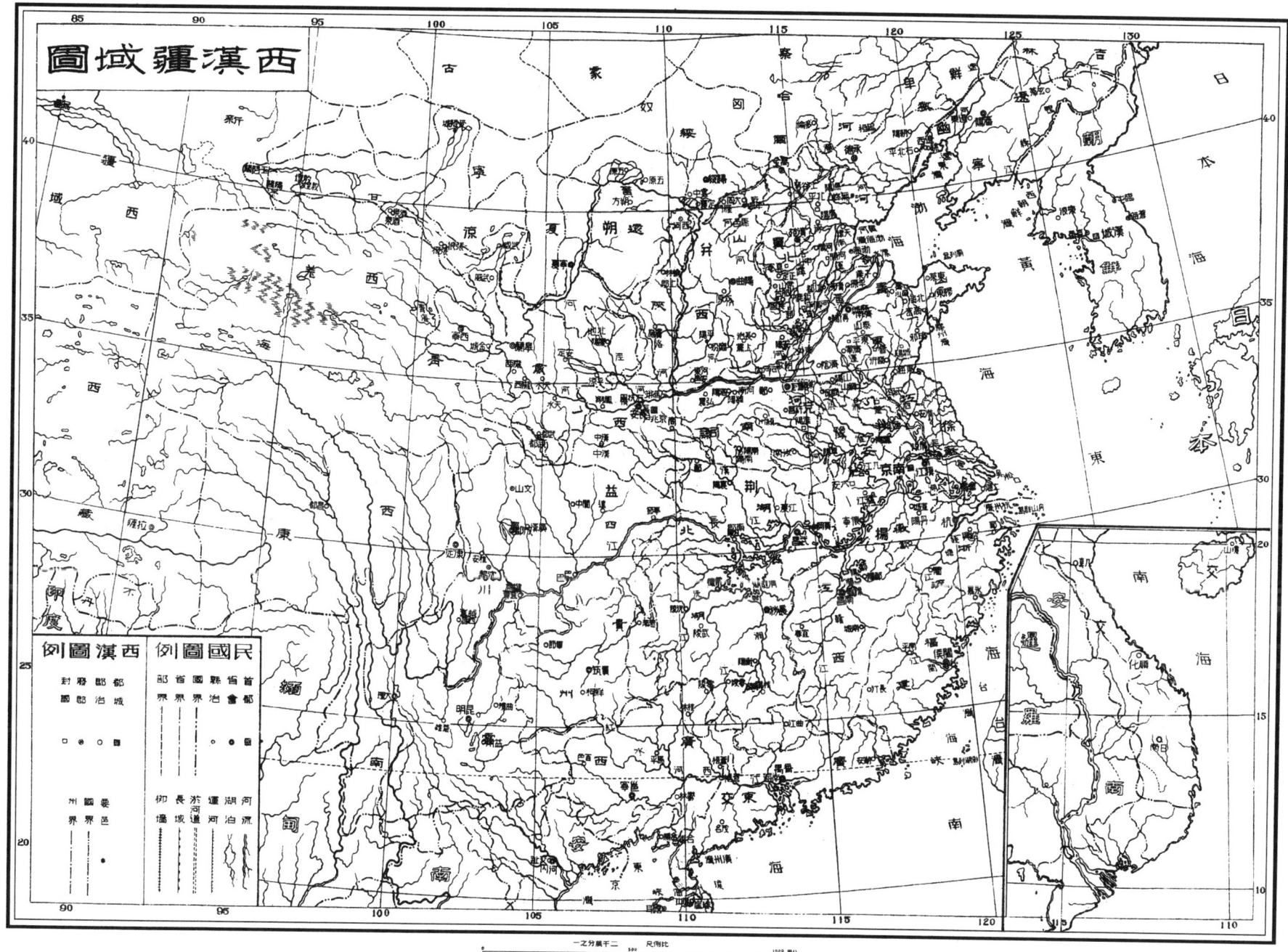

韩成为韩王,都阳翟。

司马卬为殷王,王河内,都朝歌。

赵歇为代王,都代。

张耳为常山王,王赵地,都襄国。

英布为九江王,都六。

吴芮为衡山王,都邾。

共敖为临江王,都江陵。

韩广为辽东王,都无终。

臧荼为燕王,都蓟。

田市为胶东王,都即墨。

田都为齐王,都临济。

田安为济北王,都博阳。

义帝都长沙郴县。

受封诸王或为六国后裔,或为诸侯旧将,大者辖地数郡,小者仅得数县,利益不均,其形势自不能久也。

  果也,汉王不甘枥伏,出关而东,以与项氏争衡,二十诸侯之局面因以破裂。积数年之战争,汉王遂得次第霸灭群雄,复定一统。楚、汉相持之时,汉王虽从张良之计,不复立六国后裔然封建之制度不能即因此而终止也。盖军中将士之所以转战南北者,其心目中固时时望他日分茅裂土为王为侯也。二等之叙,诚时势所迫,不得不如此,非汉王鉴于亡秦之失,亦非有慕于成周之得也。初期之封王者凡八:

韩信为齐王,都临淄;嗣改封楚王,王淮北,都下邳。

张耳为赵王,都襄国。

英布为淮南王,都六。

彭越为梁王,王魏故地,都定陶。

韩王信为韩王,都阳翟;嗣徙国太原,都马邑。

卢绾为燕王,都蓟。

吴芮为长沙王,王长沙、豫章、象郡、桂林、南海诸地,都临湘。

亡诸为闽粤王,王闽中地,都冶。

汉王虽如此分土,然其心中固惴惴焉惧诸将之反侧,亟思次第翦除,故韩信见诛,彭越菹醢,无非为欲达此目的也。他方复分封子弟,使与异姓诸王犬牙相错,以相牵制;末年复定非刘氏不王之制,而异姓之王尽矣。高帝末年王者十国:

楚王交,高帝弟,六年封。

齐王肥,高帝子,六年封。

赵王如意,高帝子,九年封。

淮阳王长,高帝子,十一年封。

梁王恢,高帝子,十一年封。

淮阳王友,高帝子,十一年封。

代王恒,高帝子,十一年封。

吴王濞,高帝兄仲子,十二年封。

燕王建,高帝子,十二年封。

长沙王吴臣,故长沙王吴芮后。

十王之中仅长沙一人为异姓,盖以其地僻居南服,国小民贫,故能不见忌于汉廷耳。

诸侯王国封地大小虽不一,然合计之则甚广,殆居其时郡国之大半。《史记·汉兴以来诸侯年表》云:

> 自雁门、太原以东至辽阳,为燕、代国;常山以南,太行左

转、度河、济、阿、甄以东,薄海,为齐、赵国;自陈以西,南至九疑,东带江、淮、穀、泗,薄会稽,为梁、楚、淮南、长沙国;皆外接于胡、越;而内地北距山以东尽诸侯地,大者或五六郡,连城数十,置百官宫观,僭于天子。汉独有三河、东郡、颖川、南阳,自江陵以西至蜀,北自云中至陇西,与内史凡十五郡。

清儒全祖望尝事考证,谓其时天子自有者实十八郡(《〈汉书·地理志〉稽疑》四)。史公之言容或有误,然十八郡之数亦非甚多。天子自属诸郡中又杂以列侯、公主之食邑,亦非尽隶于汉廷也。列侯即所谓二等之一。汉代列侯为数颇多,高帝一代已达百五十人,文、景而后,外戚、丞相及诸王之子弟亦皆受封,其数益多,此百余列侯其食邑皆在汉郡之内,故汉廷十八郡仅名义上之数字而已。

自文帝而后,血统渐疏,诸王疆土又过大,遂起汉廷疑忌之心。贾谊上治安之策,创众建诸侯之议,以弱疏强亲,故封建之局大异。景帝时用晁错之计,大削藩封,七国之王遂相与反叛,其后虽能底定乱事,而上下益猜疑矣。下至武帝用主父偃之策,推亲亲之恩,使诸侯王得以食邑分封子弟,国土愈分,其势益弱。汉初诸侯王或领数郡,或辖数十城,至是所辖者仅各得一郡,郡与国遂同等矣。且王子之为列侯者,其地皆属汉郡,故郡之大者有及三四十县,而诸王所属有仅得五六城者,以之与汉初较,相去不可以道里计矣。

第二节　西汉之郡国区划及其制度

秦并六国,大设郡县,及其季年已有四十余郡。汉兴之后,迭有建置，下迄平帝元始二年遂增至百三郡国。班氏《地志后序》言汉代诸帝增置郡国之次序曰："高帝增二十六，文、景各六，武帝二十有八，昭帝一。"然检《志》文郡国条中所述始置之时，则与此未能相符。《志》文称高帝所增置者凡二十有六：

冯翊（高帝河上郡）、扶风（高帝中地郡）、河内（高帝殷国）、汝南、江夏、魏郡、常山、清河、涿郡、勃海、平原、千乘、泰山、东莱、东海、豫章、桂阳、武陵、广汉、定襄、淮阳、楚国、中山、广阳（高帝燕国）、胶东、六安（高帝衡山国）。

文帝增六：

庐江、济南、河间、菑川、高密（文帝胶西国）、城阳。

景帝增四：

山阳、济阴、东平（景帝济东国）、北海。

武帝增二十五：

弘农、陈留、临淮、零陵、武都、天水、敦煌、安定、西河、真定、犍为、越巂、益州、牂柯、武威、张掖、酒泉、朔方、玄菟、乐浪、苍梧、交趾、合浦、九真、泗水。

昭帝增一：

金城。

别有未注建置之时者：

丹阳、广平、信都、广陵。

后世学人对此矛盾之记载迭有解释，若《续汉书·郡国志》、《晋书·地理志》以及清全祖望、钱大昕诸人之著述，皆其著者，其说纷纭不一，近人谭其骧《汉百三郡国建置之始考》最后出而其说亦较精。据其论证，则除因秦四十一郡之外，高帝增十九，文帝增一，景、武二帝共增四十一，昭帝增一。武陵、淮阳、广阳、东海，秦旧郡也。

沛郡、桂阳、涿郡、勃海、平原，景帝所新置也。江夏、定襄、泰山，武帝所增建也。而千乘、东莱，亦景、武所立也。《志》皆入于高帝之时。若庐江、博阳（博阳即《志》文之济南）、河间、胶西、城阳本高帝时或楚、汉间诸侯所置，《志》又误归之文帝。鄣郡（《志》丹阳）、东阳（《志》广陵），亦高帝时或楚、汉间已有，《志》反未注其时。黜其所不当有而益其所当增，则高帝所增者实十九郡国耳。文帝之六国既黜其五，则所余仅菑川而已。陈留、广平、信都皆景帝所置，而《志》于陈留（景帝济川国）则云武帝置，广平、信都（景帝广川国）又不注始置之年，皆非是。核其实则景置十二而武增二十七，益以未知确为景或为武所建之千乘、东莱二郡国，实得四十有一。昭帝仅金城一郡，当仍《志》说，合承秦之四十一郡，即所谓百三郡国也。

　　汉制异于嬴秦者，王国、侯国而外尚有州刺史部。《地理志序》云："武帝攘却胡、越，开地斥境，南置交趾，北置朔方之州，兼徐、梁、幽、并，夏、周之制，改雍曰凉，改梁曰益，凡十三州，置刺史。"是此十三州者，乃因所谓夏、周旧制之冀、兖、青、徐、扬、荆、豫、益、凉、幽、并及新置之交趾、朔方二部也。惟《志》文郡国条中所注之州名，无朔方、凉州二部，别有司隶，而交趾亦称交州，与《序》文大异。案司隶校尉之置为征和四年事，而十三州刺史部则在元封五年，是司隶校尉部不在十三州之中。西汉时，平当、萧育、翟方进皆尝为朔方刺史，则朔方亦一部也；《志》文于朔方郡下注云属并州，盖以东都新制为西京旧规。王莽时尝改交趾曰交州，光武初虽复旧，明、章以后再称交州，班氏又误以东汉制度羼入《志》文中矣。《志》文虽未言凉州，然《志序》既言改雍曰凉，是凉州亦旧制也，且河西诸郡亦未注所属，故不言凉州者，班氏误遗之也。

十三州刺史部及司隶校尉部所统之郡国,班氏《地志》虽间有注及,亦多讹误,顾刚旧著《两汉州制考》尝加校订,今录诸州所隶郡国于下,以见其时疆域分划之情形:

司隶校尉部:京兆、扶风、冯翊、弘农、河内、河南、河东——凡七郡。

豫州刺史部:颍川、汝南、沛郡;梁国——凡三郡一国。

冀州刺史部:魏、巨鹿、常山、清河郡;赵、广平、真定、中山、信都、河间国——凡四郡六国。

兖州刺史部:陈留、山阳、济阴、泰山、东郡;城阳、淮阳、东平国——凡五郡三国。

徐州刺史部:琅邪、东海、临淮郡;泗水、广陵、楚、鲁国——凡三郡四国。

青州刺史部:平原、千乘、济南、北海、东莱、齐郡;菑川、胶东、高密国——共六郡三国。

荆州刺史部:南阳、江夏、桂阳、武陵、零陵、南郡;长沙国——凡六郡一国。

扬州刺史部:庐江、九江、会稽、丹阳、豫章郡;六安国——凡五郡一国。

益州刺史部:汉中、广汉、犍为、越巂、益州、牂柯、蜀、巴郡——凡八郡。

凉州刺史部:陇西、金城、天水、武威、张掖、酒泉、敦煌、安定、北地、武都——凡十郡。

并州刺史部:太原、上党、云中、定襄、雁门、代郡——凡六郡。

幽州刺史部:勃海、上谷、渔阳、右北平、辽西、辽东、玄菟、乐浪、涿郡;广阳国——凡九郡一国。

朔方刺史部：朔方、五原、西河、上郡——凡四郡。

交趾刺史部：南海、郁林、苍梧、交趾、合浦、九真、日南——凡七郡。

第三节 西汉地方行政制度

汉代因嬴秦旧规，复承成周故习，合封建、郡县二种制度冶于一炉，故其地方之官吏亦因郡国之情形而异。今略究其因革之迹，分论于后：

秦分天下为郡县，而畿辅之地独称内史，以别于他郡，即以内史治之。汉初分其地为三郡：中曰渭南，左曰河上，右曰中地；虽为京师所在，而其地位则与他郡等。高帝末年，天下大定，复因秦制合之为一，其官吏亦如秦旧。稍后复分左右，其分置之时据《地志》所载，则武帝建元六年事也，而《百官表》又谓在景帝二年，检《表》文，则景帝元年已有左内史晁错之记载，知其时已分左右矣。武帝太初元年，更右内史为京兆尹，左内史为左冯翊，复以主爵都尉为右扶风，即治内史右地，是为三辅。后世遂为定制。三辅首吏虽有专名，究其实际固无异郡守国相，特以其为京师重地，故有斯称耳。

郡置郡守，以司民事，复置郡尉，以掌军旅，皆秦时旧官而汉所因者。景帝中二年更郡守曰太守，郡尉曰都尉，遂为定称。与郡同等者则诸侯王国，秦制所无，故其置官设吏，多所特创。高帝之时，诸王权势颇大，官吏率如汉廷，《百官表》云："有太傅辅王，内史治国民，中尉掌武职，丞相统众官，群卿大夫都官如汉制"，是其国土虽小，而其职官初不异于帝室也。景帝遭七国之乱，以诸王权力过大，乃盛加损抑，复令诸王不得自治其国，所属官吏皆由天子为之除授。元狩初，衡山、淮南二王谋反，武帝以其国属吏实促其成，乃作左官之律，厉行限制。至成帝绥和元年复省其内史，以相代治民事，以中尉为之主兵旅。自文、景削藩之后，诸王国土日渐缩小，几不能比之诸郡，守与相，都尉与中尉实际所差者仅名称不同而已。

郡之太守与诸侯王国之相中尉，皆仅一员，而都尉之多寡则因地而异，边圉要塞往往多至四五员。其名称略见于《地志》，姑举其重要者而言之：如会稽有西部都尉，复有南部都尉；酒泉有北部都尉，又有东部都尉；而云中且有中部都尉；此外，则骑都尉，天水、安定诸郡有之；农都尉，金城、西河诸郡有之；属国都尉，上郡、五原诸郡有之；关都尉，敦煌、弘农诸郡有之。别有受降都尉（《田广明传》）、护漕都尉（《朱博传》）、宜禾都尉（《地志》）诸名，皆因时而置，非常制也。

汉制别有州刺史，此秦代之所无者，《汉书·武帝纪》：“元封五年，初置刺史，部十三州。”诸州刺史仅司监察之责，非亲民之官，故《百官表》云："掌奉诏条察州。"胡广《汉官解诂》亦言："驰郡行国，督察在位，（敷）奏以言，录见囚徒，考实侵冤，退不录（称）职。"（《北堂书钞》七二《设官部》引）刺史所辖之地域虽大，其重要反不及郡太守与国相，守相之秩各为二千石，而州刺史则仅六百石，不及三分之一，盖其时地方制度尚为郡县或王国、侯国之二级制也。与州刺史相似者又有司隶校尉，《百官表》："武帝征和四年初置，从中都官徒千二百人。捕巫蛊，督大奸猾。后罢其兵，察三辅、三河、弘农。"是司隶之初置，本因巫蛊狱起，事平之后遂使察州。其形式虽与州刺史相似，而其权力则非州刺史所可及。其后，刺史之权力渐次增大，浸假而凭陵太守，绥和元年遂因何武、翟方进之请，改刺史为牧,于是向之仅司监察之责者一变而直接指挥守相之大员,其地位顿见重要,而地方制度亦由二级制变为三级制矣。州牧权力过大,不便之处甚多,故三年之后又因御史大夫朱博奏言,复行旧制。王莽柄政,再称州牧,汉室不久亦亡矣。

汉制郡国之下,复有县、邑、道、侯国,《百官表》:"列侯所食县曰国,皇太后、皇后、公主所食曰邑,有蛮夷曰道。"是所谓邑、道、侯国者,特县之异称而已。县置令长以治其民,万户以上为令,减万户则为长,皆秦旧制也。邑、道置官与县同,而侯国则别置相如王国,其职责与县令长无异,对列侯亦不拘守臣节,而列侯亦不得以属吏视之也。县令长及侯相之下亦稍有掾吏以为佐贰,惟不若郡守国相之多耳。

第四节　西汉对外疆土之扩张

先秦之时,汉民族群居黄河流域,因地分国,自相争长;而边远之邦又复竭其余力以向他民族求发展之地,故秦处西方,因霸西戎,晋扩北土,威服狄人,燕国远居幽、冀,遂东向而至辽河流域,齐、晋诸国又时时与楚、吴争衡,盖无处不显其对外扩张之能力也。及秦并六国,于是向之分离不合之汉民族乃混成大一统之局面。秦皇黩武,南则略取陆梁,北复拓地榆中,并置郡县,先秦以来,汉族向外发展,至此为极盛。

秦、汉二代最大之外患,厥为匈奴。始皇虽尝使蒙恬北征,大起长城,秦祚绝后,其势益张。汉祖平城败后,边事复急;文、景之世,胡骑每深入安定、北地诸郡,势逼京师,细柳、棘门遂皆为备胡之地,上下苦之。武帝即位,尝用大行王恢之言,诱匈奴入马邑,欲一举歼灭,不意事败垂成;然武帝雄才大略,并不因此而稍戢,乃任卫青、霍去病诸人当折冲之任,数数出塞,绝域远征。元朔二年,卫青出云中以西,至于陇西,遂收秦故河南地,置朔方五原郡,惟汉亦东弃上谷斗辟县造阳地以与胡。元狩三年,匈奴内哄,昆邪王杀休屠王来降,乃复以其地为武威、酒泉二郡。元鼎末,又复分武威、酒泉置张掖、敦煌郡,徙内地之民以实之。四郡之建置,非独挟制匈奴,且为通西域之要道,其重要殊不能与常郡等。其间大兵虽时有远征,若卫青之至阗颜山,霍去病之封狼胥居山,然军还则已,未能统治其地。太初中,光禄徐自为自朔方塞外列城筑郡,远至卢朐,复以重兵驻守,虽其所筑城郭未几即为匈奴所毁,要可以觇汉地之远大。《清一统志》谓卢朐河今名克鲁伦河,源出喀尔喀肯特山,是今外蒙之地其时已有汉亭郭矣。其后五单于争立,呼韩邪内附,居于塞下,北方始得稍息焉。

汉与匈奴交争,以西域当匈奴右臂,乃使张骞西使,以孤匈奴势。是时西域小国林立,盖三十有六,稍后复分五十余,其种族亦颇不一。《西域传》言:"自疏勒以西北休循、捐毒之属,皆故塞种也。"又云:"蒲犁及依耐、无雷国皆西夜类也。西夜与胡异,其种类羌、氐,行国,随畜逐水草往来。"而大宛以西至于安息,其人又皆深目多须眉,又与塞羌异种矣。张骞之初使也,诸国皆以距汉过远,又畏匈奴,莫敢内附;迨匈奴昆邪王来降,河西四郡既建,玉门路通,诸国始皆相继臣服。时乌孙最号大国,汉廷乃利用和亲之计,以相接纳。至贰师将军征大宛,汉威遂远被绝域;于是轮台、渠犁皆置田卒,复有校尉领护,以为久远之计。宣帝于乌垒城置都护以护南北二路,其形势益固。迄王莽篡汉,始略形疏离。综全汉之

时,西域通中国者凡五十有六国,其国情风土备见班氏《西域传》,今略举名称于下:

婼羌　楼兰(昭帝元凤四年,傅介子杀其王,更其国名为鄯善)　且末　小宛　精绝　戎卢　扜弥　渠勒　于阗　皮山　乌秅　西夜　蒲犁　依耐　无雷　难兜(属罽宾)　罽宾(不属都护)　乌弋山离(不属都护)　条支(役属于安息)　安息(不属都护)　大月氏(不属都护)　康居(不属都护)　奄蔡(属康居)　大宛　桃槐　休循　捐毒　莎车　疏勒　尉头　乌孙　姑墨　温宿　龟兹　乌垒　渠犁　尉犁　危须　焉耆　乌贪訾离(元帝时分车师后王之西为此国。以处匈奴东蒲类王兹力支)卑陆　卑陆后国　郁立师　单桓　蒲类　蒲类后国　西且弥　东且弥　劫国　狐胡　山国　姑湶(宣帝时分为车师前后王及山北六国)　车师前国　车师后国　车师都尉　车师后城长国

居汉之东北者为朝鲜。朝鲜古与中国通,自遭秦乱,渐相隔绝。汉初,燕人卫满入其地,杀其王而王其国,为汉外臣。然以距汉过远,汉兵所不能至,故每招诱人民,而真番、辰国之入贡者亦为所壅阏不通。武帝即位,发师东讨,会朝鲜亦杀其王右渠降,乃以其地为真番、乐浪、临屯、玄菟四郡,时元封三年也。其先曾因濊之降人置苍海郡,然未久即罢,故仅四郡存焉。

南越王赵佗因秦末乱离,雄据岭南,窃称帝号,高、惠、文、景诸帝颇事优容。武帝时,其相吕嘉复要其王反,尽杀汉使之在南越者,于是武帝乃议南征。元鼎五年,使伏波将军路博德出桂阳,下湟水;楼船将军杨仆出豫章,下横浦;戈船下濑将军故归义粤侯二人出零陵,或下漓水,或抵苍梧;又使驰义侯因巴、蜀罪人发夜郎兵,下牂柯江:五路将士俱会番禺。其明年,南越平,以其地为儋耳、珠崖、

南海、苍梧、郁林、合浦、交趾、九真、日南九郡。昭、元二帝罢儋耳、珠崖，故元始之时岭南仅存七郡。会东粤亦数反侧，汉既定南越，其王益恐，发兵叛，汉因使兵击其地，徙其民于江、淮间，东粤地遂空。

西南夷处巴、蜀塞外，各聚族而居，其君长凡数十，夜郎、滇、邛都、巂、昆明、徙、莋都、冉駹、白马等部为最大，其俗或耕田有邑聚，或随畜迁徙而无定居，以道途远阻，多不与中国通，而汉廷亦以其徼外蛮夷，不甚重视之也。及汉有事于南粤，使者唐蒙知由夜郎可趋南粤，乃说武帝谋取其地。武帝乃使蒙为使，使夜郎。建元六年，蒙至其地，降其王以为犍为郡。未几，以北筑朔方，据河逐胡，遂罢西南夷。自张骞使西还，建议取西南夷，出身毒，以通西域，汉遂再有事于西南夷。会南粤反，汉欲发西南夷兵，而且兰君不行。元鼎六年，汉已灭南粤，乃以余兵诛且兰，降其地为牂牁郡。于是诸夷皆震恐，争求内属，因以邛都为越巂郡，莋都为沈黎郡，冉駹为汶山郡，广汉西白马为武都郡。元封二年又击降滇王，以为益州郡。西南夷自此大定。沈黎、汶山未久即废，犍为、牂牁等遂得比于内地诸郡矣。

本章重要参考书：

《史记》。
《汉书》。
全祖望：《〈汉书·地理志〉稽疑》。
钱坫：《新斠注地理志集释》（徐松《集释》）。
吴卓信：《〈汉书·地理志〉补注》。
顾祖禹：《读史方舆纪要》（下各章同）。
顾颉刚：《两汉州制考》（《中央研究院历史语言研究所集刊外编·蔡元培先生六十五岁庆祝论文集》）。
谭其骧：《汉百三郡国建置之始考》（《地学杂志》民国二十二年第二期）。

第十一章　新莽改制后之疆域

汉代疆域赖有元始二年之簿籍著录于班氏《地志》而得见其大凡。由《地志》观之，其时有司隶部一、刺史部十三与郡国百三，汉制于是大备。惟此完备之制度不久即被破坏，盖是时王莽已执政柄，渐改汉制，疆域区划自非例外。莽改汉制肇始于元始四年，《平帝纪》：

> 元始四年冬，置西海郡，徙天下犯禁者处之；……分京师置前辉光、后烈丞二郡，更……十二州名，分界。郡国所属，罢置更易，天下多事，吏不能纪。

是不惟更易州名，即郡国县邑亦当盛加改革，而十二州之建置直打破武帝以来固定之制度。至其改革之原因，据《莽传》所载莽之奏书云：

> 汉家地广二帝三王……州名及界多不应经。《尧典》十有二州，后定为九州。汉家廓地辽远，州牧行部远者三万余里，不可为九。谨以经义正十二州名分界，以应正始。

是其所制作完全以其心目中之经义为依归。十二州之名称，《汉·

志》多阙,据扬雄《十二州箴》则为:

> 冀　兖　青　徐　扬　荆　豫　益　雍　幽　并　交

莽之十二州较之汉制无司隶、朔方二部,并改凉曰雍,改交趾曰交州。盖司隶、朔方与交趾皆武帝所新置,自王莽视之,固绝非合于经义之古制;然《尧典》有"宅南交"之语,是交趾之名虽不可用,而其中之"交"字则已见诸典谟,故黜其名而存其地,若司隶、朔方无所因恃,遂被废省。《汉·志》序文曾言"改雍曰凉,改梁曰益",是雍、梁自为古制,故莽十二州中复凉曰雍,但未知益何以不改为梁耳。

西汉定都长安,于关中畿内之地别称三辅,所以异于他郡也。莽以长安为西都,雒阳为东都,更长安为常安,雒阳为义阳,以示不相袭。复分三辅为六尉郡以拱卫京师。六尉郡者:京尉、师尉、翊尉、光尉、扶尉、烈尉也。而东都保忠信(汉河南)之周围亦分置六队郡,以与西京等。六队郡者:前队(汉南阳),后队(汉河内),左队(汉颍川),右队(汉弘农),兆队(汉河东),祈队(汉河南之一部)也。郡之等第亦各不相同,粟米之内曰内郡,其外曰近郡,有边鄣者曰边郡,以示其远近轻重也。

汉代地方之官吏,大抵州有刺史(后改牧),郡有太守、都尉,而县则有令长。莽既改州郡名称,官吏因之亦多异,诸州因汉制置牧,其后更置牧监副,以为牧贰。始建国初年改太守曰大尹,都尉曰太尉,令长曰宰。天凤初,复置卒正、连率及属正、属长,卒正、连率职如大尹,属正、属长则若太尉,因官于其地者爵位之高低而其名称亦不一也。六尉、六队之尹为大夫,其尉则为属正;保忠信之尹别曰卿,示与他郡异也。西都别分六乡,乡置帅;东都亦分六州,州置长,此则汉制之所无也。

莽篡汉后仅十五年即为光武所灭,然此十五年之间,诸郡县罢置更易,靡有定规,即当时之吏民已痛感其繁琐,不能复纪其名称。《莽传》中言其时郡之改易岁有变更,一郡且有五易其名而还复其故者,可谓极复杂之能事矣;即莽自下诏书亦辄系其故名,称为制诏,是诚苦矣。往往有诸郡属县互易,县已尽,郡已废,尚不知,而所谓大尹、太尉者皆常无处可归,群集于都门,诚滑稽之事也。《莽传》纪天凤元年共有郡一百二十五,县二千二百三,新室纷乱之疆域,得此数字,亦可稍稍知其梗概焉。

莽于元始时,强取西羌之地以为西海郡,羌民怨愤,遂于居摄初举兵内侵。莽扩地不成,反致兵争,殆其初意所未料及者。即位后又复数改制度,四夷亦叠更其名称,向之称王者皆改称侯,又收其故印,别授以新室印绶,于是诸夷皆怨,纷纷背叛,自武帝以来征伐所得,一时俱尽矣。

本章重要参考书:

《汉书》。

顾颉刚:《两汉州制考》。

谭其骧:《新莽职方考》(《燕京学报》第十五期)。

第十二章　东汉复兴后之疆域

第一节　东汉初年郡国之省并

自王莽改制之后，疆域之制度顿形紊乱，遂至吏民不能复纪其名称。光武起兵虽倡复汉制，然出征之将士，每专置牧守，擅更疆界，故《刘玄传》谓其时"州郡交错，莫知所从"。加以兵燹之后，户口耗少，郡国益形空虚，应劭《汉官仪》称"世祖中兴，海内人民可得而数裁十二三，边陲萧条，靡有孑遗，鄣塞破坏，亭队绝灭"（《续汉·志》刘《注》引）。其时荒凉之情况已可想见。然此仅示其概状，不能备知其详情。《续汉·志》刘昭《注》："光武中元二年户四百二十七万九千六百三十四，口二千一百万七千八百二十。"是时上距光武即位已三十余年，其户口犹如此凋零，视元始时之户千二百二十三万三千六十二，口五千九百五十九万四千九百七十八（《汉·志后序》），所差将及三倍。光武削平内乱之后，因伤百姓遭难，官役烦多，遂命并省县邑，与民休息。《光武纪》称"建武六年并省诸县凡四百余所"，此四百余所之县邑仅言其大体，若其名称则书缺有间，已多不能详知矣。

县、邑、道、侯、国，为地方之基本区划，建武省并之多几当全数

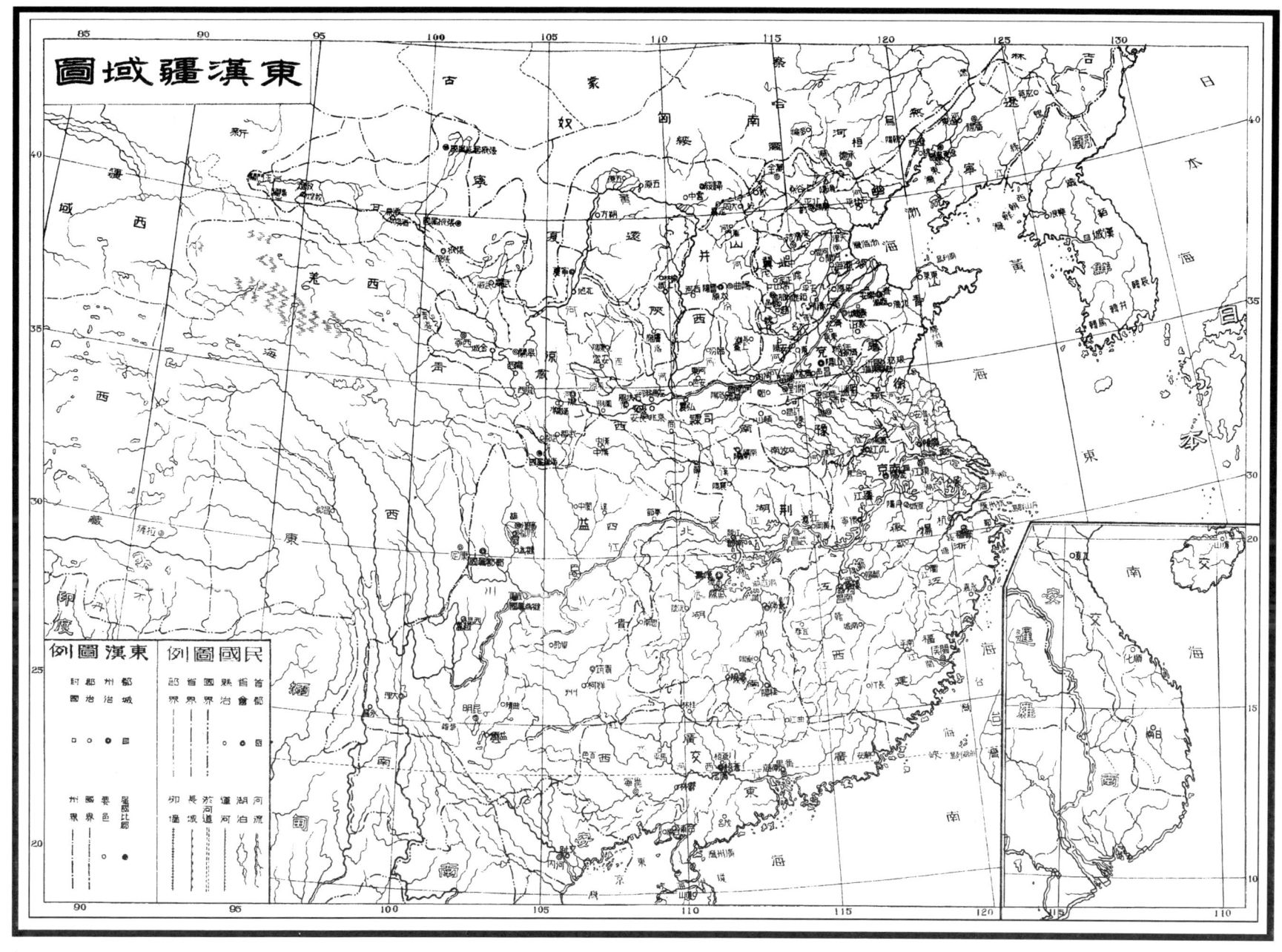

四分之一，不可谓非剧烈之变迁。诸县既迭经省并，则居其上之郡国其政令自渐清闲，故光武复进而省并之。《光武纪》：

> 建武十年……省定襄郡，徙其民于西河。
>
> 十二年……省金城郡，属陇西。
>
> 十三年……省并西京十三国：广平属巨鹿，真定属常山，河间属信都，城阳属琅邪，泗水属广陵，淄川属高密，胶东属北海，六安属庐江，广阳属上谷（案：此仅十国，钱大昕《廿二史考异》"十三国者，误衍'三'字，而淄川下又误衍'属'字"，说是）。
>
> 二十年……省五原郡，徙其吏人置河东。

是所并省凡十三郡、国，已当西汉诸郡十分之一矣。

建武所废诸国可别为二类：一为内地之国，一为边境之郡。内地诸国因其人户减少，而诸王之血统已远，故举而废除之。边地于户口减少之外，又益以异族之袭击，沿边诸郡并省者甚多，非仅定襄、金城、五原三郡而已。《光武纪》："建武二十六年，南单于遣子入侍，奉奏诣阙，于是云中、五原、朔方、北地、定襄、雁门、上谷、代八郡民归于本土。"是云中等八郡初为匈奴所扰，乃徙其民于内地而废其郡，至是因南单于归顺又复故耳。然此有可注意者，自秦得河南地，起长城，及武帝数遣师出征，匈奴不敢窥塞内者，盖已数百年矣。自王莽乱汉，群雄并起，中原扰攘无暇北顾，匈奴故技复生，南侵塞内，至迁民废郡以避之；其后虽复故地，然汉末之废北边九郡，其朕兆固已伏于此时矣。

《光武纪》："建武十一年……省朔方牧，并并州。"是于并省县、邑、郡、国、而外，复进而废省州矣。朔方于王莽时一度省并，东汉初复立；然自北方八郡省并之后，人民皆已内徙，朔方牧不惟一变而为闲曹，且时时有被匈奴掳掠之虞，故省并已成不可避免之势。惟南单于内附后八郡皆复故土，而朔方未闻复置，自此以后，朔方部之名即不复再见于疆域史上矣。东汉既废朔方，寻降司隶之地位与诸州等，是仍为十三部，然已与西汉制度异矣。

第二节　两汉地理制度之比较与其疆域之消长

建武之后，社会渐安，户口日繁，司马彪著《续汉志》以顺帝永和五年为断，谓其时有民户九百六十九万八千六百三十，口四千九百一十五万二百二十，虽未能比肩于元始，较之建武中元已增过半矣。建武中元、永和之间，郡县复稍稍分置，《续汉志后序》谓："明帝置郡一（永昌），章帝置郡国二（任城国，他一无考），和帝置三（济北、河间二国及广阳郡），安帝又命属国别领比郡者六（犍为属国、广汉属国、蜀郡属国、张掖属国、张掖居延属国、辽东属国），又所省县渐复分置，至于孝顺凡郡、国百五，县、邑、道、侯国千一百八十。"东汉郡国虽较西汉多二，而县、邑、道、侯、国之类反稍逊矣。

东汉地方之制度大都因于西汉，若刺史部与郡国以及县、邑、道、侯国之类，皆西汉之旧制也。光武初年曾以郡为公国，建武中诸公国多进位为王，仅宋、卫二公犹存，然所食实一县之地，与侯国相差无几，惟名称稍异耳。至安帝之时，又命属国别领县等于郡，属国之名西汉时已有之，惟其地位较低，至斯始升与郡等。此公国与属国比郡之制度，即东汉增于西汉者也。

两汉皆设刺史部，西京于十三刺史之外别置司隶校尉部，东都自省朔方刺史后,又降司隶校尉之地位与诸州等,故东汉实际仅有十三部(东汉都洛阳,以长安为西都,南阳为南都;献帝初迁长安,继徙许昌,洛都废矣)。光武初,诸州皆置刺史;灵帝而后诸州刺史遂有称牧者。刺史、州牧之区别,多视其人之重要与否而定,大抵由公卿出而司州事者则称牧,其他仍曰刺史,如刘焉之牧益州,刘虞之牧幽州皆是也。故东汉之末,地方制度已由虚三级制一变而为虚三级与实三级之混合制度矣。

两汉地方区划间有差异,故其县、邑之分布亦略有不同。大抵西汉之时,黄河一带县、邑众多,下至东汉,则长江流域反形增加,黄河流域似已不及。即以其时之户口而论,则西汉之时北对南成三与一之比强,而东汉则已变为为六对五之比弱(参见《禹贡半月刊》第一卷第七期谭其骧《论两汉西晋户口》)。可知两汉四百年之间,南部渐较北部发达。

两汉疆域之广狭,大略亦复相同,惟对外之开扩东汉较有逊色。两汉边患之最烈者,要为匈奴,东汉初年北边虽数被侵掠,然自匈奴分裂为南北单于之后,南单于遂迁处塞下,永为汉藩;而北单于犹数数入寇。章帝之时,窦宪柄政,欲耀威异域,乃出塞北伐,大破虏庭,遂勒铭于燕然山上,北匈奴由是西遁,不敢复为汉患矣。

汉自武帝开通西域之后,诸国皆悉心内向;惟中经新莽之乱,绝不复至。光武初始渐有来者,然光武以天下初定,未遑外事,不欲远通绝域,诸国遂复附于匈奴。其后屡通屡绝,至和帝时班超遂定西域。超复遣其掾甘英西通大秦,英至西海而还,虽其目的未达,然其行程之远已为皇古已来所未有;而汉人对世界之知识亦因此大形增长。超死,诸国复叛,其子勇克绍箕裘,再定西域,然归附者仅龟兹、疏勒等十七国,葱岭以西遂绝不通。及汉末国衰,岭东诸国亦疏慢不朝,张、班之功遂尽弃矣。

东汉最大之外患,不在匈奴,亦不在西域,而为西方之羌人。自王莽末羌人迁处塞内,遂生觊觎之心,数数内侵,不惟凉州诸郡多被其患,即三辅要地亦屡遭其蹂躏,居民东徙,田园为墟,浸假而侵至河东、河内,为害之烈可以见矣。其时征羌之军屡出,耗帑无算,遂有议弃凉州者。其后赖赵冲、段颎等悉力征讨,凉土得以不失,然其害仍未能尽除也。

至若高句丽、扶余、倭、韩,以及西南夷南蛮等皆仍宾服,朝贡不绝。虽乌桓、鲜卑数为边害,然其力小种弱,仅抄掠边邑而已。故东汉之疆域虽未开扩,然犹能保西京之旧,而无大增损。

第三节 汉末九州制之复兴

吾国疆域史上之九州说、十二州说以及大九州说,在昔先秦之世,仅为一部学者或政治家之玄想或空谈,虽于各州之中略著其名山大河,然究未能施及实际之区划,故其结果亦不过成为一人或一时之学说而已,与其时之疆域无若何之关系也。自王莽假借其所谓之典谟以托古改制,于是汉武所制定之十三刺史部与一司隶校尉部一变而为十二州之制度,而昔日不著实际之学说乃得见诸实行。然其心目中特借此以为篡汉之步骤,其制度固无所谓善与不善也。

王莽历位短促,故其建制不久亦归夭折。然百余年后复古思想又一度兴盛,盖东汉献帝时曹操柄政,又倡复九州之制也。两汉末年,两度复古,相映成趣;而其复古之方法与目的又复相似,实奇迹也。

曹操之复九州制度为献帝建安十八年之事,《献帝纪》章怀《注》引《献帝春秋》载其时州名及其分合曰:

> 时省幽、并州,以其郡国并于冀州。省司隶校尉及凉州,以其郡、国并为雍州。省交州,并荆州、益州。于是有兖、豫、青、徐、荆、扬、冀、益、雍也。九数虽同,而《禹贡》无益州,有梁州;然梁、益亦一地也。

王莽所依据之经义为《尧典》,曹操则本之于《禹贡》,因其所采之经书不同,故其结果亦异。曹操之九州虽与《禹贡》少异,然梁、益一地实际又不在其范围之内,无容细为推核也。

《禹贡》所述九州之区划,多略举其轮廓,如"沇、河惟兖州","海、岱惟青州","海岱及淮惟徐州"之类,因其时本无实际之境界故也。至于汉末,郡国罗列,县邑星布,郡国有所属,县邑有所隶,不能复举其一山一水以为割并之根据。然曹操于是时自领冀州牧,恢复九州者,不过假其名以益冀州之土地,冀州之外即略不注意其平均与否,故冀州一州兼辖汉时之幽、并、冀三州,大河以北皆入其范围之内。冀州既益土,不能不略增损他州,以掩人耳目,故司隶及凉州并为雍州,而交州亦分隶于荆、益二州,盖以其地非己有,虽不平均亦无关系也。

《禹贡》所载九州区划虽非实际,然亦可以知先秦人士之地理观念,若"荆及衡阳惟荆州"一语已明言其时之疆土不止于衡山;实际五岭以南诸郡,历经秦皇、汉武之征伐,始入中国版图,强以《禹贡》所记制度区分之,已嫌不伦,而分隶荆、益,更无所据。且诸州之区划又多与《禹贡》所述者不合,盖其时所因袭之者仅九州之名称而已,其他则非所需。然由此亦可知曹氏幕中经生解释经义之牵强附会也。

王莽之十二州制度与新室同时告终,其时期已属短促,而曹氏之九州制度尚不若莽制之长,魏文之时即已不见其名称,盖其时魏已篡汉,复兴九州之目的既失,故此新制因以废除,非魏文不欲为其父之肖子也。此新九州制废除之时虽暂不可考,然《魏志·蒋济传》已称其时有十二州,《杜畿传》中且详载十二州之名,则曹魏不行九州制度可无疑矣。

本章重要参考书:

《汉书》。
《后汉书》。
《三国志》。
顾颉刚:《两汉州制考》。

第十三章　三国鼎峙中之疆域

第一节　曹魏之疆域

汉末群雄四起,争相割据,曹操继董卓之后,挟天子以令诸侯,四出征讨,削除异己,二袁、刘表、吕布之属相继为所夷灭;惟刘备据有巴、蜀,孙权称雄江左,恃险自守,终未归于一统。及曹丕篡汉,蜀、吴相继称帝,三国鼎立之局势于焉告成。

曹操柄政之时倡复九州,划邦分国,亦颇郑重其事,惟其建置仅行于其势力范围之内,其他命令不及之处则固仍因旧制,吴人不废交州,即其明证。曹丕篡汉之后,此新九州制度即归消灭,而其时疆域之区划复因东汉之旧,仅各有增损而已。

三国之疆域,魏为最大,吴次之,而蜀、汉最小。魏得东汉之司隶(《魏志·杜畿传》、《吴志·孙权传》皆称司州,或其时已更名)。冀、并、豫、兖、青、徐、幽(幽州东部初为公孙氏所据,公孙氏灭始全入于魏)、凉九州全土,及扬、荆二州江北之一部(二州虽仅一部分,犹置刺史,故仍袭扬、荆之名)。文帝黄初三年因孙权归附,改荆州曰郢州,未几又复故)。后又析司隶、凉州立雍州,共得十二州(《晋书·地理志》于秦州下注曰"魏分陇右置",后人之治曹魏地理者遂谓其时有秦州。然《吴志·孙权传》、《魏志·杜畿传》皆备言曹魏诸州,而不及秦州,其余纪传中亦无一言及之,《晋·志》之说自误)。

曹魏郡、国建置之情形,治其时之地理者说各不同,即以郡、国之数目而言亦纷纭莫定,《晋·志》有郡七十五,《通典》、《通考》及《舆地广记》皆谓六十八,顾氏《读史方舆纪要》则云九十一,洪氏《补志》又谓百一,谢氏之《疆域表》、吴氏之《郡县表》皆称有九十三。今以吴氏所论为主,表示于下,其各家之不同者亦注及之。

州名	统郡	备考
司隶	河南、原武、弘农、河东、平阳、河内、野王	《晋·志》、洪《志》、谢《表》、《纪要》无原武、野王二郡;吴《表》,二郡咸熙元年立。洪《志》有荥阳郡;吴《表》,荥阳之省,疑在嘉平初年。《纪要》别有朝歌郡,然朝歌实属冀州非司隶也。
豫州	颍川、襄城、汝南、弋阳、梁国、陈郡、沛国、谯郡、鲁郡、安丰	《晋·志》无襄城;谢《表》无襄城、安丰,洪《志》别有汝阴、阳安二郡,《纪要》无襄城、安丰而有阳安。吴《表》,安丰黄初初立,襄城咸熙初立;又云,汝阴、阳安二郡后废。
冀州	魏郡、广平、阳平、巨鹿、赵国、常山、中山、安平、平原、乐陵、勃海、河间、清河	《晋·志》有博陵国,洪《志》有博陵、朝歌、章武,谢《表》有博陵。按三郡吴《表》亦著录,盖后废。
兖州	陈留、东郡、济阴、山阳、任成、东平、济北、泰山	
徐州	下邳、彭城、东海、琅邪、东莞、广陵	

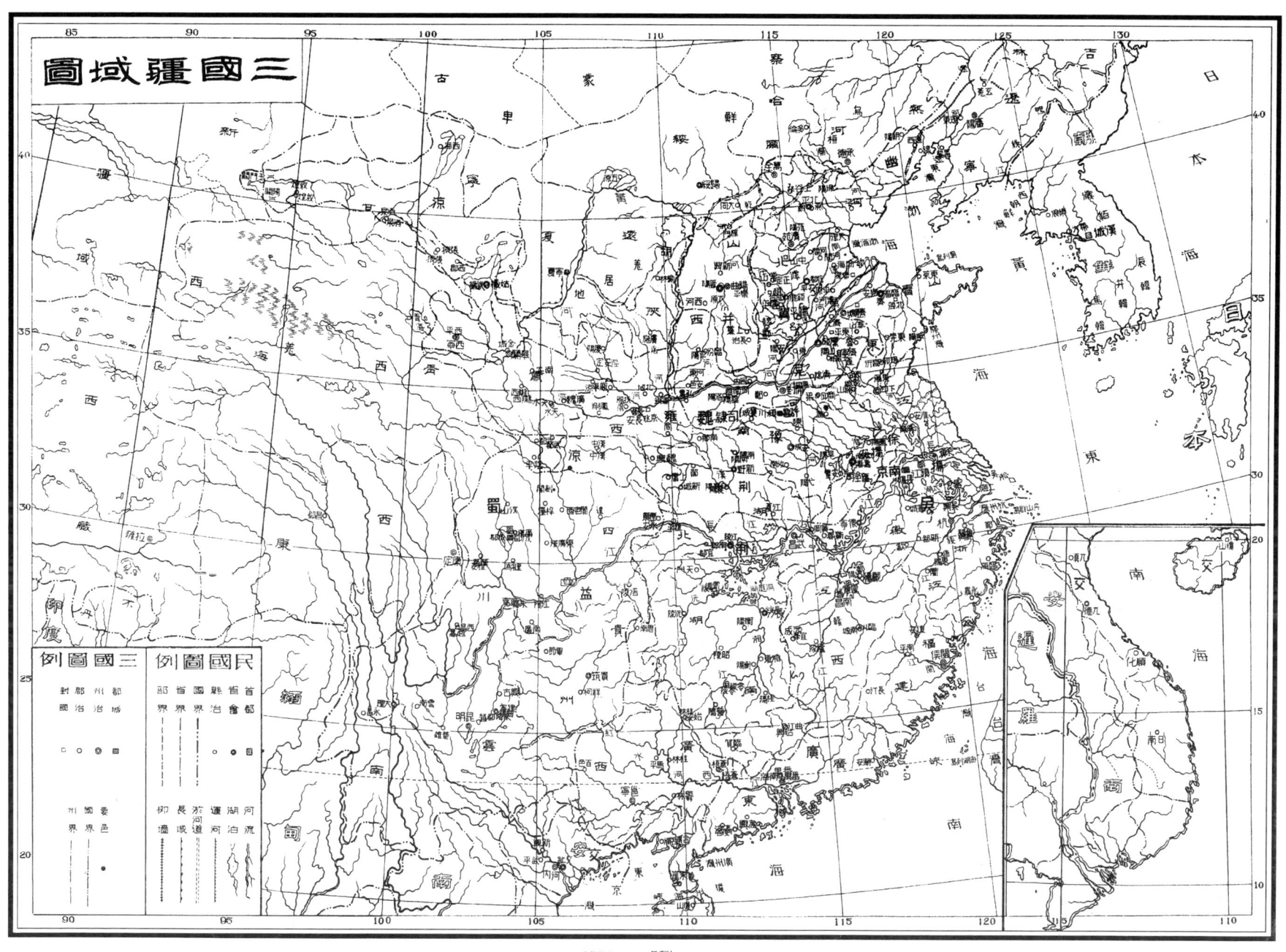

青州	齐国、济南、乐安、北海、城阳、东莱	洪《志》有长广郡,吴《表》魏武置,寻省。
荆州	南阳、南乡、江夏、襄阳、魏兴、上庸、新城	洪《志》、谢《表》及《纪要》皆别有义阳郡,沈约《宋·志》,义阳,魏文帝立,后省。
扬州	淮南、庐江	《纪要》有安丰郡,吴《表》属豫州。
雍州	京兆、冯翊、扶风、北地、新平、安定、广魏、天水、陇西、南安	洪《志》别有汉兴而无安定、广魏、天水、陇西、南安等郡,《纪要》无广魏、天水、陇西、南安等郡,盖皆以魏有秦州,以诸郡属之也(洪《志》安定属凉州)。吴《表》,汉兴,汉末所立,入魏已省;黄初初年于西城置魏兴郡,汉兴之省当在此时。
凉州	金城、武威、张掖、酒泉、敦煌、西海、西平、西郡	洪《志》有安定郡。
并州	太原、上党、乐平、西河、雁门、新兴	
幽州	范阳、燕国、渔阳、北平、上谷、代郡、辽东、昌黎、辽西、玄菟、带方、乐浪	《纪要》、洪《志》无渔阳郡,盖误从《晋·志》。谢《志》有涿郡及辽东属国,涿郡即范阳之故名,辽东属国乃昌黎之旧号。

若诸县之数则洪《志》谓有七百三十五,谢《志》称为七百七十二,吴氏又云实有七百二十。案《魏志·齐王芳纪》:"自帝即位至于是岁(嘉平五年),郡国县道多所置省,俄或还复,不可胜纪。"盖其间疆场纷争,每因时而废置,不可胜纪之语,诚史家率直之言,非故为遁辞也。后世治此期之疆域者,纷纭多端,要未能剧成定论,今姑存其说而已。

魏文篡汉,建都洛阳,寻以谯县为其先人故土,长安为西汉旧京,许昌为东汉所居,邺为太祖兴王之城,故并加都号,与洛阳同制,因有五都之名。自两汉以来,长安、洛阳相继为东西都会,帝王宅京亦仅限一地,汉末戎马四起,流离迁徙,虽移居数地,犹以所居之处为重,故献帝莅许,洛阳即废不为都,自魏文肇建五都,有首有陪,遂为后世开先例,隋、唐以后一代数都,殆未能脱曹氏之窠臼也。

第二节　蜀汉之疆域

汉末乱离,风云四起,刘备起于布衣,与诸雄相争,转战千里,几无存身之处,自于南阳闻诸葛隆中之言,乃舍中原四战之地,西入巴、蜀。巴、蜀初属刘璋,璋暗弱不能保其疆土,先主乃乘间取之。蜀中固肥沃之地,据剑阁,临三峡,地虽踢躅,而恃险以守,外兵轻易不敢叩关。先主入蜀,休养生息,亦可雄视四方矣。

刘氏之地仅益州一隅,当汉州十三之一,三国中,蜀之疆域独最狭小,视魏之有十二州,吴之有四州,远不如矣。刘氏于蜀中诸郡虽迭有建置,而州名则依汉旧。先主初入益地,都于成都,复于南鄙置庲降都督以统南中诸郡。刘氏先后立都督凡四,庲降而外,尚有永安、江州、汉中三地,而庲降独统郡,虽非州名,相差亦无几矣。

或谓蜀人北有凉州而南有交趾,是其辖境固不仅益州一方也。然案之实际,交州尚有其名,若凉州则非蜀人势力所能及也。凉州之建立乃魏景元四年之事,见诸《魏志·陈留王纪》,是时邓艾已下蜀,而后主禅复举家东迁,安能复从容析郡置州?蜀汉曾以姜维领凉州刺史,或以其时刘氏已有凉州,惟案其所辖者仅武都、阴平二郡,然二郡实益州旧属,凉州之建置不外巧立名目而已,实际之疆域固未开扩也。

交州之名,蜀汉固尝有之,然仅有其名而已;实际之土地固属吴而不属蜀也。说者以交州属蜀,盖以《蜀志·李恢传》中有交州刺史之名,遂有此论。考《恢传》有"恢为庲降都督使持节领交州刺史,住平夷县"之文,即为论者所持之证据。然三国时人本喜置牧守以遥领他国州郡,此交州刺史即其类也。观恢领交州刺史住平夷县之文,即可知矣。平夷为牂牁郡属县,苟其时蜀人有交州之地,岂能设治所于益州之牂牁?若谓蜀有交、凉二州刺史之名,即以蜀人有二州之证,然邓芝曾领兖州,张翼尝刺冀州,是蜀亦将有冀、兖之地乎?

益州统郡,各家之说亦间有不同,今列表如下:

州名	统郡	备考
益州	蜀郡、汶山、犍为、江阳、汉嘉、广汉、东广汉、梓潼、巴西、巴郡、巴东、涪陵、汉中、武都、阴平、朱提、越嶲、建宁、牂牁、永昌、兴古、云南	《纪要》以汉中、广汉、巴郡、梓潼、涪陵、巴东、巴西、宕渠、阴平、武都为梁州;洪《志》、谢《表》无东广汉郡。吴《表》,东广汉郡,后主分广汉置。洪《志》又有宕渠,吴《表》,延熙中置郡,旋省。

诸县之数,洪氏谓有一百二十八,谢氏谓有一百四十六,吴氏则云有一百三十九,吾人存其说可已。

第三节　吴之疆域

孙权据有江东,席父兄之余荫,巍然为一方霸主。自赤壁战后,魏人不敢复轻视孙氏。其后兵戈虽未绝迹,而中原戎马究未一越大江,故魏文篡汉,先主称尊之后,亦窃帝号以自娱。其疆域约承汉之荆、扬、交三州,荆、扬与魏人隔江相对,各据其半,交则完全为吴所统治。黄武五年分交州为二部,南海三郡仍因故名,海东四郡别称广州。广州之名,实始于此(广州寻复除,至永安七年交、广再分,始成定制。《通典》谓吴有五州,荆、扬、交、广而外别有郢州,然郢州乃魏制,非孙氏所建也)。

吴人所置之州、郡、县邑,据《吴志·孙皓传》裴《注》引《晋阳秋》则其时有州四、郡四十二、县三百一十三;然各家所云又各不同,《通典》、《通考》、《舆地广记》、《方舆纪要》以及吴氏之表皆言四十三郡,而洪氏则谓有四十七,谢氏又言有四十八,今表示于下:

州名	统郡	备考
扬州	丹阳、新都、蕲春、会稽、临海、建安、东阳、吴郡、吴兴、豫章、庐陵、鄱阳、临川、安成	《纪要》、谢《表》有庐江。《纪要》蕲春、安成属郢州。谢《表》蕲春属荆州。吴《表》庐江,赤乌中省。
荆州	南郡、宜都、建平、江夏、武陵、天门、长沙、衡阳、湘东、零陵、始安、昭陵、桂阳、始兴、临贺	《纪要》无江夏,而别有武昌,属于郢州。谢《表》有营阳、蕲春,临贺别属广州。吴《表》,营阳,甘露元年置,寻省。
交州	合浦、朱崖、交趾、新兴、武平、九真、九德、日南	谢《表》,合浦、朱崖属广州。
广州	南海、苍梧、郁林、桂林、高凉、高兴	谢《表》别有临贺、合浦、珠崖三郡。

诸县之数亦有小异,洪《志》作三百三十七,谢氏作三百五十二,而吴《表》又为三百三十一,皆与《〈孙皓传〉注》异矣。

第四节　三国时之地方制度与特殊制度

魏、蜀、吴三国之疆域虽各有不同,其地方之制度则又大同而小异,究其本原,皆因于东汉,仅略异其面目耳。东汉之制以州统郡,而郡之下复有县、邑、道、侯国之属。三国之后,邑、道之名渐不见于史籍,当已废省,故因于东汉者,仅州、郡、王国与夫县、侯国诸种而已。

魏人虽无邑、道之名,而县与侯国之外,别增县王国、公国二者,其王国之制与汉代略异。吾人当犹忆及西汉初年诸侯王之国土每有至数郡者,文、景而后渐与郡等,故《汉·志》以郡、国并称,示无别也;历经东汉,此制不改;曹魏虽亦有此种制度,其外尚有与县侯国同等之王国,二者仅因受封者地位之高低及身分之轻重,略有区别,其他则无异也。因王国之不同,而生一似平凡而实离奇之制度,郡所统者为县侯国、王国、公国,而王国所辖亦此三者,郡与国(指辖县之王国)复受治于州牧或刺史,与东汉王国不统侯国之局面稍异矣。

若蜀、吴两国则较简单,二国疆域不广,诸王之封建不以实土,故州之下仅有郡,郡之下又仅有县与侯国,不似曹魏之复杂与离奇矣。

三国时州郡之官吏亦略因于东汉,盖东汉末叶诸州或置牧,或置刺史,牧与刺史不惟名称不同,实际亦且大异,刺史仅监察郡、国,而牧则为统治郡、国守相之大员。魏、蜀、吴三国皆因此制,如同一冀州也,孙礼、桓范领之则称牧(各见《魏志》本传),裴徽、陈本则称刺史(裴见《〈魏志·裴潜传〉注》,陈见《陈矫传》);同一益州也,诸葛亮为州牧,蒋琬则为刺史(各见《蜀志》本传);同一交州也,吕岱为州牧,而戴良则为刺史(见《吴志岱传》)。其授受之标准因人而异,初无定制也。其下郡置守、都尉,国置相,县置令、长,仍同汉制。

三国时有二种特别制度,为前代所不经见者,则遥领与虚封是也。遥领者,不入版图之地,而别于国内他处设刺史、郡守以辖之也。虚封者,则仅有封爵而无实土之谓也。此二种制度在其时建置极盛,请略言之:魏有益州刺史黄权(《蜀志》本传),平州刺史田豫(《〈魏志·蒋济传〉注》引司马彪《战略》),然黄权刺益州时,益州正为蜀中重地,而田豫之为平州,平州尚属公孙氏。蜀、吴二国此制度尤盛。黄龙元年,吴与蜀约三分天下,冀、兖、并、凉属蜀,豫、青、徐、幽属吴,二国各于其范围内置刺史、州牧,于是蜀有冀州刺史张翼,兖州刺史邓芝、宗预,并州刺史廖化,凉州刺史魏延;吴有青州牧朱桓,豫州牧诸葛瑾,徐州牧全琮、贺齐,幽州牧孙韶(各见本传),然其地实皆属魏,蜀、吴二国固不得稍加染指也。先是蜀尝以李恢刺交州,吴亦以朱然牧兖州,步骘牧冀州(各见本传),自缔约后,交州固吴人属地,而兖、冀亦当蜀分,故纷纷自解其刺史、州牧,以示不侵。惟永安以后,吴人又以陆抗牧益州(见《吴志·陆逊传》),是又败约矣。刺史、州牧而外,守令之遥领者尤多,如魏有丹阳太守蒋济,蜀有弘农太守杨仪(见本传),吴有河间太守虞耸(见《吴志·虞翻传》),即其著者。

曹魏之虚封仅见吴王彪一国(见《魏志·楚王彪传》),若蜀、吴二国诸王,其封疆皆在域外,蜀有鲁王刘永、梁王刘理(见《蜀志》本传)、北地王刘谌(见《蜀志·后主传》),所封皆在魏地,吴有南阳王孙和、鲁王孙霸、齐王孙奋(见《吴志》本传),亦皆魏土也。

第五节　三国时北边汉族之南徙与南蛮山越之征服

东汉末年,中原扰攘,干戈不息,智士勇将咸以争权夺地为能事,卫青、窦宪之故绩殆无人复愿提及。当是时胡人屡南下劫掠,塞内诸郡若云中、定襄、西河、雁门等地之居民遂四散流徙,塞下顿空。建安十八年,曹操倡复九州制度,因以并州之太原、上党、西河、定襄、雁门、云中、五原、朔方等郡属冀州,而上郡亦西入雍州(《后汉书·百官志》引《献帝起居注》)。曹氏复古九州,虽别有其目的,然并州诸郡人口之稀少,殆为不可掩讳之事实。建安二十年,省云中、定襄、五原、朔方郡,郡置一县,领其民,合以为新兴郡(《魏志·武帝纪》),即其明证。苟此诸郡无匈奴之患,人烟稠密,何用魏武之并徙哉!黄初时,虽再置并州,然又徙新兴郡于岭南(见《通鉴》胡《注》引《汉晋春秋》),因弃句注山北诸地。秦、汉以来,蹙地之甚,无有逾于此者!然此特政府废置州、郡而已,若异族之人固已乘汉族之迁徙而据其故庐,五胡乱华声中之刘渊、石勒,不皆西河、上党之胡羯耶?故汉末北方居民之内徙,曹魏之弃边,实已伏西晋末年乱离时代之导火线矣!

边民内徙固予异族以可乘之隙,而内地户口之减少犹属当时之重要事件。吾人苟以三国郡县与两汉相较,其增置之数显然可见,然不能认为汉族疆土扩大或人口增密之结果。三国相争,兵戈不休,伤亡之众直可谓盈城盈野,此实户口减少之最大原因。且兵争足以妨碍农作,饥馑之频繁与盗贼之增多亦足以使户口大量减少。《晋书·地理志》载太康元年平吴后之户口,计户二百四十五万九千八百四十,口一千六百一十六万三千八百六十三,较之东汉永和之时,相差乃至四倍,诚可骇人！且也,三国交争,无非攻城略地,然亦有若干州县,人户稀少,彼此互不治理,遂成瓯脱,扬州广陵、江都一带,废县乃至十余,盖以此耳！

当北方异族移居塞内之时,正吴、蜀两国征讨山越、南蛮之日,一为蹙土,一为扩地,相映成趣。吴地之山越分布极广,会稽、吴郡、丹阳、豫章、庐陵、鄱阳、新都、东安、吴兴诸郡莫不有其踪迹,聚类而居,辄为汉族患。孙权以其扰乱不息,忍痛卑辞臣魏(《吴志·孙权传》),其为害之烈可以见矣。孙氏诸将若贺齐、朱治、全琮,皆尝竭其精力施以挞伐,其结果遂使汉族之活动范围增广不少,东安、新都诸郡皆以此而建置也。

蜀处益州一隅,本甚狭小,而南中诸郡又数为蛮扰。建兴初,丞相诸葛亮率军南征,远渡泸水,深入不毛,其地皆曩昔汉兵所不至,远征且达于滇池,而别军庲降都督李恢复追北至槃江岸,东且与牂牁接矣。南中平定,军资国用多赖其地,蜀之所以屡伐魏人,以其得南中后,财力有恃无恐耳。蜀平南蛮后不置州县,即以夷人理夷事,夷民感其信任之诚,誓不复叛,遂无后顾之忧。后世羁縻州县土司制度之建置,尚不脱诸葛公之遗意也。

本章重要参考书:

《后汉书》。
《三国志》。
《晋书》。
洪亮吉:《补三国疆域志》。
谢钟英:《三国疆域表》。
吴增仅:《三国郡县表》。
杨守敬:《三国郡县表补正》。

第十四章　西晋统一后之疆域及其地方制度

蜀汉既灭,司马氏旋复篡魏,称帝于洛阳,晋武寻又灭吴,三分之局复归一统。《晋书·地理志》叙其疆域沿革,以武帝太康初为断,其言晋初之疆域曰:"武帝太康元年既平孙氏,凡增置郡国二十有三;省司隶置司州,别立梁、秦、宁、平四州,仍吴之广州,凡十九州。"十九州者,司、冀、兖、豫、荆、徐、扬、青、幽、平、并、雍、凉、秦、梁、益、宁、交、广州也。据《志》文所云,晋武增建郡国,合两汉、三国所旧有者,共得一百七十有三(《通典》作一百五十有六),其区划如下:

司州　河南、荥阳、弘农、上洛、平阳、河东、汲、河内、广平、阳平、魏、顿邱等十二郡;

兖州　济阴、泰山郡,陈留、濮阳、高平、任城、东平、济北国等二郡六国;

豫州　颍川、汝南、襄城、汝阴、谯、鲁、弋阳、安丰郡,梁、沛国等八郡二国;

冀州　渤海、常山郡,赵、巨鹿、安平、平原、乐陵、章武、河间、高阳、博陵、清河、中山国等二郡十一国;

幽州　北平、上谷、广宁、代、辽西郡,范阳、燕国等五郡二国;

平州　昌黎、乐浪、玄菟、带方郡,辽东国等四郡一国;

并州	上党、乐平、雁门、新兴郡,太原、西河国等四郡二国;
雍州	京兆、冯翊、扶风、安定、北地、始平、新平等七郡;
凉州	金城、西平、武威、张掖、西、酒泉、敦煌、西海等八郡;
秦州	陇西、南安、天水、略阳、武都、阴平等六郡;
梁州	汉中、梓潼、广汉、新都、涪陵、巴、巴西、巴东等八郡;
益州	蜀、犍为、汶山、汉嘉、江阳、朱提、越嶲、牂牁等八郡;
宁州	云南、兴古、建宁、永昌等四郡;
青州	济南、城阳、长广郡,齐、乐安、东莱国等三郡三国;
徐州	东海、东莞、广陵、临淮郡,彭城、下邳、琅邪国等四郡三国;
荆州	江夏、南、襄阳、顺阳、义阳、新城、魏兴、上庸、建平、宜都、南平、武陵、天门、长沙、衡阳、湘东、零陵、邵陵、桂阳、武昌、安城郡,南阳国等二十一郡一国;
扬州	丹阳、宣城、淮南、庐江、毗陵、吴、吴兴、会稽、东阳、新安、临海、建安、晋安、豫章、临川、鄱阳、庐陵、南康等十八郡;
交州	合浦、交趾、新昌、武平、九真、九德、日南等七郡;
广州	南海、临贺、始安、始兴、苍梧、郁林、桂林、高凉、高兴、宁浦等十郡。

然《志》文所载诸多讹误,毕沅之《〈晋书·地理志〉新补正》谓实得百七十有二,盖青州脱去北海一郡耳(《志》佚济南属县,而以北海为济南,见方恺《新校〈晋书·地理志〉》)。至其所属县邑,则据《通典》所载,凡千一百有九。吾人持此数字与前章相较,可知晋之郡增而县邑反减少,其国力之盛衰亦可略窥概要矣。

史家志一代之地理,或以其极盛之时为据,或以其最后之年为

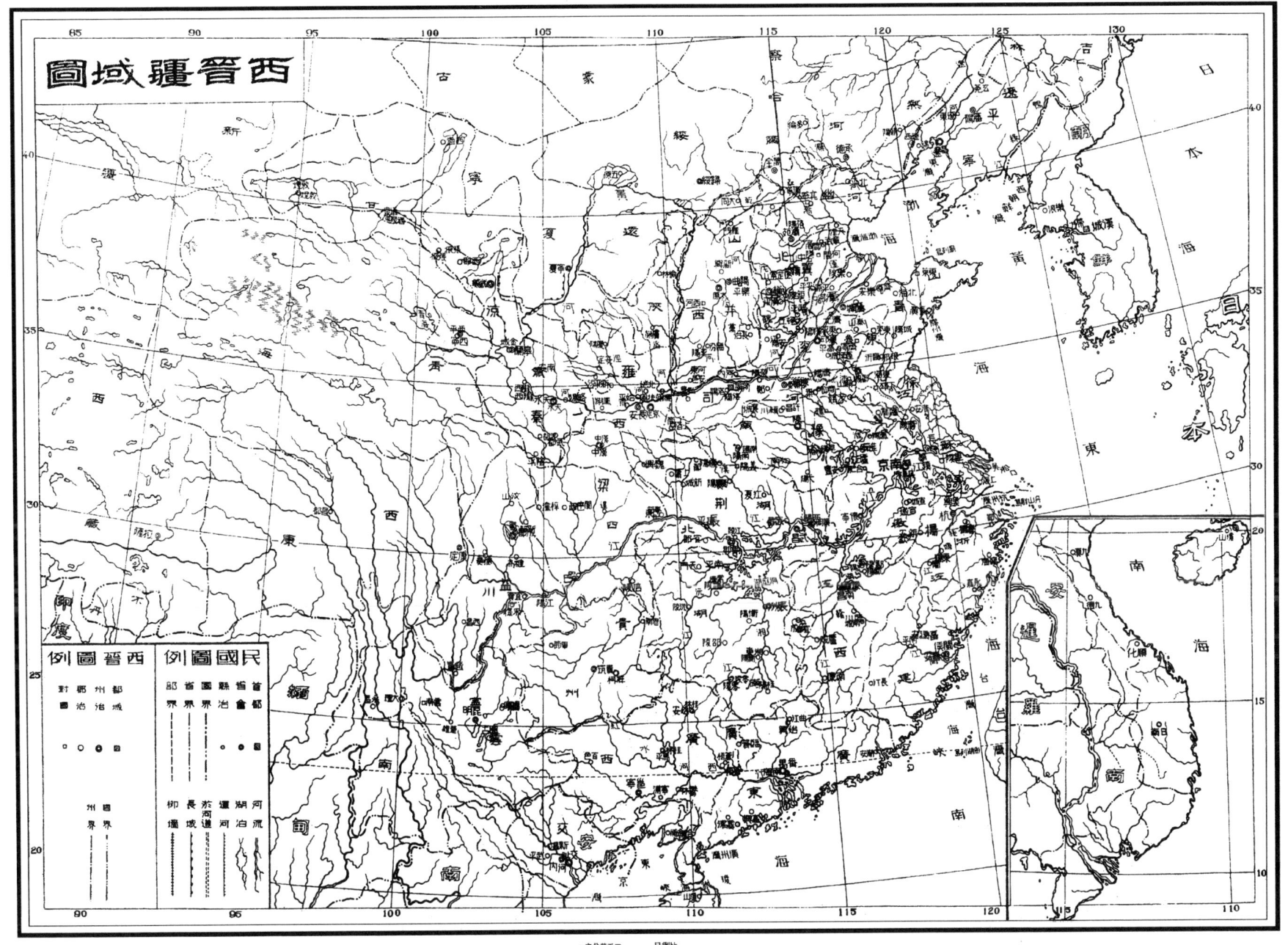

第十四章 西晋统一后之疆域及其地方制度

断,据其极盛之时,则其疆域之广狭、户口之增损皆可胪列详载;断于最后之年,则郡县之沿革可以无遗。今《晋·志》乃据其初年之疆域,故所言多矛盾讹误,十九州之说即不能以之总括全代。盖惠帝元康初年尝割荆、扬二州之一部,别置江州;而怀帝又分荆、广二州别建湘州,故言西晋疆域当以二十一州为主,所谓十九州者不过其初期之制,不足据也。

西晋承三国之后,故其制度多因汉、魏之旧,其所绍述汉制者,则于州下置郡、国,郡、国之下复析置县及侯国;其承曹魏故事者,则有与县及侯国同等之王国、公国。自汉季以降,诸州或置刺史,或任州牧,其权力轻重辄因其人而定。晋虽盛置刺史,然亦间有州牧,若东海王越之牧豫州,即其例也。《宋书·百官志》谓其时牧为二千石,刺史六百石,惟其轻重则不在此;盖魏、晋以下,刺史多带将军开府,任重者为使持节,权轻者为持节,再次为假节,若单车刺史则又下矣。此虽涉及军制,然其时一般人士固以此而别刺史之高下也。

西晋郡、国置太守、相,县置令、长,亦若汉、魏旧制。郡、县亦各有等级,郡有不满五千户者,五千户以上者,及万户以上者;县则有不满三百户者,三百户以上者,五百户以上者,千户以上者,千五百户以上者。县而不满三百户,亦云小矣。

汉初封建仅有王国,若宋、卫之封公,则王莽创之。魏氏之世,公国始多。司马昭为晋王,因裴秀等之议而建五等制度,五等者,公、侯、伯、子、男也,而诸王阶级独在五等之上。泰始初年复罢五等之制,存者惟王、公、侯等国而已。

泰始元年大封诸王,以郡为国,邑二万户为大国,万户为次国,五千户为小国。所谓大国者,平原、汝南、琅邪、扶风也;次国则梁、赵、乐安、燕、安平、义阳；其余皆为小国。公国亦三等，邑万户以上为大国，五千户以上为次国，不满五千户为小国。其后屡有增损，公侯之国与县王之国皆与诸县相等矣。

本章重要参考书：

《晋书》。

毕沅：《〈晋书·地理志〉新补正》。

方恺：《新校〈晋书·地理志〉》。

第十五章　东晋南北朝疆域概述

第一节　五胡乱华及汉族之南迁

　　两汉以来,每移塞外降胡处于内地,以为羁縻之计,汉季塞下居民见逼于异族,纷徙内郡,而异族之人又乘隙南迁;下迄晋初,不惟塞下诸郡尽为戎居,即关、陇、汾、晋亦多胡踪。时人虽迭倡徙戎之论,而执政者不听也。及八王乱起,胡人乃俟隙而动;永嘉祸作,诸胡遂纷纷并起,一发而不可收拾矣。其时中原州郡瓜分豆剖,极纷乱之能事,其间乱离盖已一百三十余年!生民颠沛流离,秦、汉以来未之有也!

　　永嘉之乱,始于前赵刘渊,而诸胡继之,建国十六,即五凉四燕三秦二赵与夏成汉也(其中前凉、西凉、北燕皆汉人)。诸国领土,以后赵、前秦为最广,而前秦尤甚,北方诸郡尽入其版图,几与晋室对立。其他各国或据数州,或窃一方,皆称王称帝,相互争长。今略论其疆域,列表于下:

国名	领州	四境	备考
前赵	雍、幽、冀、青、司、隶、荆、豫、殷、卫、东梁、西河阳、北兖、并、秦、凉、朔、益。	二刘盛时,其地东不过太行,南不越嵩、洛,西不逾陇坻,北不出汾晋(用顾祖禹语,下同)。	刘渊起于离石,都左国城,号汉,寻徙蒲子,又徙平阳。刘曜徙都长安,为石勒所灭。
后赵	司、豫、兖、冀、青、徐、幽、并、朔、雍、秦、荆、扬、营、洛、凉。	石赵盛时,其地南逾淮、汉,东滨于海,西至河西,北尽燕、代。	石勒本上党羯奴,初属刘渊,后据襄国称帝。石虎迁于邺,虎死养子冉闵杀石氏种族自立,为慕容燕所灭(顾氏《纪要》,石虎置凉州于金城)。
前燕	平、幽、中、洛、豫、兖、青、冀、并、荆、徐。	慕容燕盛时,南至汝、颍,东尽青、齐,西抵崤黾,北守云中。	慕容氏初居辽西棘城之北,至廆始营龙城而居之;其子儁初迁蓟,后都邺,为前秦苻氏所灭。(洪氏《十六国疆域志》,慕容氏尚有扬州淮南、兰陵二郡)。
前秦	司隶、雍、北雍、秦、南秦、洛、豫、东豫、并、朔、冀、北冀、幽、平、凉、晋、沙、河、梁、益、宁、兖、南兖、青、荆、徐、扬。	苻坚盛时,南至邛、僰,东抵淮、泗,西极西域,北尽大碛。	苻氏自健时,入关据长安,至坚时,其势遂大,尽平北方诸雄,然淝水败后,瞬即瓦解矣。
后秦	司隶、雍、秦、凉、河、并、冀、荆、豫、徐、兖、梁、南秦、南梁。	姚秦盛时,其地南至汉川,东逾汝、颍,西控西河,北守上郡。	后秦姚氏本南安羌酋,曾为苻秦部将,淝水战后,遂叛而自立,都于常安(长安),及刘裕北伐,始灭其国。

110

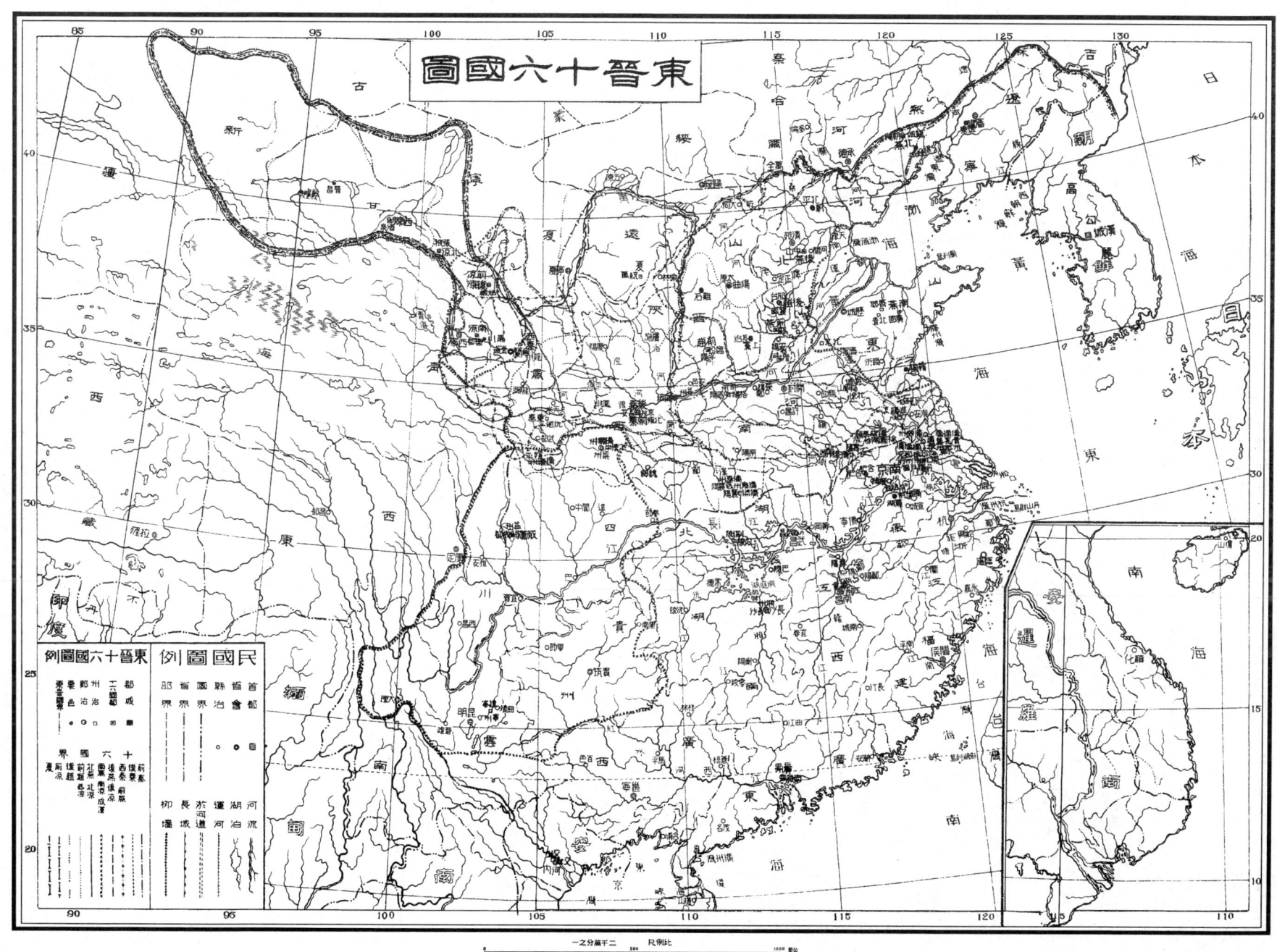

后蜀	益、梁、荆、宁、汉、安。	李成盛时,东守三峡,南兼僰、爨,西尽岷、邛,北据南郑。	賨人李氏,西晋时因饥馑就食于蜀中,至雄,称帝于成都,国号成;至寿,又改国号曰汉,为桓温所灭。
前凉	凉、河、沙、定、商、秦。	张氏盛时,南逾河、湟,东至秦、陇,西包葱岭,北暨居延。	前凉张氏本为晋臣,及睹时艰,乃退保河西,威力所至,于阗、焉耆皆臣属之;至重华,始称凉王,其后没于苻秦。
西凉	凉。		西凉李暠据酒泉称秦、凉二州牧。传子歆,为沮渠蒙逊所灭。暠所领虽号二州,实仅凉州一隅。
后凉	凉。		后凉吕光亦苻氏旧将,尝以兵西伐焉耆等国,后据姑臧称王。至吕隆时,降于姚秦。
后燕	冀、幽、平、营、兖、青、徐、豫、并、雍。	后燕盛时,南至琅邪,东讫辽海,西屈河、汾,北暨燕、代。	自苻秦侵晋,破于淝水,诸将纷纷自立,燕裔慕容垂亦据中山称王,是为后燕。垂殁,魏拓拔氏取邺及河北地,垂子宝东保辽东。后冯跋作乱,后燕遂亡。
西秦	秦、东秦、河、北河、定、沙、凉、梁、南梁、商、益。	乞伏盛时,其地西逾浩亹,东极陇坻,北距河,南略吐谷浑。	苻坚败后,鲜卑族乞伏国仁据苑川自立。国仁死,其弟乾归遂称秦王,后灭于夏。
北燕	司隶、平、幽、冀、并、青。		北燕冯跋据后燕辽东旧域,都于和龙为魏所灭。
南凉	凉。	南凉盛时,东至金城,西至西海,南有河、湟,北据广武。	南凉秃发乌孤据廉川称王,后为西秦所灭。

南燕	青、并、幽、徐、兖。	南燕之地,东至海,南滨泗上,西带巨野,北薄于河。	后燕慕容垂殁后,魏兵破邺,燕主宝东走辽东。时垂弟慕容德守邺,亦弃邺据广固,因称帝,后为刘豫所灭。
北凉	凉、秦、沙。	蒙逊盛时,西控西域,东尽河、湟。	北凉沮渠蒙逊都张掖,为魏所灭。
夏	幽、雍、朔、秦、北秦、并、凉、豫、荆。	勃勃盛时,南阻秦岭,东成蒲津,西收秦、陇,北薄于河。	赫连勃勃据统万称夏,后为吐谷浑所灭。

中原之地既为胡虏所割据,遗黎不堪异族之压迫,纷纷南渡(当时汉、胡之间倾轧极烈,冉闵诛石氏,羯、胡死者二十余万,可见一斑)。《晋书·王导传》曰:"洛京倾覆,中州仕女避乱江左者十六七。"其数之多,可以知矣。南迁之人民多就江、淮之下游,盖其时元帝渡江建都建康,京畿之地自为衣冠仕女聚会之中心,故南徐州一带(晋人侨置诸州,不加"南"字,其详具见钱大昕《十驾斋养新录》中。此处仅以别于江北之徐州,故仍作南徐州)移民至者尤多。惟移于江、淮间者实以黄河下游之人民为多,略包今山东、河北及河南东部,盖其地距江、淮间较近,而迁徙之时亦较易也。若黄河上游今陕、甘、山西及河南西部之人民,又多移就汉水以南江水上游巴、蜀诸地。此剧烈之胡祸及大量之移民,遂使汉族之文化由中原而转至江左,汉、魏之时中原人物声教之盛,一蹶而不能复振,故文中子谓"江东,中国之旧也,衣冠礼乐之所就也"(《中说·述文篇》)。此大量之移民虽远离本土,犹称故名,政府特为别置州、县,而侨州、郡、县制度因以成立,其详请述之下节。

第二节　侨州郡县制度之建立

五胡乱起，中原板荡，士民遥思故国，纷纷南渡，其时上下咸思匡复，渡江之流人以为终有北还之期，每视侨寓为权宜之计。且其时门第之风渐盛，当世氏族每以郡望别高下，故土虽失，常欲存旧名以资辨识，故虽远侨他地，犹称故郡。政府以绥怀遗黎，辄因其迁移之地而锡以故土之名，于是侨州、郡、县制度因之而起。元帝太兴三年以琅邪国过江人民侨立怀德县于建康，是盖此种制度之滥觞也。

侨州、郡、县制度之建立，虽以流民之迁徙为主因，然实际则非尽出于此。自南北对峙之后，接壤之地每因兵争而变迁，故州、郡之建置亦时有不同。试以《宋·志》所载之南豫州为例，自祖约失谯以后，退治寿春，其后治所益辗转不定，芜湖、邾城、武昌、牛渚、历阳、马头、谯、寿春、姑孰、宣城诸地，迭为刺史治所，是盖防御北虏，故因时而不同也。

渡江之初，每有洛都刺史挟其兵力来归，其旧治虽失而其兵力依然完整，政府为位置此失地之刺史，每因其所至之地而置州、郡，是同为侨置，固不以人民迁徙为转移也。若郄鉴初镇邹山，兖州刺史即治于其地，及其南行，刺史治所又随之移于广陵，即其例也。此盖国家姑息一二拥有军力之藩镇，而为此权宜之计，非一般之情形也。

流民之迁徙既为侨置州、县之主因，其迁徙之时初非同至一地，故往往一州之人散居数处，因其居留非仅一地，而侨置名目相同之郡、县，如太原郡当西晋初固并州之地，而宋世既于青州置太原刺史,又于秦州置南太原刺史,盖二地皆有故太原之流民也。亦有诸州、郡之流民群寓一地,复各称其旧籍,故咸康四年,京口一地竟为魏郡、广川、高阳、堂邑诸侨郡及所统之侨县共治之地。江左辄有一州仅失一部,则侨置郡、县当在本州未失之部,东晋初年,临淮太守治于历阳,晋末侨于丹阳之于湖,不出扬州之境,此习见情形也。然每有州虽未尽失而人民已远徙者,若淮南之义成县,宋时且远置于襄阳,又升之为郡;东晋扬州之松滋,反寄治于寻阳,松滋尚属扬州,义成已改隶雍州,此皆因时制宜,非有定规也。

  侨置州、郡既为一时权宜之计,故其民多不著土籍,寓居既久,渐同土著,此范宁所谓"人安其业,邱垅坟柏皆已成行,虽无本邦之名,而有安土之实也"(《晋书·范宁传》)。国家设官施政,一同实郡,惟侨实相错,其间辖隶统属复杂特甚,洪亮吉《东晋疆域志》即因此而作也。今依洪氏所述,究其侨实关系,略列如下:

  实州侨郡 例如荆州新兴郡,益州南阴平郡,新兴初隶并州,阴平原属秦州。

  侨州实郡 例如徐州广陵郡,秦州阴平郡,徐州原治彭城,后迭侨治江南北,秦州本镇上邽,江左或治襄阳或治汉中。

  实郡侨县 例如淮陵郡广阳,东安郡发干,广阳于西晋属燕国,发干于西晋属阳平郡。

  侨郡实县 例如南东海郡之丹徒、武进诸县皆当地之实县也。

  侨州侨郡 例如豫州汝南郡,侨于江夏。

  侨郡侨县 例如阳平郡、馆陶、濮阳等县,侨于淮北。

  侨州、郡、县既因流民而置,故每当中原乱离淮海不安之时,侨置即因而增多,若永嘉诸胡之乱华,祖约、苏峻之倡乱江、淮间,与夫康、穆以后关中再为胡、氐所蹂躏,皆为流民大举迁移之时,而侨置州、郡、县之增置亦以此诸期为最盛。隆安、兴宁间,桓温整饬闾阎,行土断之法,流民与土著间之差别渐泯。义熙中又踵行其法,依界土断,于是诸流寓郡、县多被省并,侨置之风始稍杀矣。

晋末刘裕北伐,中原诸地一时又为江左所有,旧土既得,复建州、郡,然昔日之侨置者仍因而不废,仅于新得诸实州郡上加"北"字,以资分别。元嘉以后,北虏复数数南侵,关西中原再度沦陷,于是曩所加"北"字诸州、郡亦侨于江、淮间,寻于旧日所侨置者冠以"南"字,"南""北"相对,益形复杂;其后虽除"北"字,其复杂之情形依然如故。

自桓温、刘裕迭行土断之法后,流寓渐同土著,侨置亦类实土,其间繁杂愈甚,"魏邦而有韩邑,齐县而有赵民,且省置交加,日回月徙,寄寓迁流,迄无定托,邦名邑号,难或详书"(《宋书·律志》),沈休文已慨乎言之矣。自侨置之制兴,疆域区划颇异畴昔,秦、汉旧规无复存留,隋、唐以后即大异其趣,故谓此种制度为吾国疆域史上之一大分野,亦无不可。

自东晋开侨州、郡、县制度之端,宋、齐、梁、陈诸代皆承其陋习,陈陈相因,此制殆与南北朝共长久。

第三节　江左诸朝疆域之变迁

晋自永嘉乱后,中原诸地尽为胡有,元帝仓卒渡江,暂处建康,仅保江、淮以南诸州郡,而淮水南北又数为汉、胡争锋之地,其时疆域之广狭颇无一定,朝得一城夕即弃之者,已成习见之事。《宋书·州郡志》述其时之疆域曰："自夷狄乱华，司、冀、雍、凉、青、并、兖、豫、幽、平诸州一时沦没，遗民南渡，并侨置牧司，非旧土也。江左又分荆为湘，或离或合，凡有扬、荆、湘、江、梁、益、交、广，其徐州则有过半，豫州惟得谯城而已。"（案《宋·志》虽云司、冀……诸州，江左并侨置牧司，然《晋》、《宋》诸《志》不惟无侨立平州之名，抑且无以平州移民所创立之侨郡、县，《宋·志》所言非尽实录。）侨置州、郡、县之制度，仅为弱国对于所失土地表示留恋与怀念，故虽置官设吏，亦不过若望梅止渴，存其名而已。是东晋实有之土地仅荆、扬等九州与夫残余之徐、豫，较之西晋相差已过半矣（案宁州自西晋初始置，东晋尚存，《宋·志》不言及，误矣）。

　　自元帝东迁，士大夫多痛感故国之沦没，时思恢复，如祖逖之镇谯城，庾亮之戍石头，皆尝以收复故国山河为己任，然均未伸其志。及桓温、刘裕始得大举出师，桓温以永和初西讨成汉，收复益、梁之地，又遣军北伐，西至灞上，以粮尽而返；太和初再出，为慕容垂败于枋头，司州诸地一度入晋，不旋踵而又失之；及苻坚势盛，益、梁之地又复沦陷。苻秦败后，慕容德、姚兴又迭起于司、青诸州，而巴、蜀亦为谯纵所据。义熙初，刘裕又复北伐，东自广固，西至关中，皆为晋有，青、兖、豫、司诸州咸复故土，又使朱龄石西征谯氏，尽复益、梁之地。惜刘氏急图篡位，遂弃关中，其地再沦于赫连勃勃，良可惜也（《晋·志》不载东晋之郡县数目）。

　　刘裕伐秦归后，未几即受晋禅，称宋帝。景平、元嘉之间，宋、魏屡兴兵戎，然河南诸州郡尚多为宋守。《宋书·州郡志》以大明八年为断，共得二十二州，其《总叙》中述诸州之分合曰："宋世分扬州为南徐，徐州为南兖，扬州之江西悉属豫州，分荆为雍，分荆、湘为郢，分荆为司，分广为越，分青为冀，分梁为南北秦。"（案《宋·

志》南豫州条云:"永初二年,分淮东为南豫州,治历阳,淮西为豫州。"侨置豫州之分南北当始于此。其后虽迁徙无定,要未废省,《总序》中无一言及之,误矣。又秦州无南北之分,此亦误记。)合益、宁、江、交、兖五州,即大明之二十二州。(《通典》卷一七一《州郡》一载宋世有郡二百三十有八,县千一百七十九。)其时黄河、秦岭以南皆入刘宋版图,自东晋元帝渡江,至陈氏亡国,其间疆域之广,无出其右者。然自明帝泰始以后,魏人大举南侵,于是淮水之北,豫州西部,一时俱没,以江、淮为北境,国土顿蹙,于是侨徐兖二州于淮南,立青、冀二州于赣榆,国威顿减矣。

《南齐书·州郡志》记萧氏诸州凡二十有三,其名曰:扬、南徐、豫、南豫、南兖、北兖、北徐、青、冀、江、广、交、越、荆、巴、郢、司、雍、湘、梁、秦、益、宁。(《通典》卷一七一《州郡》一载齐氏有郡三百九十有五,县千四百七十有四。)窥其建置,多祖宋制;然宋人之二十二州乃远至河南,而萧氏之二十三州几不得达淮岸,州名虽相因,疆土远不相同,仍仅恃侨置为不二法门。后数数为魏所侵,领土渐亏;及东昏永元初,沔北诸郡相继沦没,魏人又东取合肥、寿春诸地,齐人乃并淮南亦失之矣。

梁武帝代齐,州郡建置多沿胜国旧制。惟即位未久,汉川、淮西之地相继皆失。《隋书·地理志》云:"天监十年,有州二十三,郡三百五十,县千二百二十二。"(钱大昕《廿二史考异》谓:二十三州为扬、南徐、荆、江、雍、郢、南兖、湘、豫、司、北兖、北徐、青、梁、益、交、广、南梁、宁、衡、桂、越、霍也。)是郡县虽减省,而诸州仍如故。中大通时大举北伐,淮南诸地皆复入版图,而征人且远至洛阳,魏将侯景又以河南诸地来归,几若刘宋初年之情形,然未久复失,不能守也。梁氏君臣咸务开拓,淮北虽未能久守,然牂牁獠、狸荒徼之外，多经开辟，皆置州郡，而旧州又数数析置，故至"大同年中，州一百七，郡县亦称于此"（《隋书·地理志》语），江左建置州郡之多，至此极矣。

陈人承萧梁旧规，然疆土愈蹙，巴、汉之地为北周所并，大江以北又入高齐之手，西守三峡，北防江岸，土地之小，最于南朝。宣帝太建中，遣师北伐，尽取淮南诸地，更进而经略淮北，适高齐为北周所灭，陈兵亦被迫南旋，淮南又沦于周人，故《隋书·地理志》言陈氏之疆域曰："威力所加，不出荆、扬之域，州有四十二，郡唯一百九，县四百三十八。"徐文范《东晋南北朝舆地表》记陈太建末之州郡县，谓其时有州六十四，郡百六十六，县几六百，与《隋·志》异矣。徐氏所载诸州为：

扬　南徐　东徐　东阳　缙　豫　宣　北江　江　合　西江　南江　宁　吴　高　闽　丰　北新　土　富　洄　豪　泉　郢　荆　南荆　信　武　沅　卢　湘　巴　隽　湘　罗　营　衡　东衡　郴　静　东静　桂　广　瀛　成　石　新　陇　建　定尹　东宁　高　东罗　越　交　南新　爱　德　南合　安黄　崖（徐氏之言曰："《方舆纪要》云'陈有州四十二，郡百有九，县四百三十八'，实未尽其数，即瀛、建等州时已罢并，吴、宣等州时尚未置，去此数州，尚有五十余州。余盖括陈氏所置之州除所失江北地，统计于此，即县已是实数。"）

宣帝末，周将司马消难以沔北九州来归（郢、随、温、应、土、顺、河、濮、岳），周复取之，仍不能越江而北也。《资治通鉴·隋纪》："开皇九年，陈国皆平，得州三十，郡一百，县四百。"胡《注》："按《隋·志》陈境当时有扬、东扬、南徐、吴、闽、丰、湘、巴、武、江、郢、广、东衡、衡、高、罗、新、陇、建、成、桂、东宁、静、南定、越、南合、崖、安、交、爱,凡三十州。"是陈氏季年国土益蹙矣。

第四节 北魏周齐疆域之分合

元魏拓跋氏其先为鲜卑索头部,世居漠北,后渐南迁,居漠南。晋永嘉初,其种人有猗卢者,助并州刺史刘琨讨鲜卑叛者刘虎等,颇有功,晋帝特授为大单于,封为代公,于是猗卢遂率其种人徙居塞内。又传至什翼犍,国始强大。斯时前秦苻氏适四出征讨,平灭诸雄,前凉张氏、前燕慕容氏皆为夷灭,秦兵复北向击代,拓跋之族遂四散离居。及苻坚伐晋,败于淝水,曩日被征服之诸族纷纷并起,各据土地,称帝称王,于是什翼犍之孙拓跋珪复召集所部,居定乐,复称代王,寻改号为魏,既向与燕构衅,取中山,因迁都于平城。至其子明元帝又渐南下,争河南之地,而魏之南疆遂远至许昌、汝阳诸地矣。太武帝时,西破统万,驱夏赫连氏,寻得蒲反、长安。太延以后,又东平辽东,西破姑臧,北燕、北凉皆被夷灭,于是北方大定自晋永嘉以后扰扰攘攘,旋起旋灭之十六国,至是遂尽入元魏之版图,而与南朝成对峙之形势矣。

魏自太延以后,国境西至流沙,东接高丽,惟州、郡建立多因时制宜,靡有定规。太和十年始大加厘定,凡得三十八州,二十五州在河南,十三州在河北。《资治通鉴》胡三省《注》记其诸州名称曰:"河南二十五州:青、南青、兖、齐、济、光、豫、洛、徐、东徐、雍、秦、南秦、梁、益、荆、凉、河、沙,时又置华、陕、夏、岐、班、郢,凡二十五。河北十三州:司、并、肆、定、相、冀、幽、燕、营、平、安,时又置瀛、汾,凡十三州。"然胡氏又引萧子显之说曰:"雍、凉、秦、沙、泾、华、岐、河、西华、宁、陕、洛、荆、郢、北豫、东荆、南豫、西兖、东兖、南徐、东徐、青、齐、济、光二十五州在河南;相、汾、怀、东雍、肆、定、瀛、朔、并、冀、幽、平、司等十三州在河北。"(胡氏引文略与《南齐书·魏虏传》异)二说不同,姑并存之。

魏太武、孝文之世,国力颇强,屡出兵远征,与困守江左之南朝兵争尤多,江、淮间之州郡辄被侵凌。宣武帝之时又得汉川、剑阁、淮西诸地,国势益盛。自孝文迁都洛阳,承汉、魏之旧规,复受汉族之同化,国既富强,文化亦渐高。惟孝庄帝之时,遭尔朱氏之乱,国威顿衰,三数年后,且复分为东、西,东魏居邺,西魏则迁于长安。及高洋篡东魏为齐,宇文觉代西魏称周,于是与江左之梁、陈共成鼎峙之势矣。

魏收之《魏书·地形志》虽亦称为一代典籍,然吾人殊未能据以知元魏疆域之详情;盖收《志》以武定时之簿籍为据,武定乃孝静帝之年号,时魏已分东西,不数年且为高氏所篡,故其《志》文颇详于东而略于西;又以关西各地为西魏所据,而别以永熙时簿籍为本,一篇之中不以同一时代为准,颇乖史法。然吾人可因以知东西魏分离后之疆域,亦未可厚非也。考收《志》所载共得州百一十三(《通典》一七一《州郡》一:"今按旧史管州百十有一,郡五百十有九,县千三百五十有二",与此不同)。东魏所辖凡八十州,其余三十三,收谓之沦陷诸州,即西魏之疆域也。

高齐席东魏故土,屡与宇文氏构衅,河阴、洛阳之间辄为兵争之地,胜负互见,其后终为周人夷灭。文宣之时尝遣将略地,南至于江,而武平中淮南之地又复没于陈氏(淮南之地计二十七州:扬、南谯、西楚、合、江、东广、泾、楚、潼、东楚、海、秦、仁、永、郢、义、定、光、南建、衡、巴、北江、南司、罗、和、安、产),及其亡也,共得州九十有七,郡一百六十,县三百六十五(此据《隋书·地理志》。《周书·武帝纪下》"关东平,合州五十五,郡一百六十二,县三百八十五",与《志》文不同)。徐文范记齐末疆域,谓诸州之名称如下:

司	西兖	黎	义	洛	北荆	东雍	北豫	怀	南汾	晋
襄	齐	青	光	兖	北兖	南兖	济	梁	谯	睢	信	豫
广	东豫	郑	南青	胶	徐	府	云	显	北显	宁	岚
朔	灵	建	汾	西汾	恒	北恒	肆	营	平	安	幽	北
燕	东燕	鄚	南营	定	赵	冀	沧	北徐

与《隋·志》之言又略异矣。

宇文周西据关中,东与高齐争土,南得梁、雍、汉中,继又遣军入蜀,尽有梁、益诸州,复远征姑臧,疆域益广,建德初年,诸州建置乃至百余:

雍	华	同	岐	陇	宜	原	盐	宁	燕	泾	幽	蔚
恒	廊	敷	丹	夏	长	延	绥	灵	会	银	复	郜
安	郧	环	江	襄	随	蔡	昌	唐	邓	申	郑	纯
淮	潘	秦	殷	蒙	鲁	丰	万	广	浙	信	通	硖
开	并	商	麓	洮	亭	虞	邵	秦	渭	交	河	岷
武	兴	成	凤	文	龙	扶	宕	蓬	鄀	凉	甘	瓜
巴	楚	临	遂	合	梁	洋	金	洎	上	迁	罗	康
新	始	潼	利	沙	隆	渠	容	益	邛	雅	陆	眉
戎	资	涶	邓	芳	泸	益	潭	严	陕	中	和	蒲
绛	汾	勋	怀

及平齐后,统一北方,其南疆自淮南迄于巴、蜀,较之元魏诚时,抑

又过矣。而后梁据江陵有荆、郢、基、平、直等州，为国外藩，固极一时之盛也。大象末，职方之臣所司凡州二百十有一，郡五百八，县千一百二十有四云。

第五节　南北朝时代地方制度之沿革及其紊乱

晋自元帝渡江，即位建康，郡国制度多仍因于西晋，而行三级之制，诸州置刺史、州牧，郡、国则置守、相，县有令、长；所异者则西晋置河南尹，而东晋移为丹阳尹，盖尹置于辇毂之下，西晋都洛阳而东晋都建康，故尹随时改置。宋、齐、梁、陈国都因于东晋，丹阳置尹遂历五代而不改。

宋、齐以后，虽仍遵行三级之制度，已稍异于东晋。吾人前读汉时制度，当尚忆及与县同等之道，道主蛮夷，故多置于边境，汉后则混同诸县，久不闻其名。宋、齐之世，别于边地置左郡、左县，以治蛮夷之人，其左县实即汉代之道，特名称少异而已。左郡、左县之等级，亦若内地之郡县，故亦有守、令。宋初复行五等之制，广建公、侯、伯、子、男诸国，因诸县之地而封建之，国各置相，一同旧制。其他则州刺史（扬州刺史称牧，因帝都在斯故也），郡守、县令长之名称仍因而不改。

萧齐于主蛮夷之左郡、左县之外，复置狸郡、獠郡，其名称可考者若益州之东宕渠獠郡、越嶲獠郡、沈黎獠郡、甘松獠郡、始平獠郡及越州之吴春狸郡。大抵左郡之置虽在边地，然不必皆有蛮夷，而獠、狸诸郡，则必置于蛮、夷之中。试以《南齐书·州郡志》所载者为例，则豫、郢、司、益诸州俱有左郡之置，而司州置者尤多，若獠、

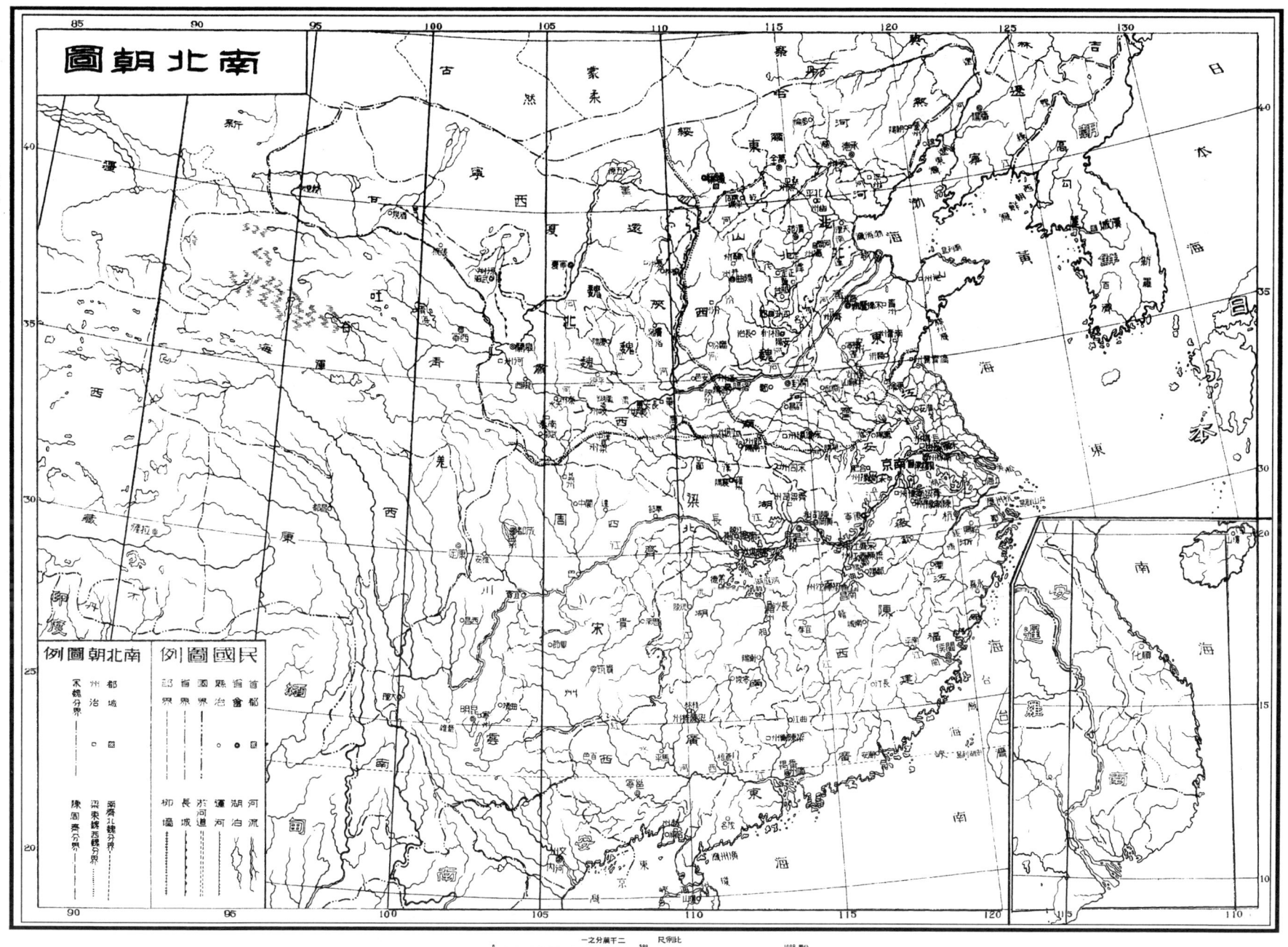

狸之郡,则仅益、越二州有之。

自东晋创侨州、郡、县制度以来,江左一隅分州置县殊形繁杂,不惟中原州、郡侨移江左,即新析之区划亦日渐增多,故梁天监以后,且增至百余州,其州境之小,可以知矣。沈约生于当世,已痛感其浑淆,因谓"地理参差,其详难举,实由名号骤易,境土屡分,或一郡一县割成四五,四五之中亟有离合,千回百改,巧历不算"(《宋书·州郡志》)。然其时固不仅分合杂乱而已,且每有郡、县"散居无实土,官长无廨舍,寄止民村"之情形(语见《南齐书·州郡志》)。夫有郡、县而无土地,有官长而无廨舍,宁非笑谈,江左诸朝如此建置,岂能令州、郡制度不日趋于紊乱乎?

因州、郡建置之繁杂,而各级之隶属亦渐变更,自三级制度成立以后,州必统郡,郡必辖县,已为不可变更之成规。宋末越州新置诸郡,沈氏不载其属县,想已无县可属,非沈氏之故失载也。至萧齐之时,此等情形尤为习见,萧子显所著之《州郡志》中,无县之郡已比比皆是。齐时荒郡尤多,此类荒郡多无民户,遑论县邑,仅存名称而已。

广建州郡不惟使诸郡无县可辖,且使二郡合治,此二郡合治名为"双头郡县"。双头郡县始见于《南齐书·州郡志》,青州之东莞、琅邪二郡即其滥觞也。此二郡所领之县仅三,宜其合之为一处也。此种制度为滥置州郡自然之结果,故萧梁继位仍因之而不改。实则不仅梁氏为然,即北朝之元魏亦尝仿其制度,《魏书·地形志》之双头郡县多注"萧衍置"之语,当为取诸梁人者,《地形志》所载之新蔡、南陈留二郡等双头郡、县多仅辖一县,以二郡而共治一县,宁非奇事!县令何太苦,郡守何太闲?

萧梁之世,州、郡建置更属奇观。梁人北伐元魏,南平狸洞,每因所取之地,建立州名,辄有若干州、郡不如一村落,即刺史、守、令亦任用当地居民,类若唐代之羁縻州,当时尝有边徼二十余州,即职方之臣亦不知其处所,抑何可怪!边关将帅一人守二三郡,尤为习见。领土不增,州郡反多,亦一时反常之现象也。

南朝地方制度,多因于汉、魏,虽其间少有差异,巧立名目,然尚有脉络可寻,若北朝则不然。元魏、周、齐虽亦三级制度,实则非因于古;盖元魏起于北方,初兴之时每于边要形胜之处建立镇戍,而州、郡之置反不重要。自后镇戍建置较多,镇将辄得兼理民务,若州刺史然。明帝之后,州、郡渐多,刺史、郡守遂较重要。魏人分州、郡、县各为上中下三等,亦置刺史、太守、令、长,惟魏人地方行政之制度颇异畴昔,诸州各置刺史三人,宗室一人,异姓二人,郡守、县令亦如之,实奇制也。魏人亦行封建制度,惟所封者仅王、公、侯、子四级,王食大郡,公食小郡,而侯、子则分食大小县。

南北朝时州郡县之滥置,固不仅江左而已,元魏而后亦多增建。魏太和中有州仅三十八,然魏收著《地形志》已载百一十三州。高齐篡东魏后,得州八十(此据收《志》所载未沦陷诸州而言),《隋书·地理志》谓"天保之末总加并省"。然国灭之时犹有九十七州,并省者固如斯乎?

自元魏盛置刺史、守、令之后,齐、周多因其制,然区划既小,设官又多,上有刺史,下有令、长,太守渐成闲员,故隋室继统,遂废三级之制而行二级制矣。

本章重要参考书:

《晋书》。
《宋书》。

第十五章 东晋南北朝疆域概述

《南齐书》。
《梁书》。
《陈书》。
《魏书》。
《北齐书》。
《周书》。
《隋书》。
《资治通鉴》。
毕沅:《〈晋书·地理志〉新补正》。
洪亮吉:《东晋疆域志》。
洪亮吉:《十六国疆域志》。
洪齮孙:《补梁疆域志》。
臧励龢:《补陈疆域志》。
汪士铎:《南北史补志》。
徐文范:《东晋南北朝舆地表》。

第十六章 隋代疆域概述

第一节 隋代疆域之区划及其制度

宇文周自灭高齐之后,统一北方,未久即为杨坚篡夺,于是复成隋、陈南北对峙之局。惟隋氏承周、齐之后,疆土广大,陈人则据江南一隅,地小民弱,及北兵下采石,渡京口,南朝之局面遂告终结,而宇内复归于一统。

南北朝末叶,州、郡建置日益纷繁,遂至有官无土,有牧、守而无人民。隋文即位,惩其积弊,乃于开皇三年悉省诸郡,以县邑直隶于州。自东汉季年,改刺史为州牧后,地方之区划相沿为三级之制度,至是乃变为二级制,故隋文之时,实吾国疆域沿革史上之一重要阶段也。开皇九年平陈之后,因并省废江南诸州,而南北之制度相同矣。炀帝大业三年改州称郡,以郡统县,与嬴秦之制度颇相类似,惟大业改革仅稍易其名称而已,于制度之更易,疆域之变迁无与也。

炀帝既更州为郡,复仿汉武故事于郡上置司隶、刺史若干人分部巡视,掌六条以监察官吏之良否,不治民事。《隋书·百官志》:"司隶台大夫一人,掌诸巡察;别驾二人,分察畿内;……刺史十四

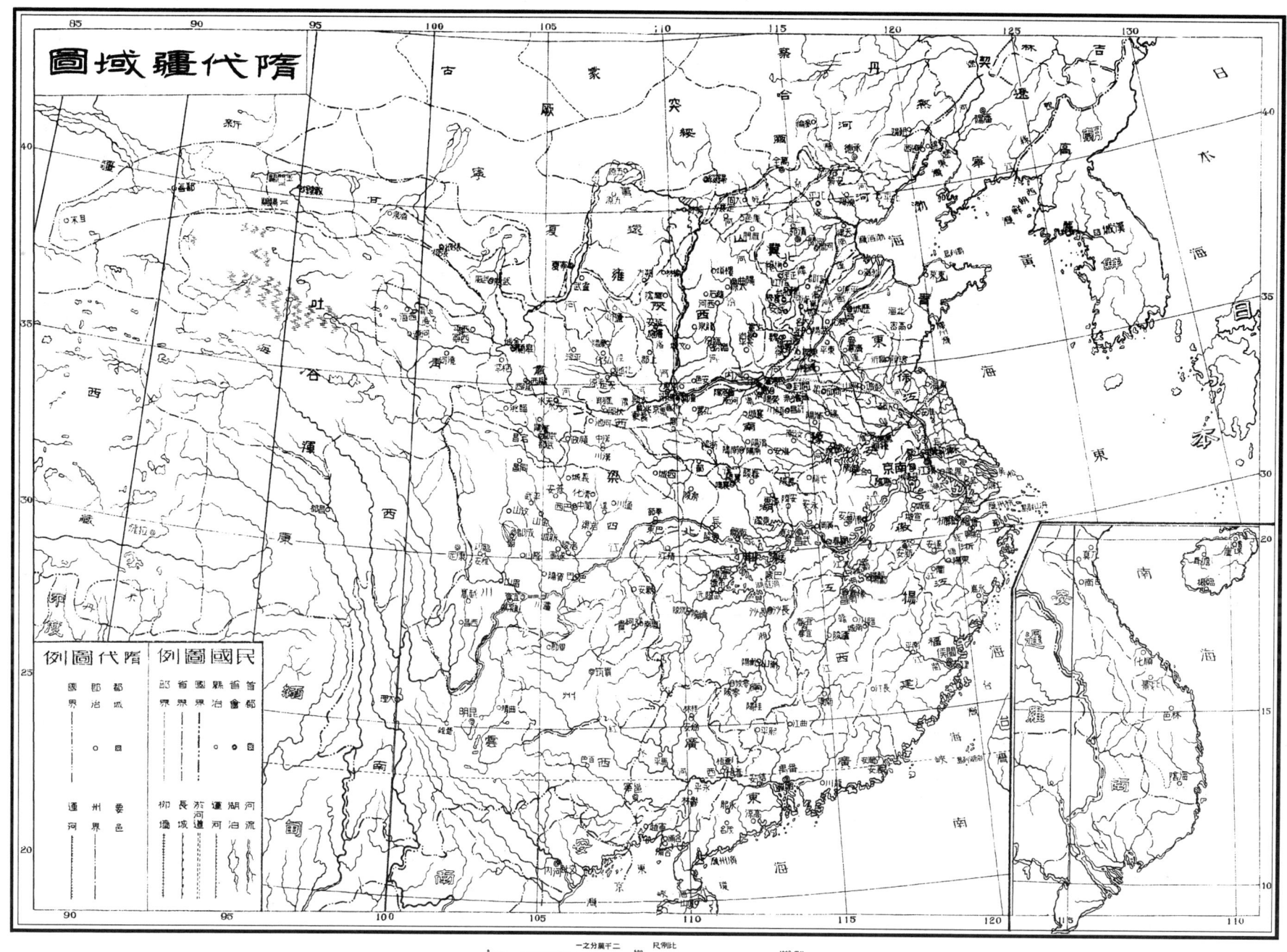

人,巡查畿外诸郡。"司隶、刺史合共十五员,岂其时分部为十五乎?

唐人所修之《隋书·地理志》依《禹贡》九州分述其时郡县,一若隋人复行九州之制者,然检诸《隋书》纪传,殊不能得其证据,此盖与杜佑之《通典》述唐制而以九州区分者同一意义,与当时之制度无关也。《隋书》既依九州叙述,其时之分部遂无由详知矣。今因《隋·志》所载州郡,列表于下,以见其时封疆之概况,九州之名称亦因《隋·志》之旧,阅者幸勿视为当时实际之政治区划可耳。

雍州　京兆、冯翊、扶风、安定、北地、上郡、雕阴、延安、弘化、平凉、朔方、盐川、灵武、榆林、五原、天水、陇西、金城、枹罕、浇河、西平、武威、张掖、敦煌、鄯善、且末、西海、河源二十八郡。

梁州　汉川、西城、房陵、清化、通川、宕渠、汉阳、临洮、宕昌、武都、同昌、河池、顺政、义城、平武、汶山、普安、金山、新城、巴西、遂宁、涪陵、巴郡、巴东、蜀郡、临邛、眉山、隆山、资阳、泸川、犍为、越嶲、牂牁、黔安三十四郡。

豫州　河南、荥阳、梁郡、谯郡、济阴、襄城、颍川、汝南、淮阳、汝阴、上洛、弘农、淅阳、南阳、淯阳、淮安十六郡。

兖州　东郡、东平、济北、武阳、渤海、平原六郡。

冀州　信都、清河、魏郡、汲郡、河内、长平、上党、河东、绛郡、文成、临汾、龙泉、西河、离石、雁门、马邑、定襄、楼烦、太原、襄国、武安、赵郡、恒山、博陵、河间、涿郡、上谷、渔阳、北平、安乐、辽西三十一郡。

青州　北海、齐郡、东莱、高密四郡。

徐州　彭城、鲁郡、琅邪、东海、下邳五郡。

扬州　江都、钟离、淮南、弋阳、蕲春、庐江、同安、历阳、丹阳、宣城、毗陵、吴郡、会稽、余杭、新安、东阳、永嘉、建安、遂安、鄱阳、临川、庐陵、南康、宜春、豫章、南海、龙川、义安、高凉、信安、永熙、苍梧、始安、永平、郁林、合浦、珠崖、宁越、交趾、九真、日南、比景、海阴、林邑四十四郡。

荆州　南郡、夷陵、竟陵、沔阳、沅陵、武陵、清江、襄阳、春陵、汉东、安陆、永安、义阳、九江、江夏、澧阳、巴陵、长沙、衡山、桂阳、零陵、熙平二十二郡。

宇文周之末叶计有州二百一十一，郡五百八，县一千一百二十四（见《隋书·地理志·序》）。隋文平陈，又得州三十，郡一百，县四百（《隋书·高祖纪》），是隋初共有州二百四十一，郡六百八，县一千五百二十四。然《隋书·地理志》载大业季年之郡县，仅得郡一百九十，县一千二百五十五，是减省已多矣。南北朝以来滥置州郡之情形，至此遂得告一段落焉。

隋代初都长安，炀帝大业初年营洛阳为东京，寻复称东都。开皇之初，置牧于雍州，设尹于京兆郡，以其为帝都之所在也。炀帝既建东都，而河南郡亦置尹，比于京兆；两都辇下之大兴、长安、河南、洛阳四县令，其品级亦异于常县，以示略有区别也。隋文初即位，州、郡、县各因旧制分为上中下九等，各以刺史、太守、县令治其事，及废郡留州，太守亦因之而废矣。开皇十四年复改九等州、县为上、中、中下、下四等，已稍简于开国之时。炀帝改制，废州置郡，而刺史复改为太守，州、县亦由四等而为上中下三级矣。

自东晋以后，南北分裂，兵戈交争，多在江、淮之间，域外之开扩殆无闻焉。南朝日日欲复中原故土，终未完成其志，故土尚不能光复,域外之建树更无论矣。元魏初尚北击蠕蠕,耀武朔方,及东西对立,亦无暇外向矣。至隋炀之时,南北已归一统,帝亦好大喜功,故大业初年,南征林邑,取其地为荡、农、冲三州,更西击吐谷浑,复置鄯善、且末、西海、河源四郡。《隋书·地理志》谓其时东南皆至于海,西至且末,北至五原,隋氏之盛极于此矣。惜炀帝黩武过甚,不顾民力,卒至高丽之师未旋,叛逆之军已起,国灭身亡,诚可慨也。

第二节　运河

吾人今日披阅地图,尚能见巨河蜿蜒,自南徂北,横贯吾国东部,此即吾国二大工程之一之运河是也。海通以前,固南北交通之捷径也。运河之开凿,远起于春秋之时,吴王夫差将北伐齐,以争霸于中原,乃凿邗沟(亦称韩江,或曰邗溟沟)以通江、淮,谋运输之便利。其水自广陵东南之邗城,引江东北通射阳湖,复西北至末口入于淮,是为运河之创始。自后开河运输之事,数见不鲜,西汉关中之漕渠,东汉河南之阳渠,皆其著者。然其工程多限一地,其利益复仅溥于一时,若大规模之开凿,则在于隋代。隋代以洛阳为中心,西达关中,南至余杭,北迄涿郡,费全国之力始告成功,后人所艳称之隋炀帝开运河,即谓此也。

运河之工程虽以炀帝时为最巨,然隋代凿河之发轫则不自炀帝始也。文帝建都关中,悯漕运之维艰,乃于开皇四年,使宇文恺寻汉漕渠之旧迹,率工开凿,引渭水自大兴城东至潼关三百余里,是为广通渠(后改为永通渠)。盖以渭川水力大小无常,流浅沙深,动致阻阂也。此渠开后，转运便利，关内赖之。开皇七年，又于扬州开山阳渎以通运漕，盖是时方经营江南，举师伐陈，开凿此渎正以便利军运也。

炀帝继位，好大喜功，既耀兵四夷，复力求建设，于是踵文帝故事，大凿运河，其所成就者为通济渠、邗沟、江南河及永济渠是也。炀帝大业元年即诏开通济渠，大发河南诸郡男女百余万，自西苑引谷、洛水入于河，西苑即炀帝常游幸娱乐之处，渠之所以始于此者，为远游时便利计耳。渠过洛阳城东南，复东流径偃师县南，东至巩县之洛口入于河。此段渠身盖循东汉张纯所开阳渠之故道而作也。自洛口东行即利用黄河水势。又东至汜水之板渚，引河水东南流，因古鸿沟、汴渠故迹，过大梁，东入泗，而合于淮。自洛阳西苑至此，即所谓通济渠是也。浮淮而下，至文帝所开之山阳渎，折而南流，复利用吴王之故河，南达于江。江、淮之间，即因旧名而称之曰邗沟。大业六年，炀帝欲巡会稽，乃敕开江南河，自京口至余杭八百余里，此段运河直至今日犹为苏、杭诸地交通之途径也。

由通济渠入邗沟，再入江南河，乃东南交通之干脉。其至东北之工程则为永济渠。永济渠之开凿，乃大业四年事，其时方远征高丽，故有开此渠之议。《隋书·炀帝纪》所谓发河北诸郡男女百余万，开永济渠，引沁水南达于河，北通涿郡是也。此渠工程似较河南诸渠尤为繁难，盖河北诸郡之男女多参与斯役也。吾人试思诸大运河之成功，不过数年间之事耳，南北纵横乃至数千里，宜其骚动天下矣。此渠起于沁水，导沁水入卫河，循卫河过清河而至于涿郡。隋人之涿郡理蓟，其故址在今北平附近，此河由今河南沁阳直达北平附近，其间数千里，功程之大殊可惊人。

隋代所凿运河，虽蜿蜒数千里，然至今大半已渐淹没。盖运河之用多为漕运，故历代凿河多以京师为中心，西汉漕渠、隋文广通，皆为此也。炀帝东都河南，而各渠即以洛阳为出发点。及唐都长安，关中粟米多仰给于东南，水路转运，朝野咸重，故隋文广通盛被利用。宋徙汴京，关中水利遂渐失修。元、明、清诸代舍关中、汴、洛而都燕京，于是政治中心由西北中原而移于幽、蓟，幽、蓟之粟米亦惟东南是资，故元、明运河漕转，亦为二代要政，然其所修者与隋运河异途矣。吾人今日所称运河，即指元、明以后而言也。今运河自北平直至浙东，约分八段：

通惠河（北平至通县）；

北运河（通县至天津）；

南运河（天津至临清）；

山东运河（临清至邳县）；

中运河（邳县至淮阴）；

淮南运河（淮阴至江都）；

江南运河（镇江至杭县）；

浙东运河（杭县至剡溪）。

今运河八段之中，仅中运河及淮南、江南三段尚依稀能见隋氏之遗迹，其他各渠殆无闻矣。

运河之工程其艰巨与长城相似，其在当时糜金钱，苦人民，而历代葺修改筑尤大费经营，秦皇、炀帝且因此而亡其国家，然时过境迁已渐失其效用，而徒留供后人之凭吊，可慨也夫！

本章重要参考书：

《隋书》。

杨守敬：《〈隋书·地理志〉考证》。

第十七章　唐代疆域概述

第一节　唐代疆域之区划及其制度

隋季天下大乱,群盗四起,唐高祖举兵太原,西定关中,疆域之制度仍因隋氏旧制,仅改郡为州而已。惟其时群雄并起,各不相下,纳地来归者往往因其所盘据之处,割置州、县,于是州、县之数较之隋季已增数倍。太宗贞观初年,天下大定,乃力加省并,复因山川形势之便,分国内为十道:

关内　河南　河东　河北　山南

陇右　淮南　江南　剑南　岭南

道名之创立实吾国疆域史上之一新名称也。

吾人若非健忘,当尚能忆及汉武帝后之虚三级制度。汉武之制度乃以郡统县,复以州刺史司监察诸州之责;自经南北朝之纷乱,州郡之地位与区划渐无差别,故隋、唐两代州、郡名称遂能互相更易,昔日监察太守或统辖诸郡之州刺史,至此已直辖县令矣。太宗因别于诸州上置十道,十道即汉十三州之变形也。此种道之建置,多因于自然地理之形势,究其最初之意义亦不过地理上之划分,实非行政上之具体区域也。

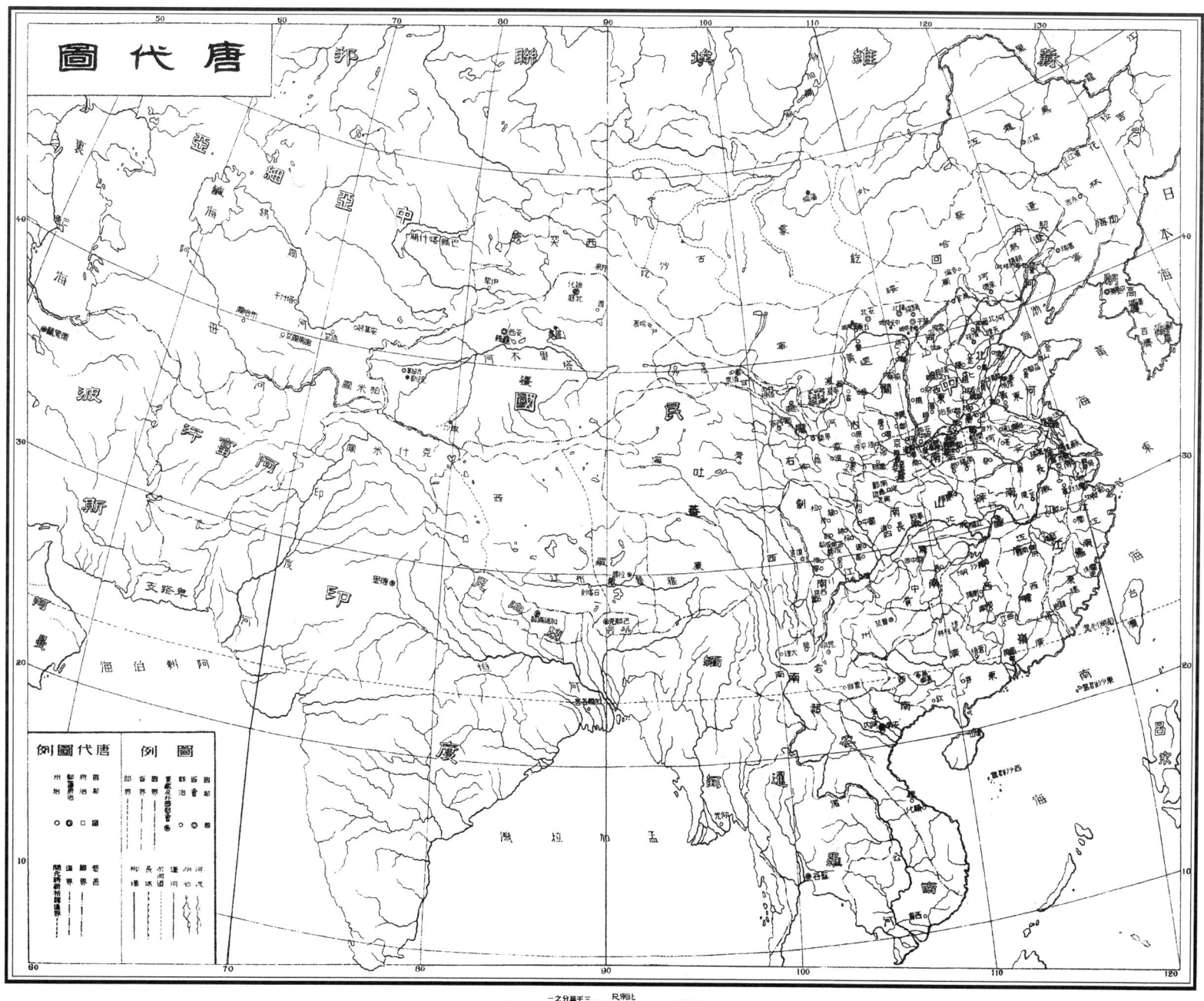

玄宗开元二十一年,疆域区划又经一度新改置,由十道变而为十五道,十五道者,山南、江南各分为东西二道,复增置京畿、都畿及黔中三道也。经此次改置,诸道境渐成定制,今述其所辖府、州于下(府之建置见另节):

京畿道　辖府二:京兆、凤翔;州四:华、同、商、邠。

关内道　辖都护府二:单于、安北;州二十四:陇、泾、原、渭、武、宁、庆、鄜、坊、丹、延、灵、威、雄、警、会、盐、夏、绥、银、宥、麟、胜、丰。

都畿道　辖府一:河南;州一:汝。

河南道　辖州二十八:陕、虢、滑、郑、颍、许、陈、蔡、汴、宋、亳、徐、泗、濠、宿、郓、齐、曹、濮、青、淄、登、莱、棣、兖、海、沂、密。

河东道　辖府二:河中、太原;州十九:晋、绛、慈、隰、汾、沁、辽、岚、宪、石、忻、代、云、朔、蔚、武、新、潞、泽。

河北道　辖都护府一:安东;州二十九:孟、怀、魏、博、相、卫、贝、澶、邢、洺、惠、镇、冀、深、赵、沧、景、德、定、易、幽、涿、瀛、莫、平、妫、檀、蓟、营。

山南东道　辖府一:江陵;州十七:峡、归、夔、澧、朗、忠、涪、万、襄、泌、隋、邓、均、房、复、郢、金。

山南西道　辖府一:兴元;州十六:洋、利、凤、兴、成、文、扶、集、壁、巴、蓬、通、开、阆、果、渠。

陇右道　辖都护府二:北庭、安西;州十九:秦、河、渭、鄯、兰、临、阶、洮、岷、廓、叠、宕、凉、沙、瓜、甘、肃、伊、西。

淮南道　辖州十二:扬、楚、滁、和、寿、庐、舒、光、蕲、安、黄、申。

江南东道　辖州十九:润、昇、常、苏、湖、杭、睦、越、明、衢、处、婺、温、台、福建、泉、汀、漳。

江南西道　辖州十九：宣、歙、池、洪、江、鄂、岳、饶、虔、吉、袁、信、抚、潭、衡、永、道、郴、邵。

黔中道　辖州十三：黔、辰、锦、施、叙、奖、夷、播、思、费、南、溪、溱。

剑南道　辖府一：成都；都护府一：保宁；州三十八：彭、蜀、汉、嘉、眉、邛、简、资、巂、雅、黎、茂、翼、维、戎、姚、松、当、悉、静、柘、恭、保、真、霸、乾、梓、遂、绵、剑、合、龙、普、渝、陵、荣、昌、泸。

岭南道　辖都护府一：安南；州七十三：广、韶、循、潮、康、泷、端、新、封、潘、春、勤、罗、辩、高、恩、雷、崖、琼、振、儋、万安、邕、澄、宾、横、浔、峦、钦、贵、龚、象、藤、岩、宜、瀼、笼、田、环、桂、梧、贺、连、柳、富、昭、蒙、严、融、思唐、古、容、牢、白、顺、绣、郁林、党、窦、禺、廉、义、陆、峰、爱、驩、长、福禄、汤、芝、武峨、演、武安（从《新唐书·地理志》）。

唐初承受隋氏之郡计百九十，而县亦有一千二百五十五。高祖迭事建置，为数殊多。贞观初年，虽盛有省并，仍远过于隋代，十三年定簿，共得州、府三百五十八、县一千五百五十一；其明年平高昌，复得州二县六。此后时有增损，开元末年，国内郡（州）府凡三百二十八，县千五百七十三，而因降附诸夷所置之羁縻州、县，尚不在其数，可谓盛矣。

高祖于关中受禅，即以长安为京师，建都于其地。高宗营洛阳为东都，与隋氏同制。武后执政，以洛阳为神都，自长安迁居之，又于太原置北都，因有三都之号。中宗复辟，神都又称东都，重返居于长安,并北都亦废之,仍两都之旧。玄宗之时,再复北都,而河中府亦一度有中都之目。肃宗至德二年,立五京之号,五京者:中京长安,东京洛阳,北京太原,西京凤翔,南京成都。上元初,移南京于江陵;次年即罢四京之号,专以长安为都。肃宗元年,再复五都,五都即上元初之五京也。既而又罢西南二都,浸成定制。

论唐代疆域者,每称开元之时为极盛,《旧唐书·地理志》所言"东至安东府,西至安西府,南至日南郡,北至单于府",较诸汉武之时抑已过矣。然此仅就国内而言,若羁縻州、县之设立,尤属广泛,自高丽以至于波斯,无往无唐官吏之足迹,其疆域之广大,自古以来所未尝有也。

第二节　府制之确立及其种类

唐初于全国疆域分置十道而外,复于各形势重要之地别立诸府,道与府皆吾国疆域史上之新制度也。唐代诸府可分三种,沿边各地则有都护府,国内要区则设都督府,诸京都所在则置府尹,名称相似,实则各有不同,请分述之。

唐代最早之府,当推总管府,总管府即都督府之前身也。其滥觞远始于曹魏,魏黄初中置都督诸州军事之官,其初专理军政,与民事无关也。晋初始兼刺史,南北朝以下渐成定制,刺史必带开府,单车刺史遂不为世人所重。北周改都督为总管,即唐制之所因。武德七年改称都督,始成定制。《续通典·职官》谓"都督掌督诸州兵马、甲械、城隍、镇戍、粮廪,总判府事"(卷三十六),是仍兼理军民,与南北朝时无殊也。都督除辖其所在之州外,兼辖其邻近各州，其所在之州因称曰都督府，他州皆号支郡。武德中著令，凡辖十州以上者称大都督府，其时国内称大都督府者凡五，洺、荆、并、幽、交五州是也。武德、贞观之时，都督府之建置颇多，《括地志》称"贞观十三年，凡天下有都督府四十一，分统天下州县，唯近畿九州无所隶"（《初学记》引）。是亦一时之重要制度也。

景云初，并省诸都督府，共得大、中、下都督府二十有四：

大都督府　扬、益、并、荆四州。

中都督府　汴、兖、魏、冀、蒲、绵、秦、洪、润、越十州。

下都督府　齐、鄌、泾、襄、安、潭、遂、通、梁、夔十州。

此二十四都督府分辖国内诸州，惟畿内诸州不隶焉。都督司纠察所管州刺史以下官人善恶，其职比汉十三州部刺史，而权威则远过之，故不久即以权重而废。

太极之初，复以并、益、荆、扬为大都督府。开元十七年，增潞州而为五。其时制定上、中、下之等第，域内共有都督府四十：

上都督府　潞、益、并、荆、扬五州。

中都督府　凉、秦、灵、延、代、兖、梁、安、越、洪、潭、桂、广、戎、福十五州。

下都督府　夏、原、庆、丰、胜、荣、松、洮、鄯、西、雅、泸、茂、巂、姚、夔、黔、辰、容、邕二十州。

其后复时有制置，虽未即成定规，然其时域内形势略可概见矣。

唐初开拓疆土，于边地设立都护府以统蛮、夷。都护之名远始于西汉，西域都护即唐制之所因者。自太宗平高昌后，设置安西都护府，是为建立都护府之嚆矢。其后渐次增置，至中宗时共得六都护府，西有安西、北庭，东有安东，北有安北、单于，南有安南，其建置情形略述如下：

安西都护府　贞观十四年平高昌,置安西都护府,咸亨元年陷于吐蕃,长寿二年收复,至德初一度更名镇西,贞元三年陷于吐蕃。

安北都护府　贞观二十一年置燕然都护府,龙朔三年改名瀚海都护府,总章二年改名安北都护府。

单于都护府　龙朔三年置云中都护府,麟德元年改名单于都护府。

安东都护府　总章元年平辽东,置安东都护府,圣历元年更名安东都督府,神龙元年复故,至德后废。

安南都护府　调露元年改交州都督府为安南都护府,至德二载曰镇南都护府,大历三年复为安南都护府。

北庭都护府　长安二年置北庭都护府,贞元六年陷吐蕃(《新·志》关内道别有镇北都护府,剑南道有保宁都护府,不在六都护府之列)。

开元后于诸京都皆置府,以示不同于常州,其后驻跸之地亦升为府,终唐之世,计有府十:

京兆府(本雍州)　兴德府(本华州)　凤翔府(本岐州)　河南府(本洛州)　兴唐府(本陕州)　河中府(本蒲州)　太原府(本并州)　江陵府(本荆州)　兴元府(本梁州)　成都府(本益州)

此类府之建置,遂为后世诸代疆域史上之重要制度。吾人今日每称前清之某某府,其肇始盖基于此。

《新唐书·地理志》于叙述每州沿革后,必曰有府若干,且或举其名称,然此乃唐代府兵驻在地,与疆域无关,故略而不论。

第三节　节度使区域之建置

武德初年,因隋旧制置总管之官,既而诸州总管每加号使持节,其制盖如魏、晋之使持节都督诸州军事焉。永徽以后,凡都督带使持节者始称节度使,未带者不称之,节度使之名称昉始于此。然此仅诸镇官衔之名称,非有地域之限制也。景云二年以凉州都督充河西节度使,而节度之号始成定称矣。

景云之后渐次增置,至开元、天宝之间已有十节度使之号:

河西节度使治凉州,以隔断羌、胡。

范阳节度使治幽州,临制奚、契丹。

陇右节度使治鄯州,以备羌、戎。

剑南节度使治成都府,西抗吐蕃,南抚蛮、獠。

安西节度使治龟兹,抚宁西域,统龟兹、焉耆、于阗、疏勒四国。

朔方节度使治灵州,捍御北狄。

河东节度使治太原府,掎角朔方,以御北狄。

北庭节度使治北庭都护府,防制突骑施、坚昆、斩啜。

平卢节度使治营州,镇抚室韦、靺鞨。

岭南五府经略使治广州,绥静夷、獠(岭南自至德二载贺兰进明为使,始兼节度之号)。

统观十节度使设置之地位及其所掌之职务,可知创立此种制度之用意纯在防制异民族之反侧,然此仅为由东北至西南陆上之设置,东南二方海上别有守捉、经略之吏以司其事:

东莱守捉使,莱州刺史领之。

东牟守捉使,登州刺史领之。

长乐经略使,福州刺史领之。

节度经略守捉诸使之名称虽各有不同,然其设置之用意固无异也。更进而言之,节度、经略等使之建立,其动机纯为军事之计划,其设置之地亦非内地,与都督府之辖州者略有不同,唐代疆域之开拓,节度使之建置实与有力焉。

自节度使建置之后,政府虽能稍得其力,而其军权过重,渐有尾大不掉之势。天宝末,安禄山遂以范阳节度兴兵南下,国内大乱,几至不可收拾。自中原乱离,政府为奖励出征战士,怀柔反正降将,每皆锡以节度之号,于是向日施于边庭之制度转而滥用于内地,故《旧唐书·地理志》云:"至德之后,中原用兵,刺史皆治军戎,遂有防御团练制置之名,要冲大郡皆有节度之类,寇盗稍息,则易以观察之号。"节度使之增加自为意中之事。此类武夫战将据土地,擅使号,大者连州十数,小者亦兼三四,除授转让类皆不请命于中央,而境内置官行政尤多一任己意,故其初虽为边关军事制度,至是已实际成为内地之行政区域。唐初诸道之分划仅存其名称而已。

安史乱后,节度使之滥置,其数日益增多,《旧唐书·地理志》载至德、上元间诸节度使已有四十四,李吉甫记元和疆域共得四十七镇,今略叙元和诸使于下:

关内道　凤翔节度使(治凤翔府)、泾原节度使(治泾州)、邠宁节度使(治邠州)、鄜坊节度使(治鄜州)、灵武节度使(治灵州)、夏绥银节度使(治夏州)、振武节度使(治单于府)、丰州都防御使(治丰州)。

河南道　陕虢观察使(治陕州)、汴宋节度使(治汴州)、郑滑节度使(治滑州)、陈许节度使(治许州)、徐泗节度使(治徐州)、蔡州节度使(治蔡州)、淄青节度使(治郓州)。

河东道	河中节度使(治河中府)、河东节度使(治太原府)、泽潞节度使(治潞州)。
河北道	河阳三城怀州节度使(治怀州)、魏博节度使(治魏州)、恒冀节度使(治恒州)、易定节度使(治定州)、沧景节度使(治沧州)、幽州节度使(治幽州)、卢龙节度使(治幽州)。
山南道	襄阳节度使(治襄州)、荆南节度使(治荆州)、山南西道节度使(治兴元府)。
淮南道	淮南节度使(治扬州)。
江南道	浙西观察使(治润州)、浙东观察使(治越州)、鄂岳观察使(治鄂州)、江南西道观察使(治洪州)、宣歙观察使(治宣州)、湖南观察使(治潭州)、福建观察使(治福州)、黔州观察使(治黔州)。
剑南道	西川节度使(治成都府)、东川节度使(治梓州)。
岭南道	岭南节度使(治广州)、容管经略使(治容州)、桂管经略使(治桂州)、邕管经略使(治邕州)、安南都护府(治交州)。
陇右道	陇右节度使(原治鄯州,寄治凤翔府普润)、河西节度使(原治甘州,寄治沙州)、安西四镇北庭节度使(原治龟兹,寄治泾州由泾原节度兼领)(元和时陇右久陷吐蕃,故寄治内地)。(参据《方镇年表》)

其后分割浸多,建置益杂,武夫猛将窃据一方,袭使之号;及其势衰力弱,为他人所分夺,则其区划名号又随之变更,故《旧唐书·地理志》云"乾符之后,天下乱离,礼乐征伐,不自朝廷,禹迹九州瓜分鼎剖,或并或析,不可备书",殆实录也。

第四节 唐代地方行政制度

唐代以诸道为最高之地方区域,考其设置之初意,盖欲仿汉刺史部之制度以监察州郡也。司诸道之事者,最初当为巡察使,初期之使不常置,皆属临时派遣之性质,故亦无定员。贞观八年,遣十七道巡察使,二十年又遣大理卿孙伏伽等二十二人以六条巡察四方,皆此类也。其所巡察之地方,亦不以十道为限,故有十七道等之名称也。天授时又称存抚使,景龙时复号按察使,盖因时制宜,固无牢守旧规之必要也。开元中,复置诸道采访处,置使以察举善恶。后复有宣抚、观察之号,大抵名称虽易,其性质则仍相似也。

诸京及诸府皆置尹以治其事,诸州皆置刺史(天宝、乾元之间,尝一度改州称郡,刺史亦更为太守)以辖州事,诸州因地位之重要与否而有高下之分,近京师之地,列等最高,称为四辅,其次复有六雄、十望、十紧之号:

四辅　华、同、岐、蒲四州;

六雄　郑、陕、汴、绛、怀、魏六州;

十望　宋、亳、滑、许、汝、晋、洺、虢、卫、相十州;

十紧　秦、延、泾、邠、陇、汾、隰、慈、唐、邓十州(中叶以后升紧望者甚多,此仅举初期而言)。

其余因人口之多寡而有上、中、下之别,《唐会要》七十载开元时敕云:"太平时久,户口日殷,宜以四万户以上为上州,二万五千户为中州,不满二万户为下州,其六雄、十望州、三辅等,及别敕同上州都督及畿内州并同上州,缘边州三万户已上为上州,二万户为中州，其亲王任中州、下州刺史者亦为上州，王去任后，仍旧。"刺史品位之高低亦因诸州等级不同而有差别焉。

诸县置县令。县之等级亦有高低之差别，开元时曾令"六千户以上为上县，三千户以上为中县，不满三千户为中下县。其赤畿望紧等县不限户数并为上县，去京五百里内并缘边州县户五千以上亦为上县，二千以上为中县，一千以上为中下县"。

他若都督都护节度使诸官，已略见上文，不赘述矣。

第五节　唐代疆域之扩张及羁縻州县之建置

自五胡乱起，汉族迭被压迫，华夏旧壤岌岌不能瓦全，历东晋、南北朝诸代，渡江之人士保守一方，固不得发展，而留居北土者尤横遭蹂躏，其间二百余年实为汉族受他族压迫最烈之时代也。隋室统一之后，炀帝虽有开扩之心，然其功竟不就；直至唐初，汉民族始能扬眉吐气，一洗向日之耻辱焉！

唐初倡义晋阳，尝受突厥助援，其人每恃功骄蹶，小有不遂，辄为边患。太宗力事征讨，遂于贞观四年擒其可汗颉利，分其地为六州，置定襄、云中二都督府以统之。颉利既虏，其别部车鼻可汗继起，永徽初，高侃远征，遂追执车鼻，而分其地为狼山、桑乾、金微、新黎等十都督府及苏龙、仙萼等二十二州，悉部于单于、瀚海二都护府，即以其降酋为都督刺史，分统其众。武后以降，叛服不常，开元时遂尽平之。

贞观十四年，高昌不庭，乃平其地为安西都护府。及西突厥叶护阿史那贺鲁率众内附，因使居安西诸地。高宗初，贺鲁以府叛；显庆二年，苏定方率大军西征，擒贺鲁归京师，遂尽定其地，乃分置濛池、崑陵二都护府,并析其部落为匐廷、嗢鹿、絜山、盐泊、双河、鹰娑诸都督府,而其役属诸胡国,亦皆分置州县。龙朔元年,西域诸国遣使内属,乃使王名远为吐火罗道置州、县使,于是自于阗以西,波斯以东凡十六国,以其王都为都督府,其国土各分置州、县,建都督府十六,州八十,县一百一十,军府一百二十六。十六都督府者:月氏(吐火罗国置)、大汗(咪达部落置)、条枝(诃达罗支国置)、天马(解苏国置)、高附(骨咄施国置)、修鲜(罽宾国置)、写凤(失范延国置)、悦般州(石汗那国置)、奇沙州(护特犍国置)、姑默州(怛没国置)、旅獒州(乌拉喝国置)、昆墟州(多勒建国置)、至拔州(俱密国置)、乌飞州(护密多国置)、王庭州(久越得建国置)、波斯(波斯国置)也。名远更于吐火罗立碑纪功,唐之西陲遂远抵于今波斯矣。

塞北自突厥、颉利灭后,薛延陀、回纥等崛起。贞观中,遣李勣北讨,尽灭薛延陀;而回纥、铁勒等部遂相率来归,请置唐官,太宗乃于其地分置瀚海、燕然、金微、幽陵、龟林、卢山六都督府,皋兰等七州,而以其酋长为都督、刺史;复于突厥、回纥之间,广置邮驿,开辟"参天可汗道",以为入贡之路。天可汗者,西北诸番所上太宗之尊号也。故太宗赐诸蕃玺书,皆称皇帝天可汗,诸番建立君长,亦必待天可汗册封,唐室实际已为诸族之宗主国矣。

高丽远处辽东塞外,久不内附,隋炀帝累加征讨,不惟未能平复,且因远征而引起国内之骚扰。太宗时,尝大举出师,亦未底定。至总章初,李绩东征,始夷其地,分置新城、辽城、哥勿、卫乐、舍利、居素、越喜、去旦、建安等九州都督府,及四十二州,百县,复于平壤城置安东都护府以统之。东边自此大定。

唐自武德、贞观之时,国威大振,四夷宾服;高宗而后,远征之师犹时出没于异域之地。自波斯以至东海,其间立国盖亦数十,或畏威来归,或用兵征服,莫不称臣纳贡,唐室因就此诸族之故地,建置都督府及州、县以治理之,此类府、州总称之曰羁縻州。羁縻州者,虽有州、县之名称,而刺史、县令皆以其酋长渠魁为之,其内部之行政中央殆少加以过问,后世之土司制度仿佛似之。吾人略推究此等羁縻州之名称属隶,即可略见唐人对外疆土扩张之情形,固无容琐琐言其征伐降附之故事也。

关内道

  夏州都督府 辖突厥州四,府一;回纥州五,府四;吐谷浑州一;

  单于都护府 辖突厥州十二,府三;

  安北都护府 辖突厥州三,府一;回纥州七,府五;

  灵州都督府 辖回纥州六;党项州二十八,府十二;

  庆州都督府 辖党项州二十三,府二;

  延州都督府 辖吐谷浑州一。

河北道

  幽州都督府 辖突厥州二;奚州九,府一;契丹州十七,府一;靺鞨州三,府三;降胡州一;

  安东都督府 辖高丽降户州十四,府九。

陇右道

  凉州都督府 辖突厥州一,府一;回纥州三,府一;吐谷浑州一;

  北庭都督府 辖突厥州二,府二十六;

  秦州都督府 辖党项州一;

  临州都督府 辖党项州一;

松州都督府　辖党项州七十一,府一(别有二十四州未知所属);

安西都护府　辖四镇都督府州三十四;河西内属诸胡州十二,府二;西域州七十二,府十六。

剑南道

松州都督府　辖诸羌州四;

茂州都督府　辖诸羌州三十九;

嶲州都督府　辖诸羌州十六;

雅州都督府　辖诸羌州四十七;

黎州都督府　辖诸羌州五十二;

戎州都督府　辖诸蛮州六十四;

姚州都督府　辖诸蛮州十三;

泸州都督府　辖诸蛮州十四。

江南道

黔州都督府　辖诸蛮州五十一。

岭南道

桂州都督府　辖诸蛮州七;

邕州都督府　辖诸蛮州二十六;

安南都护府　辖诸蛮州四十一;

峰州都护府　辖蜀爨蛮州十八。

天宝末叶,安禄山反于范阳,直犯京畿,玄宗仓皇奔蜀,中原乱离,几至不可收拾,边庭诸蛮夷殆已无暇羁縻,守边将士多被召还,降夷渐叛,贞观、显庆之功弃矣!其时吐蕃、南诏等皆乘隙寻衅,陇西、剑南迭陷名城,故所谓羁縻州者仅略具其名称于职方之臣而已。

吐蕃于贞观、永徽之时,已频窥边境,唐室虽尝遣兵远征,惜多未克奏肤功。其后房势渐强,陇西、河西诸节度之建置,莫不因防御吐蕃而设。及安、史乱起,西兵东还,边圉不固,吐蕃因乘隙深入,于是凤翔之西,邠州之北,尽为番戎之境矣。宝应之后,陇右尽没,帝都长安亦尝被其陷落,祸难益深。会昌而后,其国内稍乱离,始渐息兵革。咸通中,沙州张潮义奉甘、瓜等州归国,秦、渭诸州亦相继收复,然唐室力弱,已不能再事开扩矣。

南诏处剑南塞外,高宗时尝来朝入贡,其后边臣苛扰,遂激叛离。天宝时,杨国忠执政,征兵远征,宇内骚然。安史乱后,更深入剑南,陷安南府,后虽收复故地,而唐室已大困矣。

本章重要参考书:

杜佑:《通典》。
李吉甫:《元和郡县志》。
王溥:《唐会要》。
《旧唐书》。
《新唐书》。

第十八章 五代割据时期疆域概述

第一节 五代递嬗期间中原疆域之演变

唐自中叶以后,藩镇日强,割州据土者比比皆是,中央政府兵弱政衰,力不足以征服,亦遂听其自然。及黄巢倡乱,而唐室益微,于是藩镇愈强,擅命者亦日多矣。巢将有朱温者,以同州来降,即使节度宣武,处于汴、宋之间,温拥雄兵,据要地,因乘隙入执政柄,遂弑昭宗废昭宣帝,称帝于开封(梁都开封改洛阳为西都),而唐祚告终矣。温虽称帝号,而辖地不广,力所及者仅六道而已。

关内道　雍、华、同、崇、商、邠、宁、庆、鄜、坊、丹、延、灵、盐、夏、绥、银、宥、衍诸州,岐、陇、泾、原、武诸州别隶李茂贞,府、麟二州属晋(后唐)。

河南道　洛、汝、陕、虢、滑、郑、颍、许、陈、蔡、汴、宋、亳、徐、宿、郓、齐、曹、濮、青、淄、登、莱、棣、兖、沂、密、辉诸州,海、泗、濠诸州属吴。

河东道　蒲、晋、绛诸州,慈、隰、并、汾、沁、辽、岚、宪、石、忻、代、云、朔、蔚、潞、泽、应诸州属晋(后唐)。

河北道　孟、怀、魏、博、相、卫、贝、澶、邢、洺、惠、镇、冀、深、赵、定、祁、易诸州,沧、景、德、幽、涿、瀛、莫、平、妫、檀、蓟、营、儒、顺、新、武诸州属燕。

山南道　襄、泌、随、邓、均、房、复、郢诸州,峡、归、夔、忠、涪、万、金及旧山南西道诸州属前蜀,澧、朗属楚,荆属南平。

淮南道　仅有安、申二州,扬、楚、滁、和、寿、庐、舒、光、蕲、黄诸州属吴。

后梁势力所及者仅此六道,犹多非全土,是时与梁并立者十国,南有吴、吴越、荆南、楚、闽、南汉,西有岐、前蜀,北有燕、唐(时称晋),其疆土"西至泾、渭,南逾江、汉,北据河,东滨海"(顾祖禹语)。所辖者仅七十八州而已。

后唐起自河东,东平燕人,取瀛、莫以北诸州,遂定幽、蓟之地,复南下灭梁。初庄宗即位,以魏州为东都,号兴唐府;以镇州为北都,号真定府;太原为西都,及灭梁后,迁都洛阳,号为东都,因以长安为西都,太原改为北都,而魏州、镇州如故。同光后,称洛阳为兴唐府,魏州别号邺都;天成以后,废邺都,仅西北东三都存焉。其疆域较梁略广,兼有九道之地:

关内道　得梁人故土,兼取岐李茂贞诸州。

河东道　取梁人蒲、晋、绛三州后,尽有全道。

河北道　灭梁后,尽有全道,后陷营、平二州于契丹。

山南道　得梁旧土;同光时,复灭前蜀王氏,尽取巴、蜀诸地。其后孟知祥以两川叛,归、峡二州又为荆南取去,后唐所余者金、凤二州而已。

陇右道　破前蜀后,得秦、阶诸州。

剑南道　破前蜀后,尽取其地,其后为孟知祥所据。

江南道　破前蜀得黔、施诸州,后入后蜀。

七道之外,河南、淮南二道则仍因梁人旧土,未有增损。唐自灭燕臣

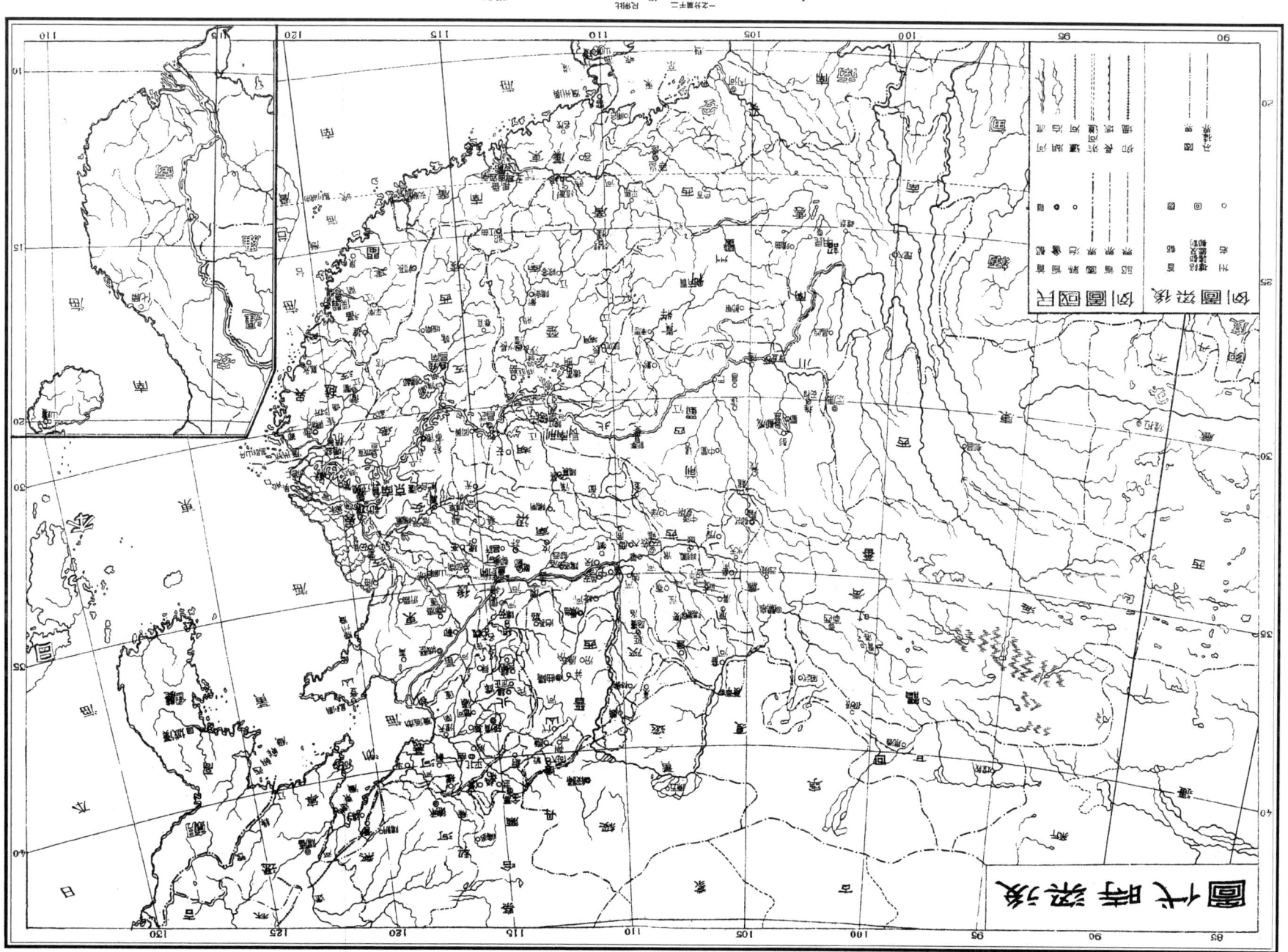

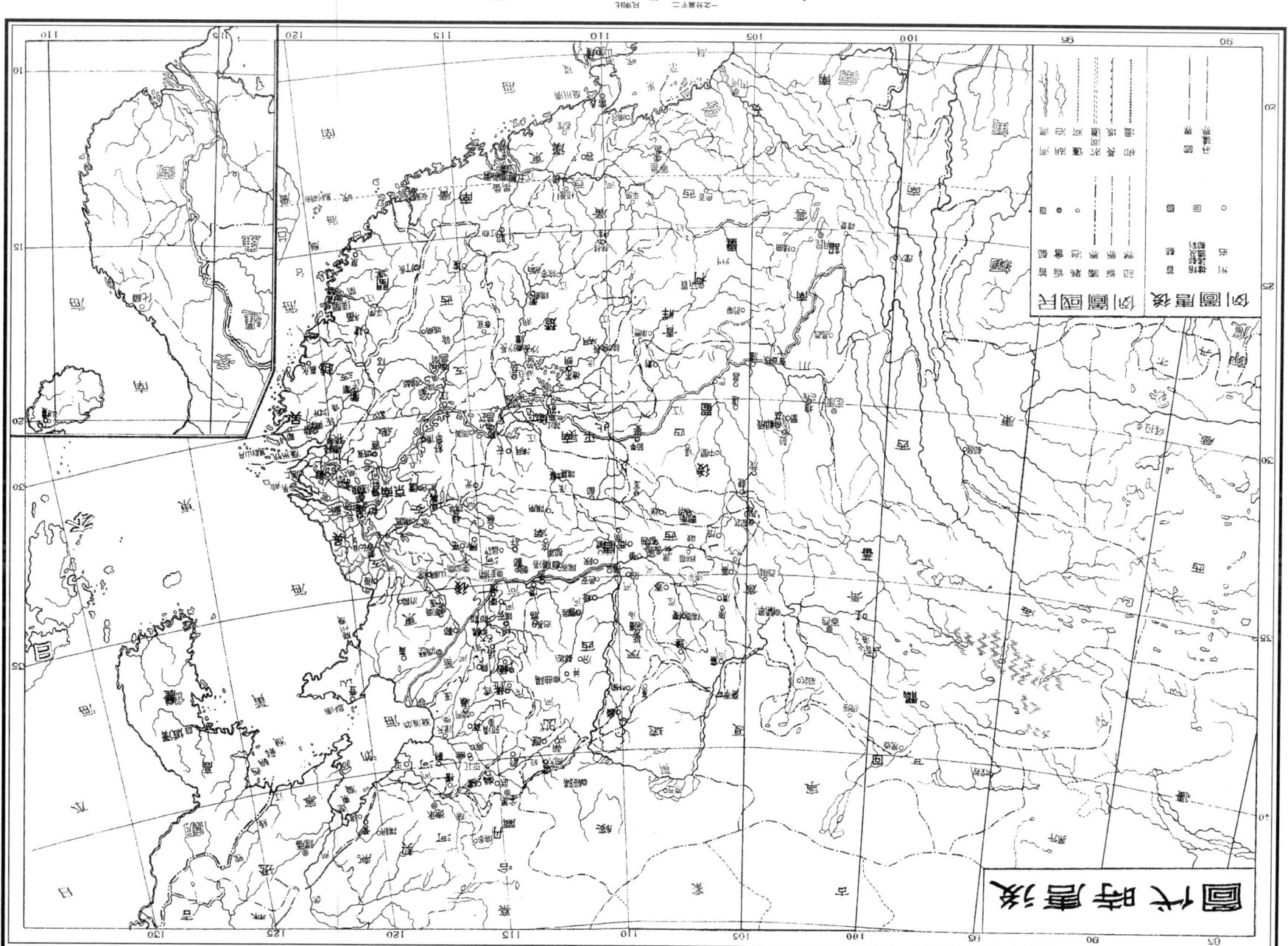

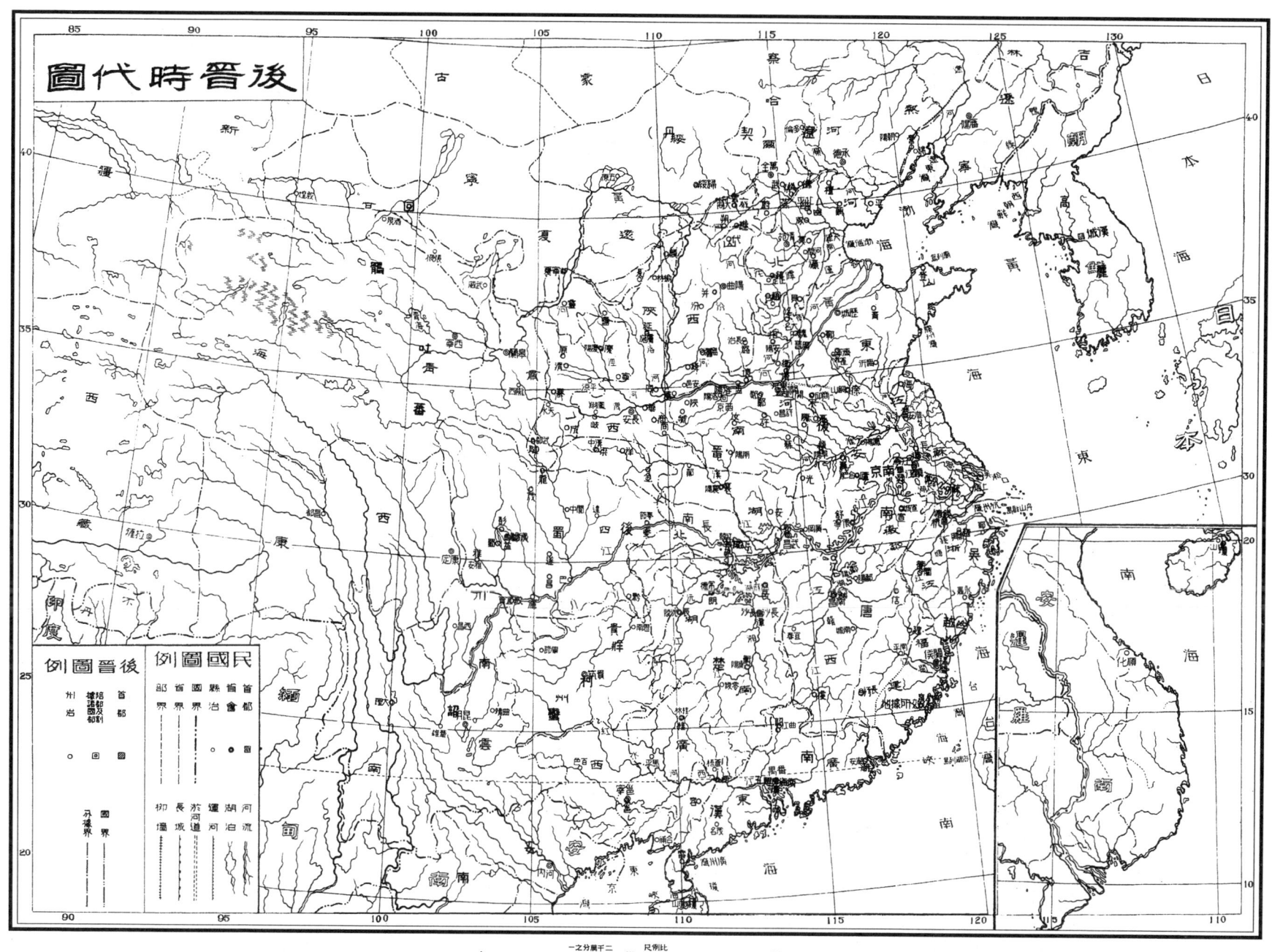

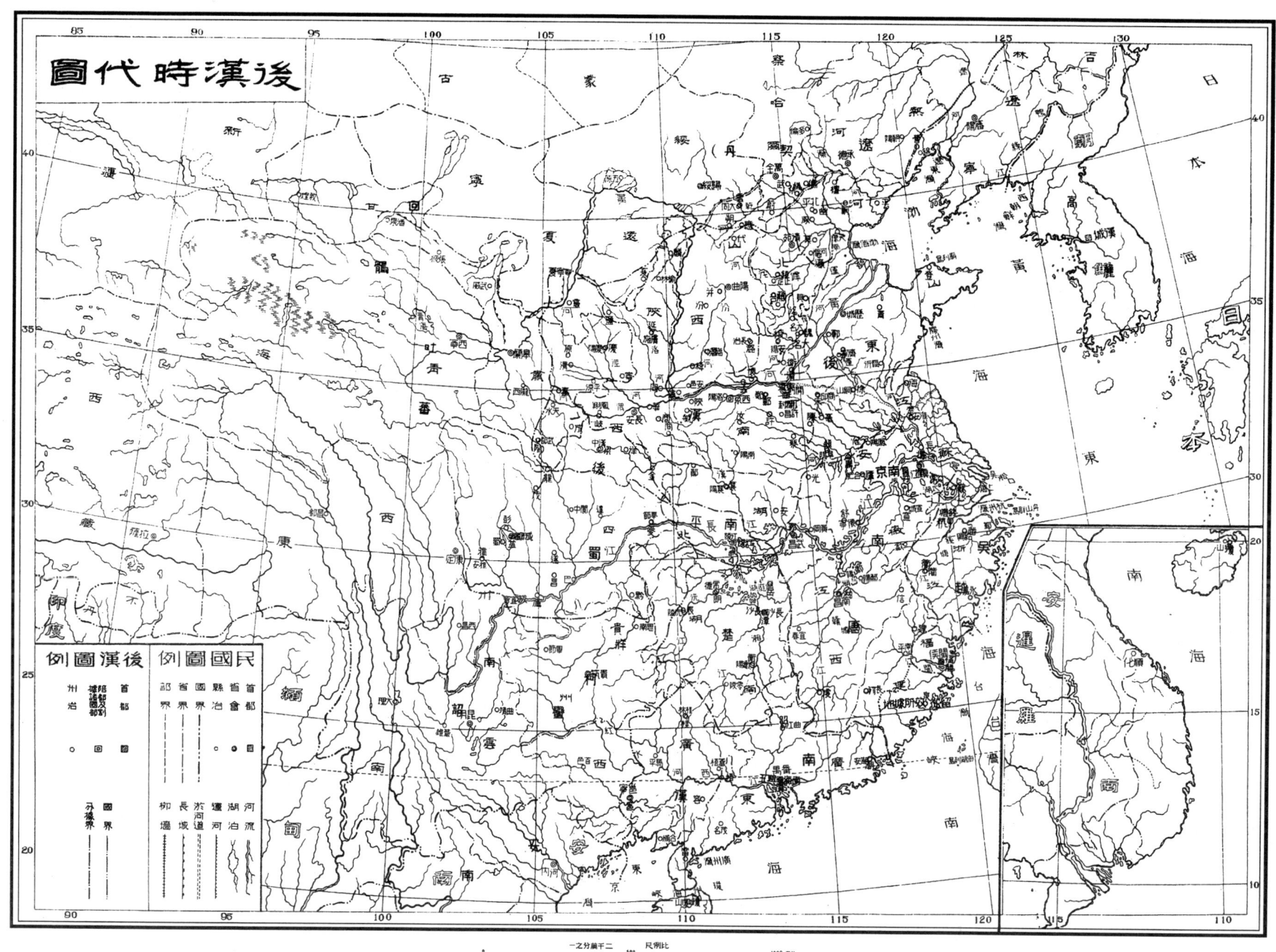

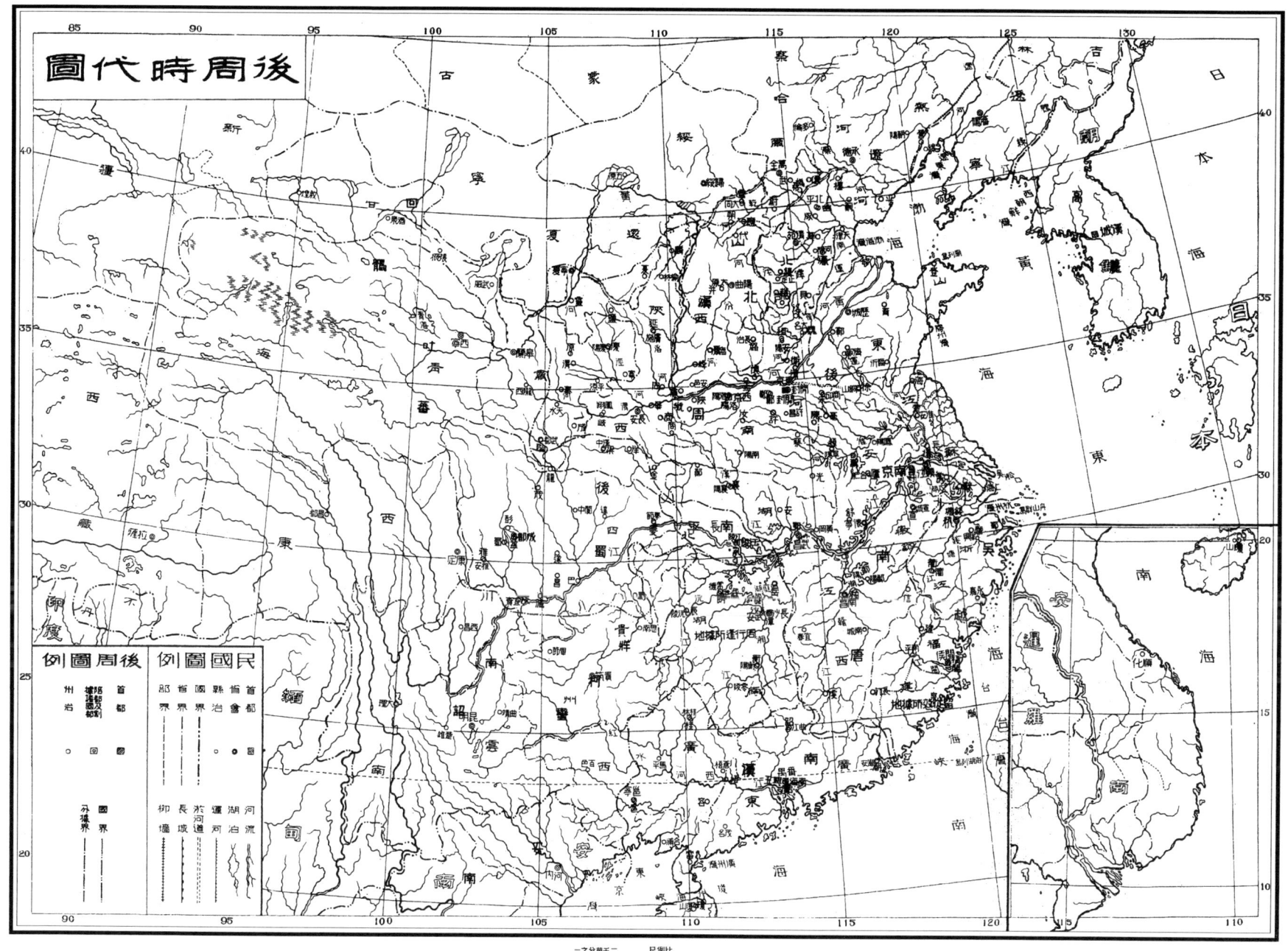

岐,破西蜀后,仅余吴、吴越、南平(荆南)楚、闽、南汉诸国,及孟知祥以蜀地称王,与唐共为八国,其时"东际于海,南至淮、汉,西逾秦、陇,北尽燕、代,皆唐境也"(顾祖禹语)。共得州一百二十有三。

石晋亦起河东,借契丹之力灭唐称帝。依梁旧制,建都开封,仍称洛阳为西京,而邺都则改号广晋府。席唐人旧土,疆域未增。晋既借契丹助力,故称帝后,即以幽、燕十六州为赂。十六州者:幽、涿、蓟、檀、顺、瀛、莫、朔、蔚、云、应、新、妫、儒、武、寰是也(此十六州之名,见《通鉴》及《辽史·太宗纪》,《辽史·地理志总序》则黜瀛、莫而进营、平,然营、平二州后唐时即为北人取去,当不能俟石晋始割也)。此十六州自石晋断送之后,虽经周世宗取回瀛、莫二州,而其余竟久沦异族。石氏共有百零九州,盖于割十六州之外,又取蜀人之金州,别于关内道增建威州也。是时吴臣徐知诰(李昪)称帝,改号南唐;与石氏并立者仍七国也。

石晋初借契丹之力,以取天下,及得势后又失和好,于是契丹乃屡侵边境,后入开封执晋主而去。晋河东节度刘知远乘隙取河南地,于开封称帝,号曰汉。刘汉建都与石晋相同,惟邺都改号大名耳。汉之疆土概因石氏之旧,惟后蜀孟氏侵取秦、凤、成、阶诸州,较前朝遂有逊色。朱梁之外,据中原者以刘汉疆域为最小,力所及者,仅百六州而已。晋末南唐已灭闽,故刘汉而外割据者尚有六国。

后周郭威初为刘汉天雄节度举兵入汴,代汉称帝,世宗及位,屡兴兵戎,西伐后蜀,得秦、凤、阶、成诸州,复唐、晋二朝故土;南伐南唐,取江北各地,于是唐故河南、淮南二道全境皆入于周;北征契丹,夺归瀛、莫二州,略洗石氏以来之耻辱。惟河东并、汾等十州入于北汉,略减雄声耳。然其域内仍有州百一十八。(《宋史·地理志序》:"太祖受周禅,初有州百一十一,县六百三十八。")五代之中,犹不失为大国也。广顺初南唐灭楚马氏,尽徙其族于金陵,其地为周行逢所据,刘旻自立于太原,与周并治者仍七国也。

第二节　十国之割据与此期疆域之变迁

自唐室丧乱,五季迭兴,相继称帝于汴、洛之间,而其统御之域,又皆不过中原一方;若江南、岭南、剑南、河东各地,自唐末即为藩镇所据,或攫地数州,或窃处一道,皆称帝王以自娱,其间盖有吴、南唐、前蜀、后蜀、南汉、楚、吴越、闽、南平、北汉等十国,其疆域之广狭可得而论述焉。

国名	建都	属道	辖州	备考
吴	江都	河南道	海、泗、濠。	石晋天福二年为李昪所篡。本表所列诸州,概以欧《史·职方考》为准。
		淮南道	扬、楚、滁、和、寿、庐、舒、光、蕲、黄、泰。	
		江南道	润、昇、常、宣、歙、池、洪、江、鄂、饶、虔、吉、袁、信、抚。	
南唐	江宁	河南道	海、濠、泗。	周显德五年,江北地尽入于周,以江为界,南唐去帝号,称江南国主;及宋开宝八年为宋所灭。《职方考》云"自江以下二十一州为南唐",盖以周末为准。其泉、漳二州,为留从效所据,南唐仅羁縻之,后直降于宋。《宋史·地理志序》称"平江南,得州一十九,军三,县一百八"。
		淮南道	与吴同。	
		江南道	润、昇、常、建、泉、剑、漳、汀、宣、歙、池、洪、江鄂、饶、虔、吉、袁、信、抚、筠。	

前蜀	成都	山南道	峡、归、夔、忠、万、涪、金、梁、洋、利、凤、兴、成、文、集、壁、巴、蓬、通、开、阆、果、渠。	《欧史·职方考》前蜀凡有五十六州。然《薛史·唐庄宗纪》七则云"同光三年,蜀平,得节度州十,郡六十四,县二百四十九",与欧《史》异。
		陇右道	秦、阶。	
		江南道	黔、施。	
		剑南道	益、彭、蜀、汉、嘉、眉、邛、简、资、雅、黎、茂、维、戎、梓、遂、绵、剑、合、龙、普、渝、陵、荣、昌、泸。	
后蜀	成都	山南道	夔、忠、涪、万、梁、洋、利、兴、文、集、壁、巴、蓬、通、开、阆、果、渠。	欧《史·职方考》载后蜀属州四十九,《序》称有四十六州。《宋史·地理志序》"乾德三年平蜀,得州、府四十六县一百九十八";《宋史·太祖纪》则作四十五州;《续资治通鉴长编》六、《玉海》十四、《通考·舆地考》皆同《地理志》。《地理志》无衡、潭、澧、通四州,别有达州。
		江南道	江南、剑南二道。	
		剑南道	皆与前蜀同。	
南汉	南海	江南道	郴。	欧《史·职方考》南汉有州四十七(《考》误载化州)。《宋史·地理志序》:"平广南,得州六十,县二百一十四。"《地理志》
		岭南道	广、英、韶、雄、惠、连、康、泷、端、新、封、潘、春、勤、罗、辨、高、恩、雷、崖、	

			琼、万、安、邕、儋、宾、横、浔、钦、象、藤、宜、桂、梧、贺、柳、富、昭、蒙、严、融、容、白、郁、林、窦、廉、化。	无郴、泷、恩诸州,而有潮、循、忍、恭、思唐、澄、贵、蛮、牢、党、绣、禺、义、顺、振、龙诸州。
楚	长沙	山南道	朗、澧。	欧《史·职方考》:"自湖南北十州为楚。"《宋史·地理志》"平湖南,得州一十五,监一,县六十六",《志》多郴、全、奖、锦、溪五州。《宋史·太祖纪》作十四州。
		江南道	岳、潭、衡、永、道、邵、辰、叙。	
吴越	钱塘	江南道	苏、秀、湖、杭、睦、越、明、衢、处、婺、温、台、福。	《宋史·地理志》:"钱俶入朝,得州十三,军一,县八十六。"
闽	闽	江南道	建、福、泉、汀、漳。	石晋开运二年,南唐灭闽,取其建、泉、汀、漳诸州,福州入于吴越。
南平	江陵	山南道	荆、峡、归。	《宋史·地理志》:"建隆四年,取荆南,得州、府三,县一十七。"
北汉	太原	关内道	麟。	《宋史·地理志》:"太平兴国十四年,平太原,得州十,军一,县四十。"《志》有隆州无麟州。
		河东道	并、汾、沁、辽、岚、宪、石、忻、代。	

上表所列,乃史家所谓十国是也。然其时割据者河北尚有刘仁恭,关内有李茂贞。仁恭称燕,茂贞号岐,传国不久,皆为后唐所夷灭,故阙而不论焉。

自五季乱离,疆土割裂,日甚一日,而职方之臣疏于记述,故仅得其大较,详情颇难备知。宋初平诸国,所得州县户口咸有记载,虽所述略有不同，亦可略知其疆域损益之概况。今请以《宋史·地理志》为据，《志序》言平灭诸国后所得州县户口云：

国　　名	州　府	军　监	县	户
周	一一一		六三八	九六七、三五三
荆南（南平）	三		一七	一四二、三〇〇
湖南（楚）	一五	监一	六六	九七、三八八
蜀（后蜀）	四六		一九八	五三四、〇三九
广南（汉）	六〇		二一四	一七〇、二六三
江南（南唐）	一九	军三	一〇八	六五五、〇六五
陈洪进	二		一四	一五一、九七八
吴越	一三	军一	八六	五五〇、六八四
北汉	一〇	军一	四〇	三五、二二五
共　　计	二七九	军五监一	一、三八一	三、三〇四、二九五

吾人持此数与《新唐书·地理志》所载开元二十八年户部之数字相较，其差殊可惊人，盖《新唐·志》所言开元二十八年之时，"凡郡（州）府三百二十有八，县千五百七十三，户八百四十一万二千八百七十一"也。吾人试推求此差异之原因，固不外国内兵争不息，国外异族内侵也。国内长期之战争，致使人民涂炭，遂令户口数字锐减。国外异族屡次内侵，而土地因之以陷失，其最著者，即石晋赂契丹以十六州也。又如唐代关内、陇右二道，辖地广阔，远至安西、北庭之地；五季之时，关内诸州已有丧失，而陇右内属者仅秦、渭、阶诸州而已。若剑南、松、当诸州已渐变为化外，疆土之损失如此之甚，国内兵争如此之烈，毋怪州、府户口数字相差若斯之多也。

本章重要参考书：

《旧唐书》。
《新唐书》。

《旧五代史》。
《新五代史》。
《宋史》。
王溥:《五代会要》。
乐史:《太平寰宇记》。

第十九章 宋代疆域概述

第一节 北宋之疆域区划及其制度

宋太祖初受周禅,承五季之后,割据者尚多,太祖努力削平,巴、蜀、荆、湖、江南、广南渐次内属。太宗继之,而陈洪进、钱俶等相继献地入朝,及平北汉,宇内乃复归于一统,五十余年之分裂局面,至此遂告一段落焉。

宋初力平群雄,疆域制置少有顾及,太宗平诸国后,乃因唐之旧道而略事改革,遂有十三道之名,十三道者:

河南 关西 河东 河北 剑南西 剑南东 江南东

江南西 淮南 山南西 山南东 陇右 岭南

其区划已与唐制异矣。自唐末乱离,藩镇财赋多不上之中央,宋太祖惩其积弊,自乾德以后,乃创置诸道转运使,以掌握地方之财赋。太平兴国二年复尽除节度使所辖支郡,"自是而后,边防、盗贼、刑讼、金谷按廉之任,皆委于转运使,又节次以天下土地形势,俾之分路而治矣。继增转运使判官,以京官为之,于是转运使于一路之事无所不总"(《文献通考》六十一《职官考》引吕祖谦语)。转运使自此实际已成一道之长官矣。转运使或辖水路或司陆路,路之名称盖始于此；及转运使实际为地方大员，而路亦因之变为具体之行政区划，遂取道之名称而代之矣。

宋代因袭道之名称，远至淳化之时，《宋史·职官志》："淳化四年……又分天下为十道，曰：河南、河东、关西、剑南、淮南、江南东西、两浙、广南。"(《宋史》此处仅言九道，据《玉海》一八六尚关河北道。)此十道之制度次年即罢，故淳化五年为实际废除道名之时也。然路成为具体之区划实远在太宗初年，太平兴国四年有二十一路，七年又有十九路，端拱二年有十七路，淳化三年有十六路，其建置皆在淳化五年以前，是宋初"道"、"路"二名并存，宋人之路制，盖略似于唐道，非尽因旧制也。

宋初诸路，分合不一，至道三年始定天下为十五路，十五路之名见诸《续资治通鉴长编》四二：

京东　京西　河北　河东　陕西　淮南　江南　荆湖南　荆湖北　两浙　福建　西川　陕（峡）　广南东　广南西

其后又屡经分析，至元丰末遂至二十三路，二十三路者，京东、河北、淮南、江南各别为东西，京西分为南北，陕西析为永兴、秦凤，西川、峡改为成都、梓州、利州、夔州也。吾人即依此二十三路之制度，列其时之详细区划如下：

路名	属府	属州	属军	属监
开封府（东京）				
京东东路		齐、青、密、沂、登、莱、潍、淄。	淮阳。	
京东西路	应天（南京）	兖、徐、曹、郓、济、单、濮。		
京西南路		襄、邓、随、金、房、均、郢、唐。		

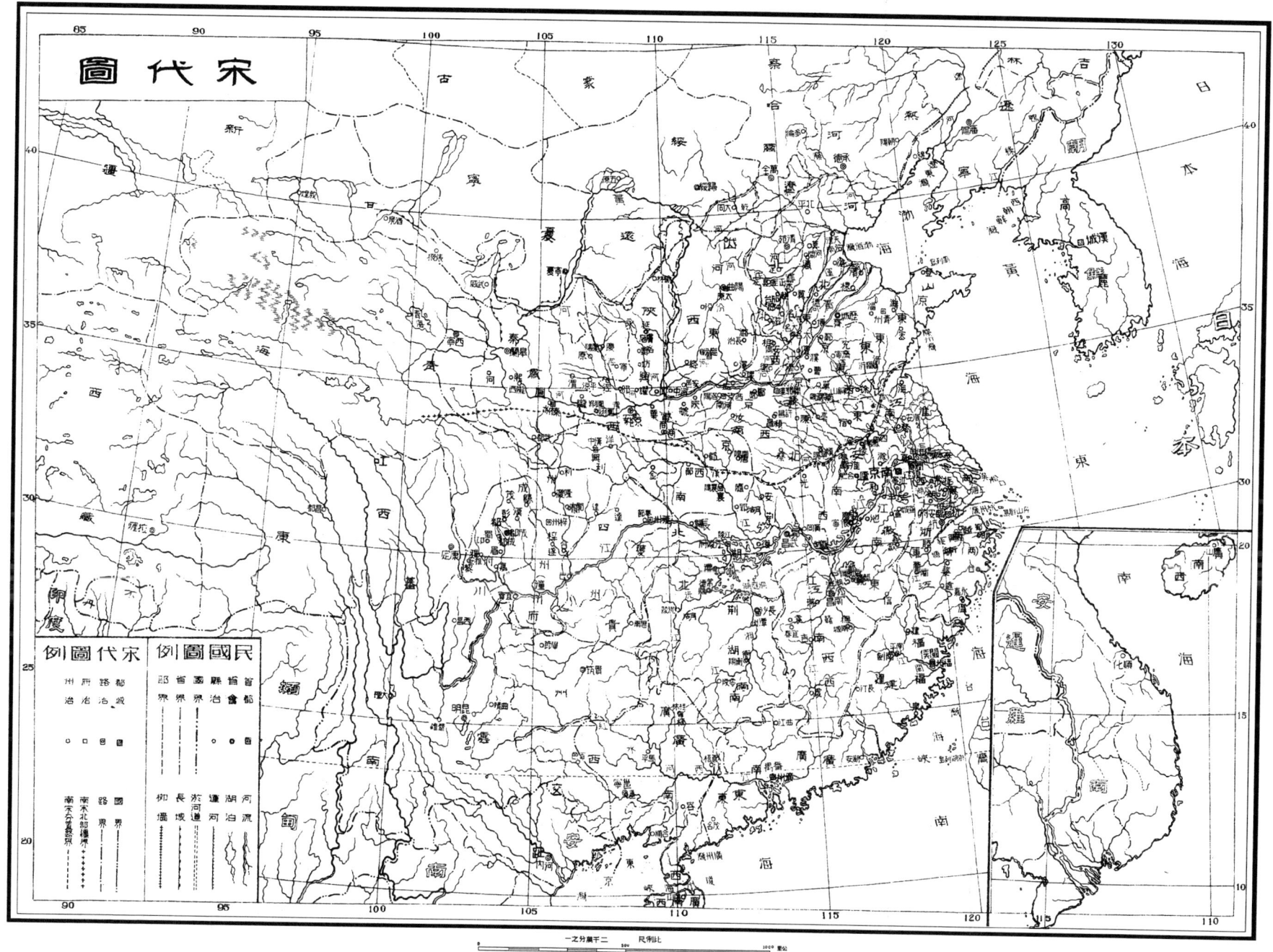

京西北路	河南(西京)颖昌	郑、滑、孟、蔡、陈、颖、汝。	信阳。
河北东路	大名(北京)	澶、沧、冀、瀛、博、棣、莫、雄、霸、德、滨、恩。	永静、乾宁、信安、保定。
河北西路	真定	相、定、邢、怀、卫、沼、深、磁、祁、赵、保。	安肃、永宁、广信、顺安。
河东路	太原	潞、晋、绛、泽、代、忻、汾、辽、宪、岚、石、隰、麟、府、丰。	威胜、平定、岢岚、宁化、火山、保德。
永兴军路	京兆、河中	解、陕、商、虢、同、华、耀、延、鄜、坊、庆、环、邠、宁、丹。	保安。
秦凤路	凤翔	秦、陇、成、凤、阶、渭、泾、原、熙、河、岷、兰。	德顺、镇戎、通远。
两浙路		杭、越、苏、润、湖、婺、明、温、台、处、衢、睦、秀、常。	
淮南东路		扬、亳、宿、楚、海、泰、泗、滁、真、通。	
淮南西路		寿、庐、蕲、和、舒、濠、光、黄。	无为。
江南东路	江宁	宣、歙、池、江、饶、信、太平。	广德、南康。
江南西路		洪、虔、吉、袁、抚、筠。	兴国、南安、临江、建昌。

荆湖北路	江陵	鄂、安、复、鼎、澧、峡、岳、归、辰、沅、诚。		
荆湖南路		潭、衡、道、永、郴、邵、全。		桂阳
福建路		福、建、泉、南剑、漳、汀。	邵武、兴化。	
成都府路	成都	眉、蜀、彭、绵、汉、嘉、邛、简、黎、雅、茂、威。		陵井
梓州路		梓、遂、果、资、普、昌、戎、泸、合、荣、渠。	怀安、广安。	富顺
利州路	兴元	利、洋、阆、剑、巴、文、兴、蓬、龙。		
夔州路		夔、黔、施、忠、万、达、涪、渝、开。	云安、梁山、南平。	大宁
广南东路		广、韶、循、潮、连、梅、南雄、英、贺、封、端、新、康、南恩、惠。		
广南西路		桂、容、邕、融、象、昭、梧、藤、龚、浔、柳、贵、宜、宾、横、化、高、雷、钦、白、郁林、廉、琼。	昌化、万安、朱崖。	

其时之疆域："东南际海，西尽巴、僰，北极三关。"（《宋史·地理志》）而全国共有府十四，州二百四十二，军三十七，监四，县一千

二百三十五(《元丰九域志》)。

宋代路制除转运司所辖之路外,尚有经略安抚司等所辖者,转运司路即普通政治区划也。若经略安抚司之路则专为军事而设,非常制也,陕西六路(秦凤、泾原、环庆、鄜延、永兴军、熙河)。河北四路(大名府、高阳关、真定府、定州)皆是也。其与政治区划之关系无多,故略而不论。

五代之时,初行军监制度,各军监皆不辖县而隶属于州府。宋代则军监有统县者,亦有不统县者,其统县者隶于路,不统县者则属于府、州。府、州下统军监诸县,而上属之于路;县则除隶府、州、军监之外,亦有直隶于京师者,利州之三原县,盖其一也。

宋初因后周之制,分建东西二京,东京开封府,西京河南府,而开封则为帝都所在;其后又分建南北二京,合为四京。北京大名府,乃五代时旧制;南京应天府,本称宋州,太祖尝为节度于此,乃兴王之处,发祥之地,故亦建为陪都,以示不忘本也。

第二节　宋室南渡后之疆域

北宋数苦辽人侵略,乃联金灭辽。辽亡而金转盛,小有嫌猜,遂尔失和,金因大举入寇,幹离不自燕山入河北,粘没喝自云中寇河东,宋之封疆大吏相率弃城遁归,金人乃长驱而渡黄河。敌兵既压境,庙堂之上和战大计犹未确定,金人攻于外,而宋之君臣议于内,战既不力,和亦不坚,守事亦不备,于是金人乃陷汴京,掳徽、钦北去。

汴京既破,高宗即帝位于南京,是时臣宰或劝返都,或劝幸关中,或乞趋襄、邓,而黄潜善、汪伯彦则力主南迁。计议未定,金人复至,于是乃仓卒渡江,金兵乘势尾追,江南北皆为蹂躏,迨金人北去,高宗乃还处临安,而偏安之局定矣。东晋以后,汉族至此再度南迁,中原诸地复沦于异族矣。

初,金人掳徽、钦,因立张邦昌为楚帝,使治宋故土;及高宗即位,邦昌来归,金复立宋知东平府刘豫为齐帝,使南向攻宋,借收"以华制华"之效。宋虽畏金人不敢与之争衡,而于刘豫则下诏讨伐,严兵备之。豫至不胜,金人亦知其无能,遂废之。

南宋诸将如岳飞、韩世忠辈,皆痛心国事,力主恢复,飞尝率兵出襄、邓,直下中原,两河豪杰,亦皆思南归,适刘锜败兀术于顺昌,吴璘败撒离喝于扶风,东西并举,士气大振,故国山河,光复有望,惜秦桧承高宗意力主和议,诸将之功力遂轻掷于虚牝。和议告成之后,淮北新得之地,复沦于金,其时高宗奉表金人谓:"臣构言,今来划疆,以淮水中流为界,西有唐、邓州割属上国,自邓州西四十里,并南六十里为界属邓,四十里外并西南,尽属光化军,为敝邑沿边州城。"(《宋史纪事本末》)自此之后,中原诸地不可复得矣。

《宋书·地理志序》:"高宗苍黄渡江,驻跸吴、会,中原陕右尽入于金,东划长、淮,西割商、秦之半,以散关为界;其所存者,两浙、两淮、江东西、湖南北、西蜀、福建、广东、广西十五路而已。"其时京西南路尚存襄阳府、随州、枣阳、光化军,仍称一路(南宋初,京西南路及荆湖北路有合为京湖路之称,非定制也)。是宋人所有者,尚有十六路也。建炎四年以后,合江南东西为一路;绍兴初复分。后因郑刚中之请,又分利州为东西二路,惟乾道四年即复合为一路(利州路此后尚数有分合,然究以合时为多),故南宋一代以十六路之时为最长久。此十六路之区划当如下表:

第十九章 宋代疆域概述

路名	属府	属州	属军	属监
两浙西路	临安（行在所）（杭州）、平江（苏州）、镇江（润州）、嘉兴（秀州）、建德（严州）。	安吉（湖）、常。	江阴。	
两浙东路	绍兴（越州）、庆元（明州）、瑞安（温州）。	婺、台、处、衢。		
江南东路	宁国（宣州）、建康（江宁府）。	徽（歙）、池、饶、信、太、平。	南康、广德。	
江南西路	隆兴（洪州）。	江、赣、吉、袁、抚、瑞（筠）。	兴国、南安、临江、建昌。	
淮南东路		扬、楚、海（建炎时入金，后为李全所据，景定后收复）、泰、泗（绍兴时入金，后收复）、滁、真（建炎三年入金，后收复）、通（建炎四年入金，后收复）、安东（涟水军）。	高邮、招信、淮安、清河。	
淮南西路	寿春（寿州）、安庆（舒州）。	庐、蕲、和、濠、蒋（光）、黄。	六安、无为（建炎二年入金，寻复）、怀远、镇巢、安丰。	

荆湖南路	宝庆(邵州)。	潭、衡、道、永、郴、全。	茶陵、桂阳(故监)、武冈。
荆湖北路	江陵、德安(安州)、常德(鼎州)。	鄂、复、澧、峡、岳、归、辰、沅、靖。	荆门、寿昌、汉阳、信阳。
京西南路	襄阳。	随、房、均、郢。	光化、枣阳。
广南东路	英德(英州)、肇庆(端州)、德庆(康州)。	广、韶、循、连、潮、梅、南雄、封、新、南恩、惠。	
广南西路	静江(桂州)、庆远(宜州)。	容、邕、融、象、昭、梧、藤、浔、柳、贵、宾、横、化、高、雷、钦、郁林、廉、琼、贺。	南宁(昌化)、万安、吉阳。
福建路	建宁(建州)。	福、泉、南剑、漳、汀。	邵武、兴化。
成都府路	成都、崇庆(蜀州)、嘉定(嘉州)。	眉、彭、绵、汉、邛、简、黎、雅、茂、威、隆(仙井监)。	永康、石泉。
潼川府路	潼川(梓州)、遂宁(遂州)、顺庆(果州)。	资、昌、普、叙(戎)、江安(泸)、合、荣、渠。	长宁、怀安、宁西(广安)。 富顺。
夔州路	绍庆(黔州)、咸淳(忠州)、重庆(恭州)。	夔、施、万、开、达、涪、思、播。	云安、梁山、南平。 大宁。
利州路	兴元、隆庆(剑州)、同庆(成州)。	利、洋、阆、巴、沔(兴)、蓬、政(龙)、金、阶、西和(岷)、凤。	大安、天水。

高宗绍兴末，金主亮大举南侵，直抵江浒，宋室几危；幸金主为其下弑于扬州，军无斗志，悉兵北归；宋人乘之，遂取唐、邓、海、泗、陈、蔡诸州，而吴璘亦将师下秦、陇、商、虢等地；讵枢密张浚调度失机，新得疆土遂复丧失矣。

蒙古崛起漠北，率兵南下，宋人乃联之以灭金，蒙古兵入蔡州，宋亦遣军取唐、邓二州，以垂亡之金启易方盛之蒙古，几何其不败事也！及宋人议取三京，遂肇兵衅，边境益无宁日，蒙古兵入临安，恭帝遂效徽、钦故事，长期北狩矣。

第三节　宋代地方行政制度

宋承唐后，分天下为诸府州军监，其下统辖诸县，而上属于各路。路置转运使，转运使之职本在理财，太平兴国之后，始兼理民刑。《宋史·职官志》称诸使"岁行所部，检举储积考帐籍，凡吏蠹民瘼悉条以上达，及专举刺官吏之事"。是已兼司监察之事矣。南渡而后，转运使之职掌虽略有变动，而其监察之责仍如汴京之旧，故《职官志》言中兴后之转运使，犹称其"间诣所部，则财用之丰欠，民情之休戚，官吏之勤惰，皆访问而奏陈之"也。

宋初欲尽革五季藩镇跋扈之患，乃于京师多建佳第美宅，赐诸镇节度居之，以为羁縻之计，务使摆脱各地政务而后已。诸府州之政务，则以文臣代守，此辈文臣皆以其京官本职临民，号权知军州，以其本非守臣，而使之知地方之事务也。其后二品以上及带中书枢密院宣徽使职出守地方者则称之曰判某府州军监，不及二品者仅为知州军事，因成定制。后世之知府、知州、知县诸名，皆肇始于此。

宋以前诸府皆置尹,宋初太宗为京尹,诸臣遂不敢复居其位,乃置权知府以司其事,其后京师虽亦间置府尹,然领其事者非亲王即太子也。其他诸府仍皆置权知府以治之,不称尹也。宋代诸府等第最上者为辅,其次则望、紧、上、中、中下、下,以此定其事之繁简与地位之高下也。

宋代各州皆置知州事一人,若古之刺史。其时各州共析为七等,辅、雄、望、紧、上、中、中下、下是也。较之唐代增中下一等。别有节度、防御、团练、刺史等州之名,则皆因唐而置;此四种阶级在唐代虽极重要,然在宋代则仅有其名称而无职任,特以为武臣迁转之次序,与实际之第等固无若何关系也。

军监之置官亦如府、州,惟其等第则略有不同,直隶于路之军与监,多比下州之地位;若属于府州者,虽亦置知某军事或置知某监事之官吏,然其地位已降与诸县等矣。

宋县置知县事一员,县有赤、畿、次赤、次畿、望、紧、上、中、中下、下十等,皆依其户之多少而为高下也。

本章重要参考书:

《宋史》。
乐史:《太平寰宇记》。
王存:《元丰九域志》。
欧阳忞:《舆地广记》。
王象之:《舆地纪胜》。
陈邦瞻:《宋史纪事本末》。
李焘:《续资治通鉴长编》。
张家驹:《宋代分路考》(《禹贡半月刊》第四卷第一期)。

第二十章　辽国疆域概述

辽人肇兴,远在唐代,唐初开扩土城,诸夷之降附者皆置州县以其酋长为刺史令长而羁縻之。幽州塞外有契丹种人者率其族内附,乃为置松漠都督府及诸羁縻州县以居之。唐中叶而后,中原乱离,无暇外顾,其种乃渐大,其酋有阿保机者,因并诸部,居于临潢,稍进而伸其势力于他族,于是北伐室韦、女真,西取突厥故地,并灭奚族。是时唐诸藩镇互方争长,闻契丹强大,朱温、李克用、刘守光等竞来结好,其势益盛,遂于梁贞明初,建国曰契丹,而称帝号焉。

阿保机既称帝号,遂东灭渤海,悉有其地,《辽史·地理志》所谓"得城邑之居百有三"也。朱梁、后唐之间,南取营、平二州;及石敬瑭称帝,以深借契丹之力,乃割幽、蓟、瀛、莫、涿、檀、顺、新、妫、儒、武、云、应、寰、朔、蔚十六州以献,而契丹之势南渐矣。

石晋天福二年,契丹主耶律德光改国号曰辽。晋帝石敬瑭既受契丹册立,故终其身事虏之礼甚恭;敬瑭逝后,晋之君臣以臣辽为辱,颇欲脱离关系,德光乃率师南下,虏晋帝而灭其国,中原之地备受胡骑蹂躏。然所得之地,终不能守,乃还师北去。

宋初议复石晋失土,然国力未强,故太宗两次出兵皆战败而归,辽人知宋兵不振,屡寇边境,易、定诸州,数被其祸。景德初辽兵大举南侵,真宗北幸澶渊以御之,缔约和好,两国自此以白沟河为界,其后虽仍数次南侵,疆界亦间有变迁,然白沟之分界,固仍为两国所重视也。

辽人以塞外胡虏,虽乘汉族积弱之时,挟其强弓硬弩,驰骋于幽、蓟之地,更立石晋为其保护之国,兵力之强,其时固无敢与争锋者,然其文化之低下,则又不可否认,其国制度率皆模仿汉人旧制,故其疆域之区划,亦以州、县为重。更仿唐制分建五京:

上京临潢府　太祖神册三年城之,名曰皇都;太宗天显十三年更名上都,府名临潢。

东京辽阳府　天显三年以东平郡为南京,十三年改曰东京,府曰辽阳。

中京大定府　圣宗统和二十五年置曰中京,府曰大定。

南京析津府　故唐幽州,会同元年为南京,府曰幽都,开泰元年,更为析津府。

西京大同府　故唐云州,兴宗重熙十三年建为西京,府曰大同。

辽既分置五京,复因五京而置五道,道亦称路,盖仿于宋制也。道之下设府、州、军、城,府、州之下复置州军城县;别有所谓头下军州者,盖辽人所创立之制度也。《辽史·地理志》:"头下军州,皆诸王、外戚、大臣及诸部从征俘掠,或置生口,各团集建州、县以居之。横帐诸王、国舅、公主许创立州城,自余不得建城郭。朝廷赐州、县额,其节度使朝廷命之,刺史以下皆以本主部曲充焉。官位九品之下及井邑、商贾之家,征税各归头下,惟酒税课纳上京盐铁司。"是头下军州乃诸将之战利品,与夫王公、大臣、公主之食邑也。

辽国之幅员据《地理志》所言,则西起金山,暨于流沙,北至胪朐河,南至白沟,东渐于海,亦朔方之大国也。其间置京五,府六,州军城百五十有六,县二百有九,其名称隶属略具于下(下表所载仅直隶于道者):

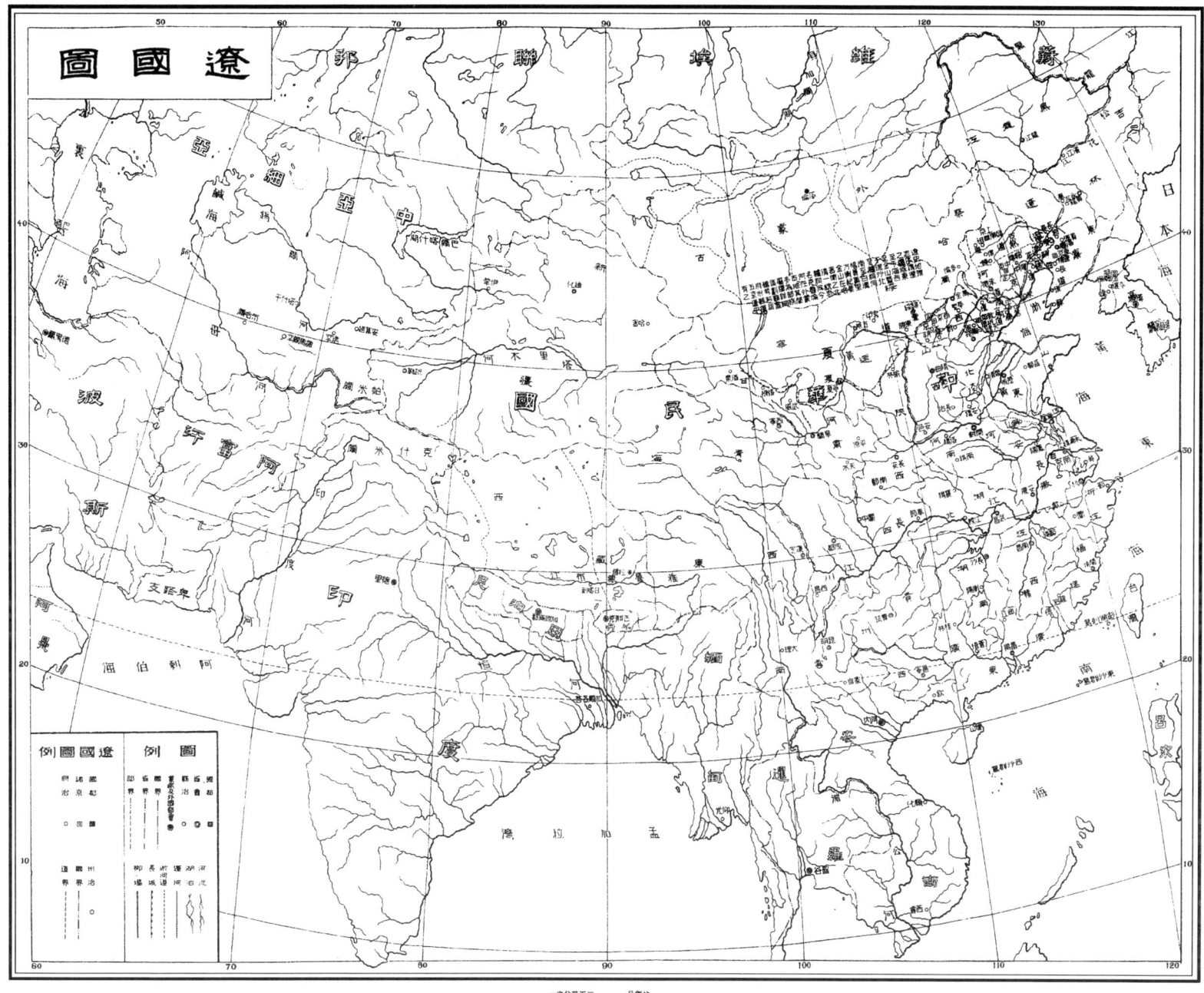

第二十章 辽国疆域概述

道名	属府	属州	属军	属城
上京道	上京临潢府	祖、怀、庆、泰、长春、乌、永、仪、坤、龙化、降圣、饶、徽、成、懿、渭、壕、原、福、横、凤、遂、丰、顺、间、松山、豫、宁（自徽州至宁州即所谓头下军州）、静、镇、维、防、招。		河董、静边、皮被河、塔懒主。
东京道	东京辽阳府 率宾、定理、铁利、安定、长岭、镇海。	开、定、保、辰、卢、铁、兴、汤、崇、海、渌、显、宗、乾、贵德、沈、集、广、辽、遂、通、韩、双、银、同、咸、信、宾、龙、湖、渤、郢、铜、涞、冀、东、尚、吉、麓、荆、懿、媵、宁、衍、连、归、苏、复、肃、安、荣、率、荷、源、渤海、宁江、河、祥。		来远、顺化。
中京道	中京大定府、兴中。	成、宜、锦、川、建、来。		
南京道	南京析津府	平。		

| 西京道 | 西京大同府 | 丰、云内、奉圣、蔚、应、朔、东胜、金肃。 | 天德、河清。 |

辽人之先,远处塞北,以游牧为能事,各种建制,皆甚简朴,置官设员,亦因其俗而略具名称,此文化未发达民族之通例也。及南取幽、蓟诸州,国内汉人骤见增多,番汉之俗不一,相处自难融洽,欲兼理此两民族,势不能再因其曩日简朴之官制矣。辽太宗有鉴于此,因分其官吏为南北二面,所谓北面者,其官吏居其牙帐之北,专治番事,以治宫帐、部族、属国之政;而南面之官吏居牙帐之南,主治汉事,以司汉人州县、租赋、军马之事,两族分治,自减少无限纠葛。此种分别自中央以至地方莫不皆然,故吾人欲述其地方之行政制度,亦当分论其南北之情形也。

契丹之俗,喜聚族而居,因有部族之别,部落曰部,民族曰族,氏族间之分歧至为清晰,不容稍有杂乱也。唐初之松漠都督府即因其时八部而建置也。部族之分合亦时有不同,辽太祖之时有部二十,及于圣宗,分置十六,增建十八,合旧部共为五十四,部族日杂,而大小遂分,五院、六院、乙室、奚六诸部其最大者,因大小之不同,而设官亦异。大部族置大王,左右宰相、太师、太保及司空,并建部节度使司部族详稳司,与夫石烈,弥里弥乡诸官;小部落则裁其大王、宰相、太师、太保等而改置部族司徒府,使各治理其部族之事,此皆属于北院也。

辽人既因汉制而分建京、府、州、县,故其官吏皆仍汉旧。辽人于临潢、辽阳、大定、大同、析津分建五京,五京之长官皆称府尹,多以留守兼之。上都为皇都重地,凡诸京所有之官吏,上京皆有之,其余则因其地位之重要与否,而各有不同,故西京多边防官,而南京、中京多财赋官也。其他诸府则裁府尹而置知府,以其地位次于京府也。

辽国诸州,以节度州为最高,观察州次之,团练州又次之,防御州又次之,而刺史州为殿,各因其高下而分置节度、观察、团练、防御等使及刺史焉。县则置县令。州县之行政官吏往往与宋代相同,惟因府州之下亦可辖州,故同为诸州长吏,而地位遂有差别矣。军城之官吏史籍未详,故略而不述。

辽自阿保机建国,九传而至天祚帝延禧,政紊国弱,女真起于东境,屡构衅隙,遂至兵戎相争,辽以衰弱之余,难当新兴之金人,故连战皆北,而和又不成,金师西向,遂取燕京之地,天祚兵败被执,辽国遂亡。其族有耶律大石者,率众西奔,至中央亚细亚建西辽国,越八十余年,而为乃蛮王所灭,辽祚乃斩。

本章重要参考书：

《辽史》。

叶隆礼:《契丹国志》。

第二十一章　金源疆域概述

金源本海上夷人,世处长白山下,辽人崛起塞外,尝臣事之。天祚帝时,其酋有阿骨打者,因不堪辽人之压迫,乃起兵反叛;是时辽人已渐衰,自难当此初盛之外寇,故金人得大逞其志,乃建国而称帝号。阿骨打逝后,其弟吴乞买继立,遂擒辽天祚帝而灭其国焉。

金灭辽之后,南与宋接壤,宋于是时积弱已甚,虽将亡之辽亦不可胜,岂能敌骤强之金。金帝深知宋兵之无力,故于擒天祚后,即遣兵分道南下,进陷汴京,虏徽、钦二帝而去;复分兵寇汴京东西,及陕西诸路,或降或陷,皆取其地。宋高宗虽远保江南,然金师仍时时南扰,两国之间殊少宁日。金人既得中原,遂立张邦昌为楚帝,邦昌称帝未久,复归于宋,金乃别立刘豫为齐帝,使南与宋争,以收渔利。豫既立而兵力不能胜宋,金复废之,自统中原诸地。及秦桧和议告成,南北疆界始得略定。

金承辽制亦设五京,惟其称号略异:

　　上京会宁府　太宗建都之地,天眷元年置上京。
　　南京辽阳府　辽东京。
　　中京大定府　辽中京,金初因之。
　　西京大同府　辽故京。
　　北京临潢府　辽上京,天眷元年改为北京。

及海陵南侵,迁都于燕,因更五都之号:

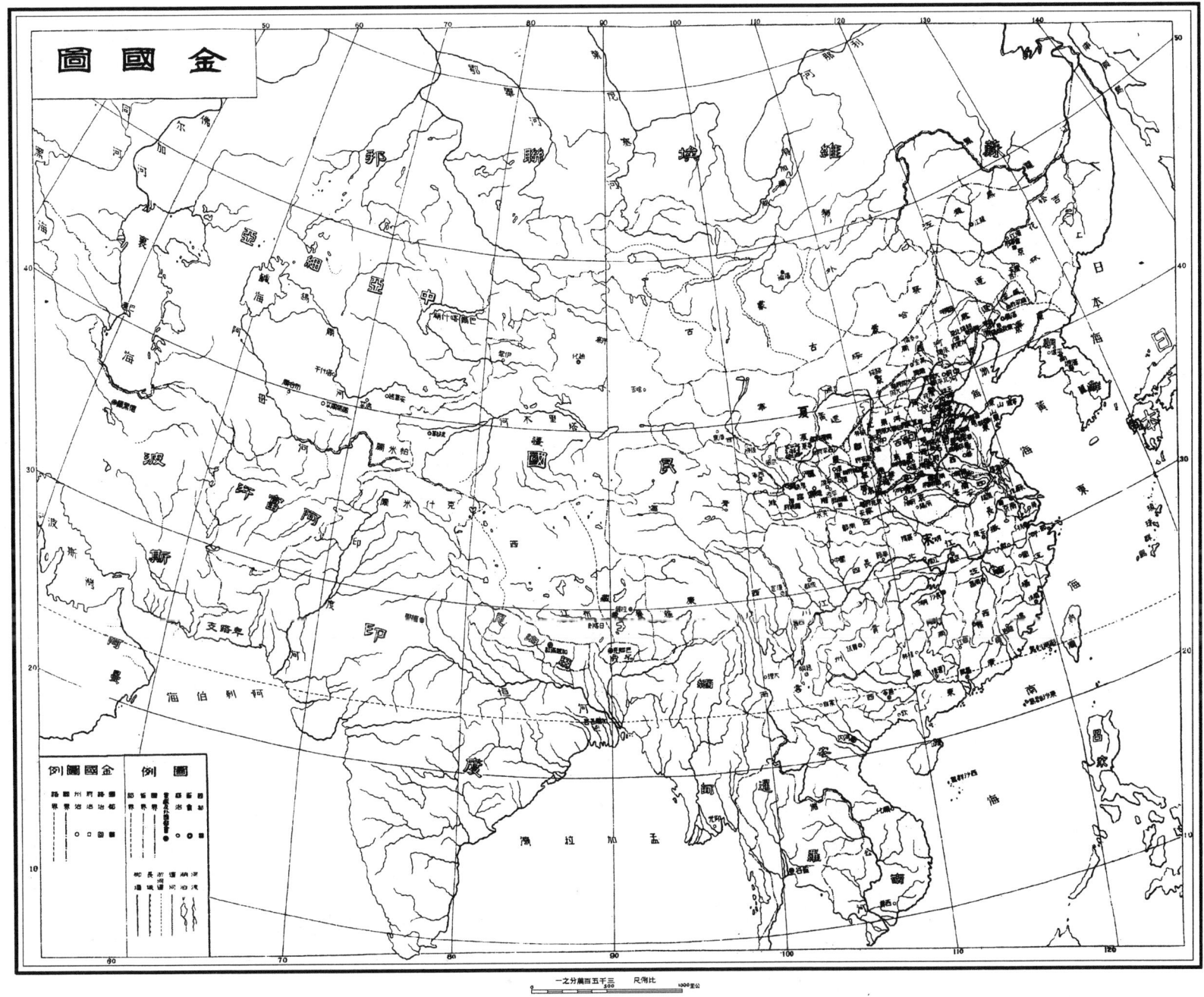

南京开封府　宋故京。

北京大定府

东京辽阳府

西京大同府

中都大兴府　辽故南京。

世宗即位,复会宁府上京之号,于是有六京之目。宣宗贞祐二年,避元人南侵,迁都南京,因以洛阳为中京,号金昌府,未几而国亡矣。

金人仿宋之制度,分建诸路,路置总管府,其数共有十四,合五京为十九路。十九路之分合辖隶略如下表:

路名	属府	属州
上京路	会宁、隆安。	肇、信。
咸平路	咸平。	韩。
东京路	辽阳。	澄、沈、贵德、盖、复、来远(本军)。
北京路	大定、广宁、兴中、临潢。	利、义、锦、瑞、懿、建、全、庆、兴、泰。
西京路	大同、德兴。	丰、弘、净、桓、抚、昌、宣德、朔、武、应、蔚、云内、宁边、东胜。
中都路	大兴。	通、蓟、易、涿、顺、平、滦、雄、霸、保、安、遂、安肃(本军)。
南京路	开封、归德、河南。	睢、单、寿、陕、邓、唐、裕、嵩、汝、许、钧、亳、陈、蔡、息、郑、颍、宿、泗。
河北东路	河间。	蠡、莫、献、冀、深、清、沧、景。
河北西路	真定、彰德、中山。	威、沃、邢、洺、磁、祁、浚、卫、滑。
山东东路	益都、济南。	潍、滨、沂、密、海、莒、棣、淄、莱、登、宁海。
山东西路	东平。	济、徐、邳、滕、博、兖、泰安、德、曹。
大名府路	大名。	恩、濮、开。
河东北路	太原。	晋、忻、平定、汾、石、葭、代、隩、宁化、岚、岢岚、保德、管。
河东南路	平阳、河中。	隰、吉、绛、解、泽、潞、辽、沁、怀、孟。

京兆府路	京兆。	商、虢、乾、同、耀、华。
凤翔路	凤翔、平凉。	德顺、镇戎、秦、陇。
鄜延路	延安。	丹、保安、绥德、鄜、坊。
庆原路	庆阳。	环、宁、邠、原、泾。
临洮路	临洮。	积石、洮、兰、巩、会、河。

上京、东京二路为金人初起时据有之疆域,故其地尚保存金源固有之区划,若上京路辖有蒲与路、合懒路、恤品路、曷苏馆路、胡里改路及东京路之婆速府路,皆因其部族而置,不在十九路之中也。

金初因宋制亦建诸军,位于州之次,循辽之旧,凡不足一县之地亦曰城镇,大定而后,尽升诸军为州,而城镇亦有升为县者,故金人之制度颇简于宋、辽,即以路统府、州,而府、州复辖县、镇也。

金国全境东起海滨,西越积石,北出阴山,南则以淮水与宋为界,凡置路十九,京府州百七十九,县六百八十三,较契丹旧域又形广阔矣。

金之初起亦以夷虏,故其建官置吏,多因旧俗。及灭辽侵宋,国内庶民非尽女真一族,因效辽人南院之制度,设汉官而治理之。天会时始建三省之制,以效法汉人;熙宗颁定新官制,大率多循辽、宋故事,遂渐废其旧称矣。

地方之官吏,初年有孛堇、忽鲁之号,辖一部者曰孛堇,统数部者则称忽鲁,此其大较也。自熙宗定官制后,遂有尹、牧、令、长之官,孛堇、忽鲁之称渐废矣。

金源疆域之区划以路为最高,合五京府与十四总管府为十九路。诸京置留守兼摄府尹总管;总管府则府尹兼都总管,各治其本路之事,诸路虽亦置转运使司,然仅理财赋,不问民政。与宋制异矣。其余诸府亦置府尹,然不兼总管之职,所辖亦只本府之事,是为散府,散府上隶于路,与州之名虽异而实际则少有不同也。

诸州亦分节度、防御、刺史三级,各级之中又分为上、中、下三等,节度州置节度使,防御州置防御使,刺史州仅置刺史。县有七等之分,七等者,赤、京、剧(次赤)、次剧、上、中、下也。中部附郭曰赤县,诸京附郭曰京县,二万五千户以上者为次赤为剧,二万户以上者为次剧,万户以上者为上,三千户以上为中,不满三千户者为下。诸县各置县令以判县事,而总成于府尹总管,金人之行政制度如此而已。

本章重要参考书:

《金史》。

宇文懋昭:《大金国志》。

第二十二章 元代疆域概述

第一节 元初领土之扩张及四大汗国之建立

蒙古之初,远处漠北,辽金之时尝入贡焉。其酋有也速该(Yesugai)者,势渐强大,遂蚕食其旁诸部族。也速该逝后,其子铁木真(Temujin)继立,灭泰赤乌(Taijiut),破札只剌(Jajirat)、蔑儿乞(Märkit)、弘吉剌(Qonqirat)、塔塔儿(Tatar)等部;克烈部(Kerät)长王罕(On-Khan)不服,遂击定其地;后擒乃蛮部(Naiman)长太阳罕(Tayan Khan),于是漠南北诸部族或望风降附,或被夷灭,无敢再与之抗者;其群臣集于斡难河(Onon)之源,共上尊号曰成吉思汗(Čingis-Khan)。成吉思汗统一蒙古之后,即图南侵,首攻西夏,夏人乞和;复进击金人,是时金人已渐衰,两河、山东数千里之地咸为所蹂躏,而金宣宗所居之中都亦被围困,金主势穷,亦效宋人纳币而请和焉。

金主既乞和,复迁都于汴。成吉思汗以其许和而迁都,是不见信,遂再起兵南下。初,乃蛮破后,成吉思汗遣别将西征,定西辽(Kara-Qitai)地,与花剌子模(Khwarazm)接壤。花剌子模亦西域之强国也,以故杀蒙古使者。成吉思汗因留兵困金,自率大军西征,

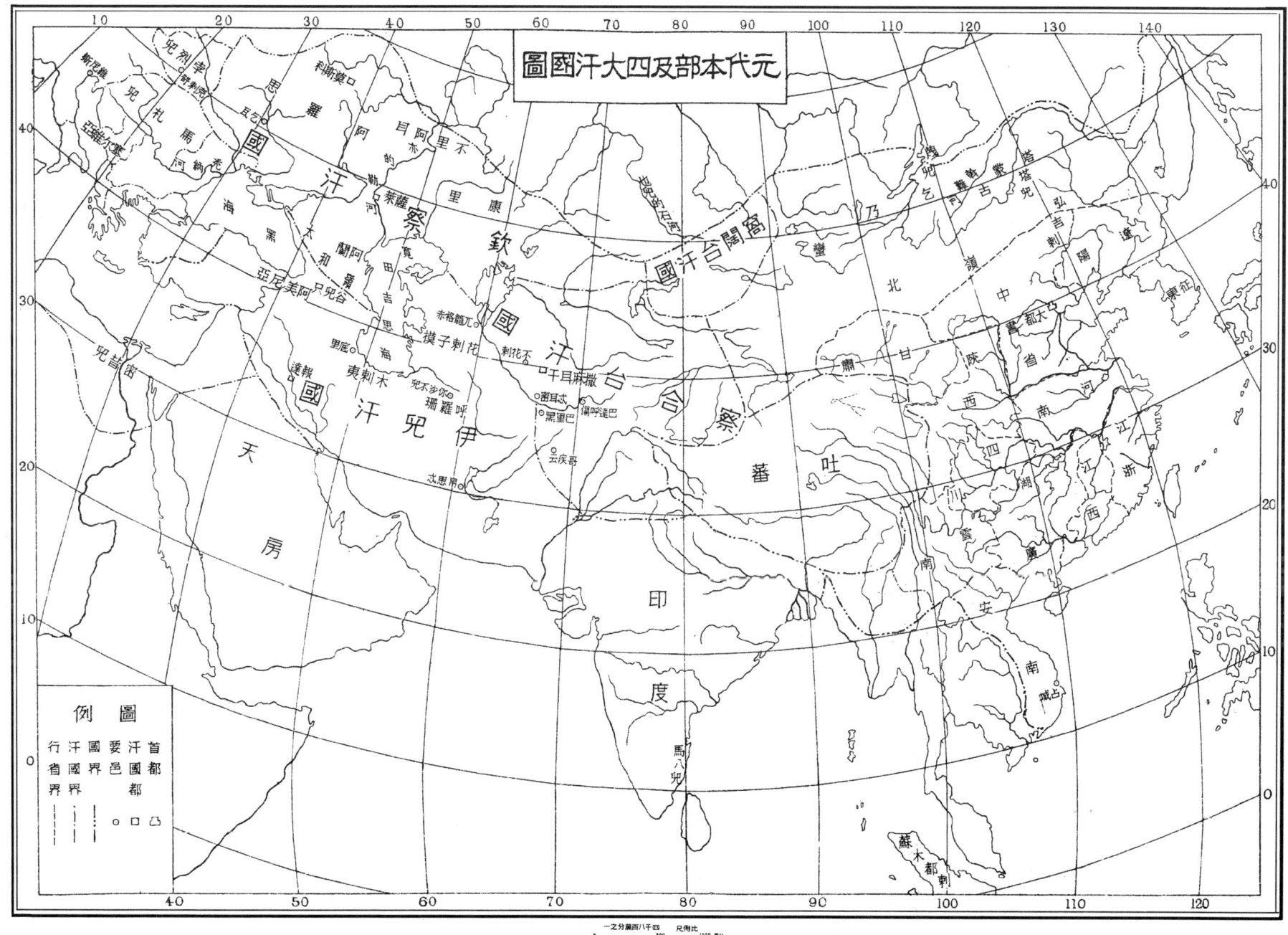

是为蒙古用兵西方之始。汗于一二一八年冬季率军西行,次年夏,军次也儿的石河(Irtis),其秋遂进军西讨,迭破不花剌(Bokhara)、撒麻耳干(Samarqand)、攻花剌子模之都兀笼格赤(Kourkandj),堕其城,其算端谟罕默德(Mohammed)先期出走,汗乃使哲别(Jebe)、速不台(Subudai)二将军率师追之。谟罕默德历经巴里黑(Balkh)、你沙不儿(Nischabour)、哥疾云(Qazvin)而逃入宽田吉思海(Caspian Sea)中,追哲别等至,谟罕默德已困死于海中小岛上。哲别、速不台乃乘胜略伊兰(Iran)北方诸城,复进掠谷儿只(Georgia),既而越太和岭(Caucase),连破阿兰(Alains)、钦察(Kipčak)、斡罗思(Russ)诸部兵,复乘回回之便,平不里阿耳(Bulgar)及康里(Kangli)而归,于是突厥斯坦(Turkestan)、宽田吉思海周围遂无处无蒙古人之足迹矣。

汗既破花剌子模,遂进围阿母河(Amu)北岸之忒耳密(Termidh)屠其城,复分兵下巴达呼伤(Badakhsan)、呼罗珊(Khorasan)及巴里黑你沙不儿梵衍那(Bamigan)等城,攻哥疾宁(Ghazna),盖是时谟罕默德之子札兰丁(Jadel al-Din Monguberte)方据守此城也。札兰丁御战,大败,遂逃入印度之底里(Delhi),汗使将追之,不及而返。成吉思汗在西域七年,尽定其地,置达鲁花赤以治之。

成吉思汗东归后,复灭西夏,西夏平,汗亦遂崩。太宗继之,复灭金人。是时札兰丁又归波斯,乃遣搠儿马罕西征,因乘间取阿美尼亚、曲儿忒(Kurdistan)、谷儿只诸地,而小亚细亚(Asia Minor)亦为蒙古兵所侵略。是时复遣拔都(Batu)西征钦察、斡罗思诸部,拔都率其大军自亦的勒河(Idil)进擒钦察酋长八赤蛮(Batchman),破不里阿耳,西定斡罗思,毁其名城兀剌的米儿(Vladimir)、莫斯科(Moscow)及乞瓦(Kiev),斡罗思全部殆无地不受其蹂躏。拔都既定斡罗思,乃分兵西进,远征马札儿(Hongrie),拔都自将中军,直攻其地,海都、拜答儿(Baidar)率北军入孛烈儿(Pologne),趋克剌哥(Cracovie),焚其城而进攻昔烈西亚(Silesie),破日耳曼之义勇兵,转至奥大利边,会拔都军于马札儿。别军亦自东南罗马尼亚共临帛思忒(Pest)城下,破之。其王不剌(Bela Ⅳ)出奔,拔都乃遣合丹追之。合丹乘势蹂躏塞尔维亚诸地。拔都复率师西向至维尼斯(Venice)及奥大利界,欲尽平诸国,会太宗讣至,遂班师东归。

宪宗即位之后,以波斯诸部尚未大定,乃于一二五三年命其弟旭烈兀(Hulagu)西征。旭烈兀兵入波斯,首灭木剌夷国(Mulahida),驿送其王子蒙古,至中途而杀之。复进取报达(Bagdad)灭黑衣大食(Abbasids),更西而进至天房(Arabie),侵入密昔儿(Misr),以宪宗崩,遂罢军。

初,成吉斯汗逝后,其地分属诸子,长子朮赤后裔拔都统钦察旧地,东逾乌剌儿岭(Ural),西迄秃纳河(Danau),包有斡罗斯东南部,乃花剌子模康里,建牙于亦的勒河下游左岸之萨莱(Sarai),即所谓钦察汗国是也。次子察合台(Čayaitai)得西辽地,东起伊犁河(Ili),西跨锡尔河(Syr Darya)上游,南限阿梅河(Amu Darya),北控西伯里亚(Siberia),建牙于阿里麻里克(Almalik),是为察合台汗国。窝阔台(Ogotai)食钦察汗国之东,察合台汗国之北,叶密立河(Emil)流域旧乃蛮地,为窝阔台汗国。而宪宗时率军西征之旭烈兀,亦食钦察汗国之南,及察合台汗国以西诸地,是为伊儿汗国。四大汗国与统辖蒙古本部及中国之皇室,东西并治焉。

宪宗在位之时,除遣旭烈兀西征外,复遣忽必烈征大理、吐蕃,兀良哈台(Uryankhadai)伐交趾,皆破之。宪宗自率兵攻宋,逝于合州城下。忽必烈乃即帝位,因改蒙古为元,是为元世祖。世祖既即位,赓其前业,继续伐宋,使伯颜入临安,虏宋帝北去,复困宋帝昺于厓山,灭之而归。

世祖即位之初,尝遣兵渡海征日本,以飓风覆舟,狼狈而归;会时方有事于占城,乃移军而南,日本卒未能下。元既破占城,遂与安南起衅;然师久不能成功,至成帝时远征军罢,安南乃内附,南洋诸国若马八儿(Maabar)、马兰丹、苏木都剌(Sumatar)皆遣使贡方物。元代版图至此而极大,历代无与之伦比者也。

第二节　元代中国本部之疆域区划与其制度

蒙古民族之兵力虽远及于欧、亚两洲,然所征服之土地均分封子弟功臣,受封者各治其封疆,仅戴大汗为共主。自世祖忽必烈不经"忽烈而台"推举而自立,遂引起帝位之争执,兵衅扰攘,数十年后始渐底定,而帝室与诸汗国之关系,因之益疏,元帝实际所统治者,仅蒙古本部及中国内地而已。

元时疆域制度,颇与前代不同。吾人犹忆汉州、唐道,与夫宋人之路,皆尝为一代疆域主要之区划;元代虽仍保存路、州等之故称,然于路州之上别置中书省、行中书省以辖之,是其所异于前代者也。省名之起,其原甚早,魏、晋之时已有尚书省、中书省之称;然皆中枢之要署,不直辖地方也。隋开皇八年伐陈,尝置淮南行台省于寿春,以晋王广为尚书令,是其时已有行省之名,惟仅限于一时,故未久即废也。金源入主中原,南攻宋,西制夏,北防蒙古,行省之建置始多,然皆因时制宜,故与疆域区划少有关系。元太宗三年始立中书省,以耶律楚材为中书令;宪宗初,乃立燕京等处行尚书省；中统初，改置行中书省。其后屡事增置，至英宗至治时，遂有一中书省及十一行中书省之目：

中书省（腹里）

行中书省　岭北　辽阳　河南江北　陕西　四川　甘肃　云南　江浙　江西　湖广　征东

中书省、行中书省之名称间有改为尚书省、行尚书省者，然皆为时不久，非定制也。

元之初起始于和林，即建都于其地；世祖迁都大兴，和林废不为都。大德后于其地置行中书省，同于列郡。大兴本辽之南京析津府，金人中都路，世祖既定中原，遂改为大兴，别称大都，遂建都焉；后世因之，成定制矣。初宪宗时，世祖以诸王治漠南地，开府于故金之恒州，即位后以潜府所在因升为开平府，加号上都，比于大都，岁一巡幸。终元之世，常以大兴、开平为二都焉。

元既建中书行省之制，而曩之路、府、州、县皆隶属之。路辖府、州、县，府领州、县，而州亦有属县。路、府、州亦有不直接辖县者，府与州又有不隶路，而隶于省者，即所谓直隶府、州也。元又别置军及安抚司。军仿宋之旧制，安抚司则立于边境番、夷之地，其数皆不多，仅四川有一军（长宁），湖广有三军（南宁、万安、吉阳）；若安抚司则仅湖广有之，他省不置也。军有直隶于省者，湖广三军是也；有统辖于路者，四川之一军是也。安抚司则皆直隶于路，无他属者。元代帝室其权力虽不及于西北四大汗国，即以蒙古与中国本部而论，疆域之广亦驾于前代。《元史·地理志序》称其地"北逾阴山，西极流沙，东尽辽左，南越海表……东南所至不下汉、唐，而西北则过之，有难以数里限者"，盖实录也。所惜者此偌大之帝国，为异族所建，而炎、黄后裔，反处于压迫之地位，不能扬眉吐气，

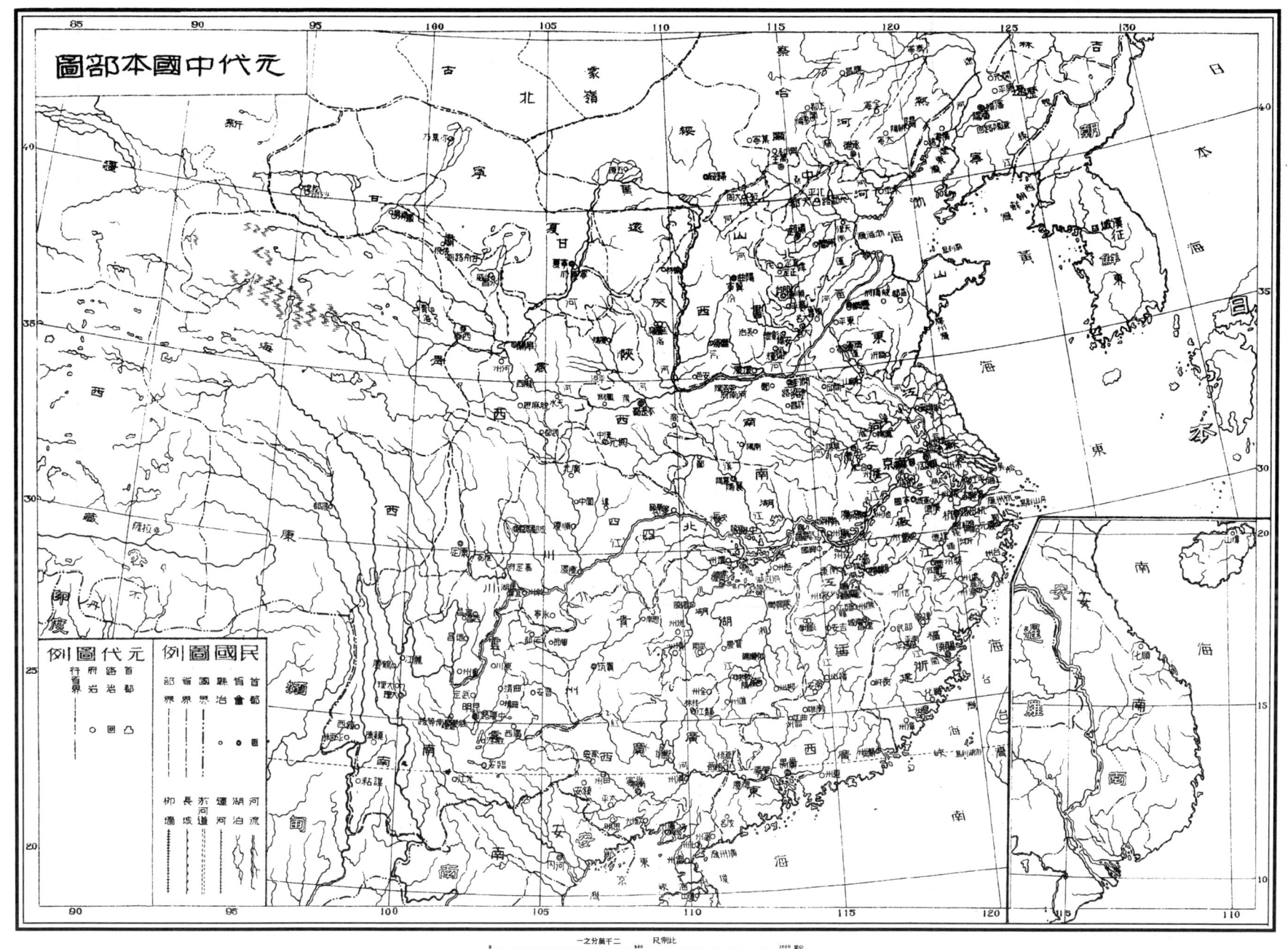

可慨已夫！元代于域内诸省之下，置路一百八十五，府三十三，州三百五十九，军四，安抚司十五，县一千一百二十七。较之汉、唐，则又过矣。今表列诸省及所辖之路与夫直隶之州、府于下，略见其时疆域分合之概况焉。

省名	属路	直隶府	直隶州
中书省	大都、上都、兴和、永平、德宁、净州、泰宁、集宁、应昌、全宁、宁昌、保定、真定、顺德、广平、彰德、大名、怀庆、卫辉、河间、东平、东昌、济宁、益都、济南、般阳府、大同、冀宁、晋宁。		曹、濮、高唐、泰安、德、恩、冠、宁海。
岭北	和宁。		
辽阳	辽阳、广宁府、大宁、东宁、沈阳、开元、合兰府、水达达。	咸平。	
河南江北	汴梁、河南府、襄阳、蕲州、黄州、庐州、安丰、安庆、扬州、淮安、中兴、峡州。	南阳、汝宁、归德、高邮、安陆、沔阳、德安。	荆门。
陕西	奉元、延安、兴元、河州、脱思麻。	凤翔、巩昌、平凉、临洮、庆阳。	邠、泾、开成、庄浪、秦、陇、宁、定西、镇原、西和、环、金、静宁、兰、会、徽、阶、成、金洋、雅、黎、洮、贵德、茂、岷、铁。
四川	成都、嘉定府、广元、顺庆、永宁、重庆、夔州、叙州、马湖。	潼川、绍庆、怀德。	

甘肃	甘州、永昌、肃州、沙州、亦集乃、宁夏府、兀剌海。		山丹、西宁。
云南	中庆、威楚开南、武定、鹤庆、云远、广南西、丽江、东川、茫部、孟杰、普安、曲靖、澄江、普定、建昌、德昌、会川、临安、广西、元江、大理、蒙怜、蒙莱、柔远、茫施、镇康、镇西、平缅、麓川、木连、蒙光、木邦、孟定、谋粘、孟隆、木朵、蒙兀。	仁德、柏兴。	
江浙	杭州、湖州、嘉兴、平江、常州、镇江、建德、庆元、衢州、婺州、绍兴、温州、台州、处州、宁国、徽州、饶州、集庆、太平、池州、信州、广德、福州、建宁、泉州、兴化、邵武、延平、汀州、漳州。	松江。	江阴、铅山。
江西	龙兴、吉安、瑞州、袁州、临江、抚州、江州、南康、赣州、建昌、南安、广州、韶州、惠州、南雄、潮州、德庆、肇庆。		南丰、英德、梅、南恩、封、新、桂阳、连、循。
湖广	武昌、岳州、常德、澧州、辰州、沅州、兴国、靖州、天临、衡州、道州、永州、郴州、全州、宝庆、武冈、桂阳、静江、南宁、梧州、浔州、柳州、思明、太平、田州、来安、镇安、雷州、化州、高州、钦州、廉州。	汉阳、平乐、定远。	归、茶陵、耒阳、常宁、郁林、容、象、宾、横、融、藤、贺、贵。

180

征东　　　　　　　　　　沈阳耽罗。

元代既分全境为中书省及十一行中书省，又以疆域过大，行省之分划过广，间有鞭长难及之患，故于偏僻之处，边陲之地，斟酌其需要，分为诸道，此道即所为宣慰使司之道也。道上承省之政令而布之于诸县，复转诸县之请求于省，盖所以补省与行省区划之所不及也。此类之道凡十一：

山东东西道（治益都路）　　河东山西道（治大同路）
淮东道（治扬州路）　　　　荆湖北道（治中兴路）
四川南道（治重庆路）　　　浙东道（治庆元路）
湖南道（治天临路）　　　　广东道（治广州路）
广西两江道（治静江路）　　海北海南道（治雷州路）
福建道（治福州路）

然元代之道因不仅宣慰使司道之一种，别有所谓肃政廉访使之道，则上承中央御史台及引御史台之命，而监察全国各地之行政。此种肃政廉访使道全国共有二十二区，每道皆有肃政廉访使以司其事，与引省制度系统中之宣慰使司之道，完全异趣，故略而不述焉。

第三节　元代地方行政制度

蒙古起自漠北，承游牧之俗，制置简略，盖与辽、金之初相似。及南下亡金灭宋，为中国文化所薰陶，建官置吏，略仿唐、宋、辽、金诸朝旧制，而监司台守之臣始渐备焉。蒙古以战胜之民族，对于受其统治之汉人南人，颇加歧视；又恐其心怀反侧，不敢遽受大权，故行政官吏类皆蒙、汉兼置，操大权者为蒙人，而以汉人为其副贰，较之辽、金又加苛刻矣。

元自世祖入主中国后，分建二都，各置留守，以司守卫宫阙都城调度本路供亿诸务；复置都总管府以治民事，上都之都总管府事由留守兼理，大都则别设官以司之，亦前代尹牧之遗意也。

元代中书省与行中书省之区划，与汉州、唐道颇相类似；然究其实际，则大相径庭。盖汉、唐州道皆为监察之区域，而元之行省则负行政上之全责，故前后似是而实非也。行中书省之名称乃对中书省而言，盖初年征伐之时因时而置，使辖军民之事，其组织皆仿之中书省，故皆设丞相平章左右丞与参知政事以处理一省内之政务，举凡钱粮、兵甲、屯种、漕运军国重事无不领之。特中书省别有中书令以典领百官而会决庶务，此则行省之所无也。要之，行省官吏之权力，实庞大无伦，开三级制中之新声。汉改刺史为州牧时，议者尚以为权重，然较之元代行省之大吏，则又瞠乎其后矣。

元代之诸路约分上、下二等，上路有户十万以上，其不足者则为下路；惟其地势冲要而户口稍减者，亦得列为上路。路置达鲁花赤一员，总管一员。达鲁花赤者，蒙古语长官之意也，常以蒙人为之。汉人则多为总管，以其为蒙人之副贰也。

宋人之府隶属于路，元人则升之直隶诸省，与路居同等之地位；然亦有不升之者，即散府是也。直隶府与散府皆置达鲁花赤一员，知府或府尹一员，知府为带京官而司府事者，与宋制同，其名称虽与府尹异，而其权力职务则固相若也。

州亦有直隶、散州之别。至元初年，别州为三等：一万五千户以上者为上州，六千户以上者为中州，其不及六千户者则为下州。江南既平，户口益繁，乃更加订正；五万户以上者为上州，三万户以上者为中州，不及三万户者为下州。因此次订正而升县为州者，遂有四十余，而其路府附郭之县，尚不在其数也。上州置达鲁花赤及州尹各一员，中、下州则改州尹为知州，以略示其区别。

诸县亦别为三等，至元初，以六千户以上者为上县，二千户以上者为中县，其不及二千户者则为下县；二十年后又定江、淮以南三万户以上者为上县，一万户以上者为中县，不及一万户者为下县。县置达鲁花赤一员，尹一员，以司其民事焉。

路、府、州、县之外，边地则有军安抚司及蛮夷诸地之长官司，其制约当内地之下州，亦置达鲁花赤，而其副贰则间用当地之土人，盖与内地之任汉人，具有同一之意义也。

元初两次厘定州、县等级，使吾人得知自北宋衰亡，徽、钦北狩之后，历经辽、金诸代之骚扰，中原元气愈形不振。其时人民不堪异族之压迫，群相南迁，殆与政府取同一之步骤，惜简册多阙，难知其详。其时亦不若南、北朝时江左侨置郡、县，能使吾人稍可知其流离之情况；然由元代州县户口之差别，南北间相异之状况殆不可同日而语，南方之上县几当中原之一州，悬殊之势，甚可惊人。故宋人南渡至元人入主中原之际，实为汉族再度南迁之时期。此种南北之差别历久而未复，直至今日犹未能尽复旧规，外患对于民族之影响，可以见矣。

本章重要参考书：

《元史》。
《新元史》。
屠寄：《蒙兀儿史记》。
冯承钧译：《多桑蒙古史》。
冯承钧译：格鲁赛《蒙古史略》。

第二十三章 明代疆域概述

第一节 明初布政使司之建置及其疆域区划

元人以异族入主中国，汉族处于被征服之地位，实居社会上最低下之阶级，所谓蒙古人色目人者则俨然高踞，极压迫荼毒之能事，武力屈服之下，固无由稍事反抗者也。及其末季，政益衰而虐益甚，有刘福通者振臂一呼，揭竿而起，久受凭陵之人民纷纷响应，于是方国珍据浙东，张士诚据浙西，明玉珍据巴、蜀，陈友谅据湖广，此皆兵力较强而能割据一方者也；至若拥一城窃一乡者，更难指数矣。明祖起于淮右，进略金陵，东定吴中，西并湖广，雄师北指，胡虏远遁，向之气焰不可一世，无人敢与争锋之游牧民族，至此亦以狼狈逃窜闻，汉人始能脱离异族之桎梏而独立矣。

明祖初起义师，疆域建置未遑从事，故尚因元人旧称，而有江南行中书省之名。既而以胡虏之旧号，难适于方起之新朝，故洪武建元之后，即以肇建新制为急务，于是革江南之名，而以其地直隶中书省。盖其时明祖兵力东阻于张吴，西隔于陈汉，而北面犹有胡骑之虑，仅金陵一隅入其掌握，故黜江南之称以示其力之所及也。其后劲旅四出，土地益广，建置屡繁，行省之设遂有十二；

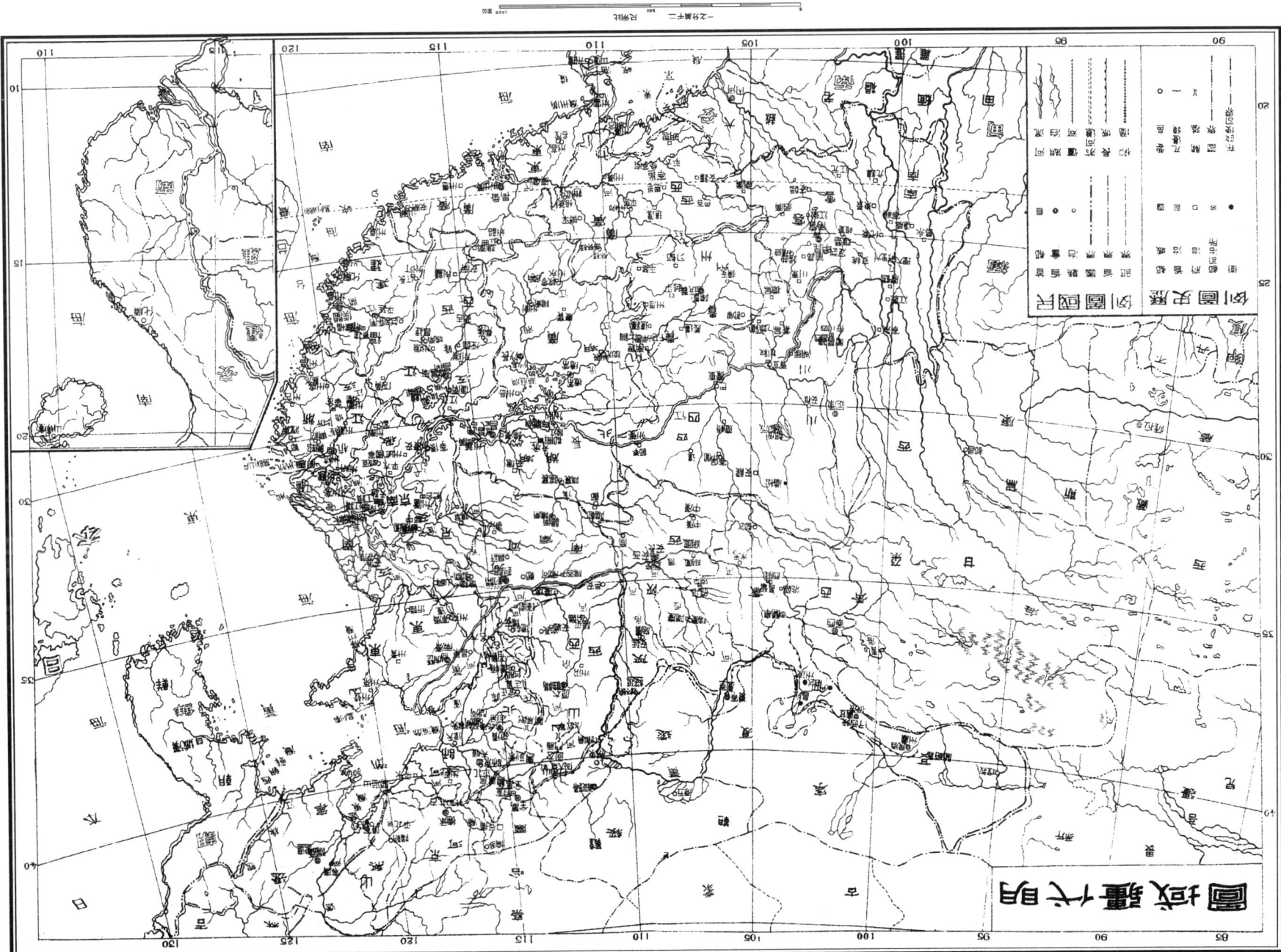
明代疆域图

北平　山西　山东　河南　陕西　四川　江西　湖广　浙江
福建　广东　广西

然此尚仍元人行省之故称。洪武九年因改行中书省为承宣布政使司，此又为吾国疆域史上之新制也。既而又罢中书省以诸府、州直隶于六部，于是元代之省与行省之名称遂废弃矣。虽然，明初罢元诸省之名，而布政使司之制度，实由省与行省所蜕化；且布政使司之区域，又与元省相差无几，固换汤而不换药者也。一般人士习俗之称谓，仍以省为普遍，行之既久，遂成不刊之典。自明、清至于今日，皆为疆域主要之区划，此殆创行此制之金源、蒙古诸族，所未料及者也。

洪武十五年，平定云南，而大理亦内属，乃于其地置云南承宣布政使司，近代所谓中国内部之轮廓，遂略具矣。明祖即位之后，又惩宋、元之孤立，复分封子弟于要地，于是燕、秦、晋、周、楚、齐、潭、赵、鲁、蜀、湘、代、肃、辽、庆、宁、岷、谷、韩、沈、安、唐、郢、伊诸国一时并置，及建文削藩诏下，而靖难兵起矣。明祖封藩与汉高如同出一辙，然不旋踵即受其祸，较之西汉，更有甚焉。

成祖夺建文之位，迁都北京。其时布政使司之区域又略变迁，除北平之名，亦以其府、州直隶于行都六部，于是有南、北直隶之称矣。永乐五年，南平交趾，亦建布政使司；十一年复置贵州布政使司；仁、宣之际，交趾叛服不常，终亦弃之；而二直隶十三布政使司，遂为常制矣。

明祖起兵之后，进据江宁，即改其地为应天府，而定都焉。应天既建都，加号南京；寻又曰京师。成祖夺国后，以北平为龙兴之地，乃建北京为行在所，永乐十九年遂徙都之，更名曰京师；应天再为南京。仁宗继立，欲复永乐初年之故事，而京师遂又号行在所；

然迁都之计划终未实现,故至英宗之时因废行在而仍称京师,至明之亡,皆遵其制,无所更改。明祖初年,以凤阳为陵寝所在,别建中都;嘉靖又建承天府为兴都,皆置留守司以治其事焉。

明初废路改府,故其制度略简于元。布政使司辖府及直隶州,府又统散州及县,而州亦皆统县;边境别置卫所以怀辑远人。今略述其时布政使所辖之府、州于后,以见有明一代疆域之概况。

省名	属府	直隶州
京师(北直隶)	顺天、保定、河间、真定、顺德、广平、大名、永平。	延庆、保安。
南京(南直隶)	应天、凤阳、淮安、扬州、苏州、松江、常州、镇江、庐州、安庆、太平、池州、宁国、徽州。	徐、滁、和、广德。
山东	济南、兖州、东昌、青州、莱州、登州。	
山西	太原、平阳、汾州、潞安、大同。	泽、沁、辽。
河南	开封、河南、归德、汝宁、南阳、怀庆、卫辉、彰德。	汝。
陕西	西安、凤翔、汉中、延安、庆阳、平凉、巩昌、临洮。	灵、兴安。
四川	成都、保宁、顺庆、夔州、重庆、遵义、叙州、龙安、马湖、镇雄、乌蒙、乌撒、东川。	潼川、眉、邛、嘉定、泸、雅。
江西	南昌、瑞州、九江、南康、饶州、广信、建昌、抚州、吉安、临江、袁州、赣州、南安。	
湖广	武昌、汉阳、黄州、承天、德安、岳州、荆州、襄阳、郧阳、长沙、常德、衡州、永州、宝庆、辰州。	郴、靖。

浙江	杭州、严州、嘉兴、湖州、绍兴、宁波、台州、金华、衢州、处州、温州。	
福建	福州、兴化、建宁、延平、汀州、邵武、泉州、漳州。	福宁。
广东	广州、肇庆、韶州、南雄、惠州、潮州、高州、雷州、廉州、琼州。	罗定。
广西	桂林、平乐、梧州、浔州、柳州、庆远、南宁、思恩、太平、思明、镇安。	田、归顺、泗城、向武、都康、龙、江、思陵、凭祥。
云南	云南、曲靖、寻甸、临安、澄江、广西、广南、元江、楚雄、姚安、武定、景东、镇沅、大理、鹤庆、丽江、永宁、永昌、蒙化、顺宁。	北胜、广邑。
贵州	贵阳、安顺、都匀、平越、黎平、思南、思州、镇远、铜仁、石阡。	

《明史·地理志》称有明一代计有"府百有四十,州百九十有三,县千一百三十有八,羁縻之府十有九,州四十有七,县六";其疆域"东起辽海,西至嘉峪,南至琼、崖,北抵云、朔",亦云盛矣。

第二节 明代地方行政制度

明代疆域以布政使司为最大之区划,其制由元人行省蜕变而成。明祖初定金陵,尚存中书省之目,地域稍广,复置中书分省,其后因所得之地分建行省,遂废分省之称。行省既因元制,其设官置吏亦多仍元旧,故平章政事左右丞、参知政事之官吏,明初颇不少见,此固新朝初建时之普通情形,非有明一代为然也。洪武九年改省为承宣布政使司,于是罢平章左右丞诸员而改参知政事为布政使,使总一省之行政,复置按察使司以掌刑名,布政、按察二使居同等之地位,特所司之事务稍异而已。两直隶不置布政、按察之使,直属于六部;其储粮、屯田、清军、驿传、水利、抚民之事,则由邻近各布政使属吏兼办,不另立其他名目也。

布政使司之下为府。府有三等:粮二十万石以上者为上府,二十万石以下者为中府,十万石以下者为下府,此洪武六年之制也。明以前州县等第皆视其人户之增减,而定其次序,至明乃别以所纳粮米之多寡为标准,亦制度之改革者也。府设知府一人(京府则置府尹),直隶之府得专达于朝,其他皆受布政使之节度,以治一府之事焉。

府下为州。州有二种:散州与直隶州是也。散州属于府,而直隶州则直属于布政使司,此其大别也。州置知州,散州之知州其品秩视县,直隶州则视府。州与府之区别,在知州于治县事外兼辖其旁之县,而府则仅辖散州与诸县,不直接治县事,故府之附郭有县而州则否。此与元制稍异,盖元制州之附郭固尚有县,及明始裁之也。

府州之下为县。县亦有三等:粮十万石以下者为上县,六万石以下者为中县,三万石以下者则为下县。太祖吴元年所定之制也。县置知县,以掌一县之政事焉。

第三节　都司卫所之分布

明祖初起义兵,勒其部下为卫为所,五千六百人为卫,千一百二十人为千户所,百十有二人为百户所,总若干卫所而统于都指挥使司及行都指挥使司(指挥使司之在京者称留守卫指挥使司)。都指挥使司驻在地多与承宣布政使司相同(大宁、辽东、万全三都司稍异),而行都指挥使司则设于省内他一地方,以辅都指挥使司之不及。京师复置五军都督府,以统全国之都司、卫、所焉。

都司、卫、所之建置,早在洪武初年,其后时有变迁,至成化中叶始成定制,计有都司十六,行都司五:

大宁　陕西　山西　浙江　江西　山东　四川　福建
湖广　广东　广西　辽东　河南　贵州　云南　万全
陕西行　山西行　福建行　四川行　湖广行

而直隶诸卫、所尚不在其内。浙江、辽东、山东三都司隶左军都督府,陕西、四川、广西、云南、贵州五都司及陕西、四川二行都司隶右军都督府,河南都司隶中军都督府,湖广、江西、福建、广东四都司及湖广、福建二行都司隶前军都督府,大宁、万全、山西三都司及山西行都司则隶后军都督府。

明代都司、卫、所之建置,本纯为军事之性质,军士皆为世籍,征调则属于诸将,事平则散归各卫,多以屯垦自给,初与普通行政区划不相涉也。其后边境屯防制度日渐毁坏,军士人民漫无区别,而卫所遂兼理民事矣。边境州、县省并者亦以其治民之事责诸卫、所,于是卫、所之一部遂由军区兼理军民之务,浸假而成为地方区划矣。虽然,卫、所渐为地方区划之情形,固非全国皆如是也。大抵边关之地守戍责重,其地军民多与防守有关,故州、县之任即委之卫、所,后又置卫所于未设州县之区域,故其权渐重;若内地则不然,民户多于军伍,卫、所治民实无必要,于是卫、所遂有实土与非实土之区别。实土即兼含民政性质,非实土则专为军事制度也。

《明史·职官志》:"天下内外卫凡五百四十有七,所凡二千五百九十有三",此就全数而言也(《兵志》又言"洪武二十六年定天下都司、卫、所,共计都司十有七,留守司一,内外卫三百二十九,守御千户所六十五",盖就明初而言,故与《职官志》稍异)。若实土卫、所则远不及其半数。《明史·地理志》附见实土卫、所于布政司之下,其略如下:

万全都司治宣府左卫,领实土卫十一,守御千户所二,堡五:宣府左卫、右卫、前卫,万全左卫、右卫,怀安卫,保安右卫,怀来卫,延庆右卫,开平卫,龙门卫;兴和、龙门二所;长安岭、雕鹗、赤城、云州、马营五堡。

辽东都司治定辽中卫,领卫二十五,州二皆实土也:定辽中卫、左卫、右卫、前卫、后卫,东宁卫,海州卫,盖州卫,复州卫,金州卫,广宁卫,中卫、左卫、右卫、前屯卫、后屯卫、中屯卫、左屯卫、右屯卫,义州卫,宁远卫,沈阳中卫,铁岭卫,三万卫,辽海卫;自在、安乐二州。

陕西都司治西安府,领实土卫十:宁夏卫、前卫、左屯卫、右屯卫、中卫、后卫,洮州军民卫,岷州军民卫,河州军民卫,靖虏卫。

陕西行都司治甘州左卫,领实土卫十二,守御千户所四:甘州左卫、右卫、中卫、前卫、后卫,肃州卫,山丹卫,永昌卫,凉州卫,镇番卫,庄浪卫,西宁卫;碾伯、镇夷、古浪、高台四所。

四川都司治成都府,领实土卫一,守御军民千户所二,土官招讨司一:松潘卫;叠溪、黎州二所;天全六番招讨司。

四川行都司治建昌卫,领实土卫五:建昌卫,宁番卫,越巂卫,盐井卫,会川卫。

湖广都司治武昌府,领实土卫一,宣慰司二:施州军民卫;永顺、保静州二军民宣慰使司。

云南都司治云南府,领孟琏、剌和庄、里麻、八寨等长官司。

贵阳都司治贵阳府,领实土卫九,所一:龙里卫,新添卫,安南卫,威清卫,平坝卫,毕节卫,赤水卫,敷勇卫,镇西卫;普市守御千户所。

实土卫所仅如上述,较之全国卫所数目相差过甚,然有明一代边地区划复杂之情形,可以略知矣。

第四节 明代九边之建置及边墙之修筑

明祖扫荡群雄,奠一尊之位,又遣徐达、李文忠诸将北驱元裔,顺帝率其臣民,仓惶北去。元主虽远遁朔方,其故国之思,固未或忘,时时乘间南侵;成祖奋威,三犁漠庭,卒以操劳过度,阿鲁台之役遂崩于榆木川,胡虏之盛可知矣。正统以后,边患日甚,土木之变,英宗北狩,造成明代之巨大国耻,而国门之下犹时为胡骑巡弋之处,故终明之世,边防极重,而为朝野上下所共忧虑者也。及北虏势衰,满州复盛,于是北边之备,复转移之辽东,明季几以全国之力谋保此方,然而国灭族辱,终因于此,履霜薄冰固有其由来也。

明初御边,设辽东、宣府、大同、延绥四镇以为兵备之所,继设宁夏、甘肃、蓟州三镇以补其不足;寻复以太原镇巡统驭偏头、宁武、雁门三关,陕西镇巡统屯驻固原,因有九边之称;于是东起辽海而西迄酒泉,边备灿然可观矣。初,明祖既驱元裔,设北平行都指挥使司于大宁,其地居喜峰口之外,形势极佳,为京师屏蔽,与辽东、宣大共成犄角,实边境之要区也。成祖起靖难师,兀良哈率师前趋,及即位后,论功行赏,乃徙都司于保定,而以大宁故地界之,因建朵颜、福余、泰宁三卫,北门锁钥付人,藩屏顿空,自是辽东、宣大联络不固,声援遂绝,而边警益多,胡人之能牧马于畿辅,蓟州之所以成为重镇者,大抵皆源于此。后又废兴和,徙开平于独石口,蹙地至数百里,土木变起,独石诸城遂墟,而宣府益重矣。

宣府之西,紧接大同。大同与宣府较,防守尤难;然大同实为居庸、紫荆、倒马内三关之屏蔽,大同防御稍疏,内三关即感威胁,内三关有警,而京师不安,故欲守内三关,不能不保大同,是以宣府之西,首重此地也。山西总兵兼辖偏头等三关,所谓外三关也。自开平内徙,东胜有警,外三关形势顿重。及河套沦亡,偏头地位益胜,若虏入偏头,乘大同之背,内三关旦夕告警,帝都震动矣。

陕西外接河套,元人既去,乃城东胜州以为屯戍重地。东胜在偏头关西,距唐受降城故址不远,亦边疆之要塞也。其地水草肥美,数起胡虏觊觎之心,成化初年毛里孩、乩加思兰等相继入寇,河套遂沦于异族;下迄弘治、正德以至嘉靖,累朝迭议收复,而将怯兵弱,终未成功,延绥、宁夏、陕西、宣大等镇遂益形重要。防边带甲之士常不下数十万,然犹不能制胡马之南牧,终明之世殆无时不受其祸。

九边之兵各统于总兵,而以副总兵为之贰,复佐以参将、游击,其他守备、提督尤繁,一堡一寨,皆分兵伺守,以防万一。其后边警日急,复使大员巡抚各边,兼提督其地军务,各抚之置,先后不一,观其设置之次第,可略知有明当时边警之缓急:

  辽东巡抚 正统元年始设,驻辽阳,后驻广宁,又移驻山海关,复徙宁远;

宣化巡抚　正统元年始设；

大同巡抚　初与宣府共一巡抚,成化十年后专设；

延绥巡抚　宣德十年专设,成化九年徙镇榆林；

宁夏巡抚　正统元年始设；

甘肃巡抚　景泰元年定设；

顺天巡抚　成化二年设,兼理蓟州边备；

山西巡抚　正统十三年专设,兼提督雁门军务；

陕西巡抚　景泰初设,驻西安,防秋驻固原。

巡抚而外,复于沿边置三总督,以专责成:

蓟辽总督　嘉靖二十九年设,开府密云,辖顺天、保定、辽东三巡抚；

宣大总督　正德二十九年定设总督,辖宣大、山西等处,三十八年定防秋驻宣府,四十三年驻怀来,隆庆四年移驻阳和；

陕西三边总督　弘治十年始设,辖陕西、甘肃、延绥、宁夏诸处军务,开府固原,防秋驻花马池。

其后建置日繁,辽东一带置抚多至十数,官吏屡多,边事益不堪问闻矣。

明人防边,九镇而外,复汲汲于边墙之建筑。边墙者何？长城是也。长城之修筑远始于春秋、战国之际,嬴秦继之,乃成伟观,其城起临洮而至辽东,蜿蜒数千里,顾今日所称为长城者,已非秦氏之旧迹,而为明人之新筑。然则明人大筑长城,乃称曰边墙者,何也？盖秦皇筑长城而后万世诟之,边墙云者,避与秦皇同称也。

明初防边,多恃关堡,《明史·兵志》:"洪武二年,从淮安侯华云龙言,自永平、蓟州、密云以西二千余里,关隘百二十有九,皆置成守;于紫荆关及芦花岭设千户所守御。又诏山西都卫于雁门关、太和岭并武、朔诸山谷间凡七十三隘俱设戍兵。九年敕燕山前后等十一卫分兵守古北口、居庸关、喜峰口、松亭关,烽堠百九十六处。……十五年,又于北平都司所辖关隘二百以各卫卒戍守。"边备之严,无与伦比。成祖之时,迭事讨伐,北虏虽多畏服,而边备亦益整饬。考明代边墙之建筑,远始于洪武初年,其时徐达镇守蓟北,于山海关以西之地,缘山起筑城垣,以为边防。及成祖之世,复于宣府之西建城,直达山西北境。成化八年,余子俊巡抚延绥,奏修榆林东中西三路边墙一千七百余里,是城横截河套南部,东起清水营西至花马池,巍然大观矣。子俊后又总督宣大,复议修山西边墙,东起四海冶,西止黄河,长约千三百余里,然子俊竟以是得罪,工亦未毕。成化十年,宁夏巡抚徐廷章复筑黄河嘴至花马池间三百余里之边墙。弘治十四年,土鲁番扰陕西西边,乃修嘉峪关以御之。次年,总制秦纮复筑固原边墙,自饶阳至靖虏卫、花儿岔约千里。嘉靖九年,总制王琼复西修至兰州。嘉靖时,翟鹏、翁万达相继总督宣大,于是紫荆等三关及宣大间之边墙皆得修葺,而万达之筹边尤为详悉,《明史·兵志》载其言曰:"山西保德州河岸东尽老营堡凡二百五十四里,西路丫角山迤北而东历中北路抵东路之东阳河镇口台凡六百四十七里,宣府西路西阳河迤东历中北路抵东路之永宁四海冶凡一千二十三里,皆逼临巨寇,险在外者,所谓极边也。老营堡转南而东,历宁武、雁门、北楼至平型关尽境约八百里,又转南而东为保定界,历龙泉、倒马、紫荆、吴王口、插箭岭、浮图峪至沿河口约一千七十余里。又东北为顺天界,历高崖、白羊抵居庸关约一百八十余里,皆峻岭层冈,险在内者,所谓次边也。"乃修建宣大边墙,京师得以乂安。而蓟州边墙自山海关以西至居庸关,其间蜿蜒千里,亦得乘间修筑。吾人今日所见长城之巨迹,皆此时所建筑之巨工也。

然边墙之修筑,非至山海关即止也,今辽宁省中尚有若干段,依稀可见,亦明人之遗迹。明代辽东边外,西有兀良哈,东有建州之女真,皆常为边患,明廷即于其地分建边墙,以防御之。辽东边墙之修筑,始于王翱之守边,翱于正统七年提督辽东军务,始修山海关至开原间之边墙。其后守臣累事增葺,东南越凤凰山而至鸭绿江口,环绕辽东之东北,其功亦巨。明人备边,筑城修塞,竭全国之力,然犹不能御异族之侵入;今日之外患较之明代,实远过之,而边围不固,守御无方,上视明人能无愧色!

本章重要参考书:

《明史》。
《皇明经济文录》(《九边编》、《辽东编》)。
《皇明经济文录》(《蓟州编》、《宣府编》、《大同编》)。
《大明一统志》。
罗洪先:《广舆图》。

第二十四章　清代疆域概述

第一节　未入关前之满清

　　清初居于长白山下，明设建州卫以处之。至努尔哈赤时势渐强盛，侵并其旁诸部落。努尔哈赤之初起也，以苏克素护河部图伦城之尼堪外兰尝构杀其二祖，乃率众击之，下图伦城，由是累攻栋鄂、浑河、苏克素护河、哲陈、完颜诸部，遂统一建州。时扈伦四部中之叶赫部最强（扈伦四部为明海西卫地），塞外诸国，尽推之为盟主，及见努尔哈赤疆土渐广，虑其不利于己，乃遣使要以割地，努尔哈赤不听，遂生嫌隙。叶赫部酋乃纠合扈伦他三部哈达、辉发、乌拉及蒙古三部科尔沁、锡伯、卦勒察及长白山二部珠舍哩及讷殷，合九部之兵苏盟来战，遇于古埒山，九部之兵大溃，努尔哈赤乘间攻珠舍哩及讷殷灭之。先是长白山别部鸭绿江部为清兵所破，至是长白山三部尽为所有（长白山三部亦明建州卫地）。扈伦四部及蒙古科尔沁等部皆来乞盟；既而扈伦四部相继背盟，因遣兵征之，四部遂亡。明万历丙辰乃即汗位，国号金。复远征东海部，东海部为明野人卫之地，自宁古塔以东迄于东海，皆其人所居；其族以瓦尔喀、库尔喀诸部为最大，建州兵至皆望风降附。其疆域益广，西

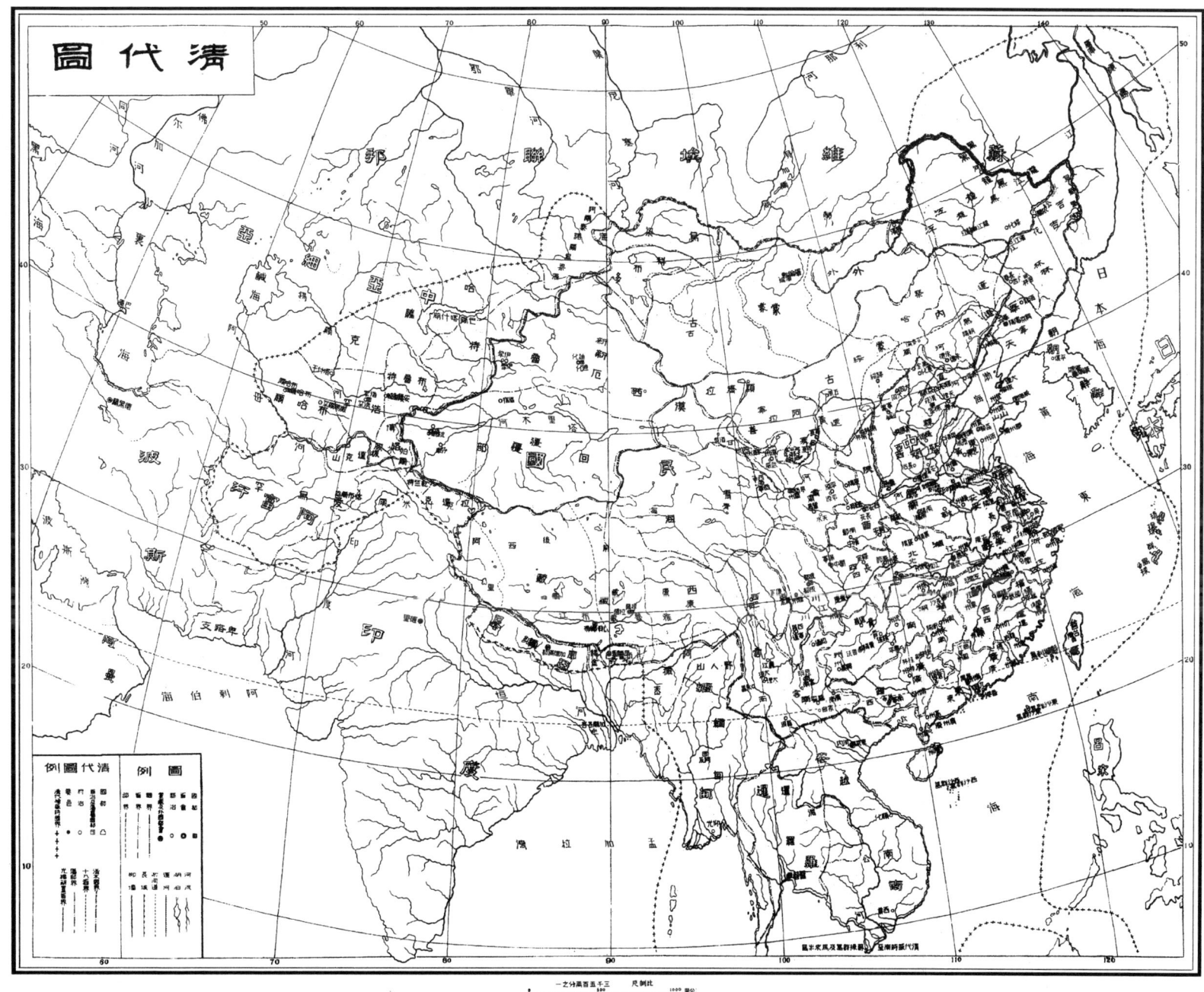

南与明境及朝鲜相接,东境且至于海;后又征服索伦诸部,北疆远及黑龙江外矣。

蒙古科尔沁部于叶赫联军败后,尝乞盟相安,其后努儿哈赤攻乌拉,科尔沁败盟往援,又为努儿哈赤所败;是时察哈尔、林丹汗势已强,威逼诸部,科尔沁不堪其扰,思结大国以自固,乃再降附。林丹汗为元人蘖裔,世居于长城附近,为察哈尔部,传至林丹汗时,其势颇盛,遂进而侵略其邻部;然林丹汗遇属部过虐,于是喀尔喀诸部及敖汉、奈蛮、喀喇沁、土默特等部相率东归,臣服于金,而金之疆土遂与察哈尔相接。皇太极时,林丹汗受明贿,遂起衅隙,皇太极乃会诸部兵,亲率军征之,林丹汗军大败,西逃至青海附近而死,其地尽归于金。皇太极愈强,乃黜金号而改称清焉。

初,努儿哈赤之攻叶赫部也,明廷虑叶赫亡而辽东之屏藩失,且使建州坐大,乃助叶赫部守。努儿哈赤书七大恨告天内犯,连破抚顺清河,明廷震恐,大举出师以援辽东,不意萨尔浒之战,经略杨镐遂覆其兵。其后熊廷弼、袁应泰先后巡边,而沈阳、辽阳相继失陷,努儿哈赤且由兴京迁居辽阳,复由辽阳进都沈阳,逼近明边,俟隙西侵。及袁崇焕备边,宁远一战,大败建州兵,努儿哈赤亦因伤忿死。努儿哈赤死后,皇太极继立,乘间南攻朝鲜,与之定盟,抒后顾之忧;复以轻师入喜峰口,薄遵化边,猖獗于畿辅间,都门之下,虏骑屡至。清人又以反间杀崇焕,崇焕死而明之边备衰矣。是时清兵已南降朝鲜,北定察哈尔,明北边亦为清兵所据,于是虏骑屡毁边墙内犯。崇祯十一年,多尔衮之师由密云直入蓟边,分军南向,明兵遇者辄靡,清师直至济南,破其城,始从容北归。时锦州、松山、山海关等地尚为明守,清军亦知山海关不得,所取之塞内州县必不能久保,故数次入寇,蹂躏各地后,即舍之而去。后锦州、松山相继被陷,山海关势益孤,及李自成入京师,吴三桂启关东降,清兵遂长驱直入矣。

第二节　清代行省之区划

清既得入主中国,疆域制度仍因元、明之旧,分置行省。行省之制虽完成于元代,为明人所效法,然明人实不以行省称;及于满清,遂复行省之名,惟其制度已称异于蒙古矣。清之称行省为康熙初年之事,顺治时固仍因明人布政使司之旧,仅改南直隶为江南,盖清以北京为京师,南京废不为都,直隶之名无所承受也。

康熙初,以十五省区划过大,因分江南为江苏、安徽,陕西为陕西、甘肃,湖广为湖南、湖北,合为十八行省,此十八行省即吾人习语所称之中国内部也。光绪九年乘回疆乱定,即于其地建设行省,赐以新疆之名;十三年又改台湾为省,惜中、日战后已为日人夺去矣。庚子以后东北情形日渐繁杂,因于其地分置奉天、吉林、黑龙江三省,合旧日之十八省而为二十二省。二十二省之下,各设府、厅、州、县,今略述其属府及直隶厅州于后,以见其区划之概况焉。

行省及京府	属府	直隶厅	直隶州
顺天府			
直隶省	保定、正定、大名、顺德、广平、天津、河间、承德、朝阳、宣化、永平。	张家口、独石口、多伦诺尔。	赤峰、冀、赵、深、定、易、遵化。
奉天省	奉天、锦州、新民、兴京、长白、海龙、昌图、洮南。	法库、营口、凤凰、庄河、辉南。	
吉林省	吉林、长春、新城、双城、宾州、五常、延吉、宁安、依兰、临江、密山。	榆树、滨江、东宁、珲春、虎林。	伊通、绥远、濛江。

黑龙江省	龙江、呼兰、绥化、海伦、嫩江、黑河、胪滨。	讷河、爱珲、呼伦、肇州、大赉、安达。	
江苏省	江宁、淮安、扬州、徐州、苏州、松江、常州、镇江。	海门。	通、海、太仓。
安徽省	安庆、庐州、凤阳、颍州、徽州、宁国、池州、太平。		广德、滁和、六安、泗。
山西省	太原、汾州、潞安、泽州、平阳、蒲州、大同、朔平、宁武。	归化城、萨拉齐、清水河、丰镇、托克托、宁远、和林格尔、兴和、陶林、武川、五原、东胜。	辽、沁、平定、解、绛、隰、霍、忻、代、保德。
山东省	济南、东昌、泰安、武定、兖州、沂州、曹州、登州、莱州、青州。		临清、济宁、胶。
河南省	开封、归德、陈州、河南、彰德、卫辉、怀庆、南阳、汝宁。	淅川。	许、郑、陕、汝、光。
陕西省	西安、同州、凤翔、汉中、兴安、延安、榆林。		乾、商、邠、鄜、绥德。
甘肃省	兰州、平凉、巩昌、庆阳、宁夏、西宁、凉州、甘州。	化平川。	泾、固原、阶、秦、肃、安西。
浙江省	杭州、嘉兴、湖州、宁波、绍兴、台州、金华、衢州、严州、温州、处州。	定海。	
江西省	南昌、饶州、广信、南康、九江、建昌、抚州、临江、瑞州、袁州、吉安、赣州、南安。		宁都。

湖北省	武昌、汉阳、黄州、安陆、德安、荆州、襄阳、郧阳、宜昌、施南。	鹤峰。	荆门。
湖南省	长沙、宝庆、岳州、常德、衡州、永州、辰州、沅州、永顺。	南州、乾州、凤凰、永绥、晃州。	澧、桂阳、郴、靖。
四川省	成都、重庆、保宁、顺庆、叙州、夔州、龙安、宁远、雅州、嘉定、潼川、绥定、康定、巴安、登科。	松潘、石砫、理番。	邛、绵、资、茂、忠、酉阳、眉、泸、永宁。
福建省	福州、福宁、延平、建宁、邵武、汀州、漳州、兴化、泉州。		龙岩、永春。
广东省	广州、肇庆、韶州、惠州、潮州、高州、雷州、廉州、琼州。	佛冈、赤溪、连山。	罗定、南雄、连、嘉应、阳江、钦、崖。
广西省	桂林、柳州、庆远、思恩、泗城、平乐、梧州、浔州、南宁、太平、镇安。	百色、上思。	郁林、归顺。
云南省	云南、大理、丽江、楚雄、永昌、顺宁、曲靖、东川、昭通、澄江、临安、广南、开化、普洱。	永北、蒙化、景东、镇沅、镇边。	武定、镇雄、广西、元江。
贵州省	贵阳、安顺、都匀、镇远、思南、思州、铜仁、遵义、石阡、黎平、大定、兴义。	松桃。	平越。
新疆省	迪化、伊犁、温宿、焉耆、疏勒、莎车。	镇西、吐鲁番、哈密、库尔喀喇乌苏、塔尔巴哈台、精河、乌什、英吉沙尔。	库车、和阗。
附台湾省	台湾、台北、台南。		台东。

清自世祖入关,建都北京,奠定华夏,下至高宗,臻于极盛,版图所及"东极三姓所属库页岛,西极新疆疏勒,至于葱岭,北极外兴安岭,南极广东琼州之崖山"(《清史稿·地理志》语),较之明代抑又过矣。惜中叶而后,国力渐衰,列强环伺,外侮日多,卒至藩属离去,疆土被割,遗祸无穷!自德宗时增建行省州县,迄于末年遂有行省二十二,府厅州县一千七百有奇(据《清史稿·地理志》),一代疆域区划,尽于此矣。

第三节　蒙藏底定后之四方藩属

明驱元裔于塞外,中国归于一统,惟其疆域北限于长城,西仅越河西,蒙古旧部及西域诸国皆不能有也。清人于未入关以前,灭察哈尔林丹汗,内蒙诸部相继降附,而外蒙喀尔喀三汗部亦尝遣使入贡;及准部东犯,喀尔喀诸部举族内附,遂结以姻娅,感以威力,故终清之世,永为藩臣。喀尔喀蒙古之西,别有额鲁特蒙古者,旧分为四部:准噶尔、和硕特、杜尔伯特及土尔扈特,即所谓四卫拉特也。清之初起,以荒远未服,而准噶尔部渐强,稍蚕食其邻部,康熙十四年其酋噶尔丹遂尽并合四部旧地,寻又越天山而并南路诸部。时和硕特部已自乌鲁木齐移居于青海,复由青海伸其势力于西藏,藏人苦之;噶尔丹乃阴结藏人,杀和硕特汗而并有其地。寻乘喀尔喀三部内哄,举兵由杭爱山袭其地,且复觊觎漠南,康熙帝乃亲率大军西征,乌兰布通及昭莫多诸战,噶尔丹之势大杀,西窜而死。噶尔丹虽势孤走死,其侄策妄阿拉布坦复据其旧地作乱,康熙五十四年大兵再出,遂乘间收复唐努乌梁海,而准噶尔部之乱,犹纷扰不止。迨乾隆二十二年平定伊犁，大事杀戮，准部人民几无孑遗矣。准部平后，天山南路又为回部所据，时清兵势甚盛，故不久亦归夷灭。

青海于清初为额鲁特和硕特部固始汗所窃据，固始汗且由此而伸其势力于西藏，及噶尔丹强盛，遂为残破。康熙时，准部为清兵追破，固始汗之子孙又重整其旧业，率其族内属。雍正初，其酋有罗卜藏丹津者，固始汗之蘖孙也，发兵反，清廷遣军征之，复定其地，遂永为藩属。西藏旧分为康、卫、藏、阿里四部，自和硕特及准噶尔诸部倡乱西北，西藏迭为所蹂躏，及准部平定，西藏四部亦相率内属。

清代底定蒙、藏之后，收其地为藩属，因其俗而治之；故各藩之疆域制度，多不与内部诸省同。内蒙之地共分六盟：哲里木、卓索图、昭乌达、锡林郭勒为东四盟，乌兰察布、伊克昭为西二盟。盟又各分部，部复析为旗，旗即其地最小之区划也。

哲里木盟四部，其盟地在科尔沁右翼境内：

　　科尔沁部六旗

　　札赉特部一旗

　　杜尔伯特部一旗

　　郭尔罗斯部二旗

卓索图盟二部，其盟地在土默特右翼境内：

　　喀剌沁部三旗

　　土默特部二旗，附左翼一旗

昭乌达盟八部，其盟地在翁牛特左翼境内：

　　敖汉部一旗

　　奈曼部一旗

巴林部二旗

　　札鲁特部二旗

　　翁牛特部二旗

　　阿鲁克尔沁部一旗

　　克什克腾部一旗

　　喀尔喀左翼部一旗

锡林郭勒盟五部，其盟地在阿克噶左翼、阿巴哈纳尔左翼两旗境内：

　　乌珠穆沁部二旗

　　阿巴哈纳尔部二旗

　　浩齐特部二旗

　　阿巴噶部二旗

　　苏尼特部二旗

乌兰察布盟四部，其盟地在四子部落旗内：

　　四子部落一旗

　　茂明安部一旗

　　乌喇特部三旗

　　喀尔喀右翼部一旗

伊克昭盟一部：

　　鄂尔多斯部七旗

诸盟、部之外，别有宣化、大同边外之察哈尔部八旗，八旗者：镶黄旗察哈尔、正黄旗察哈尔、镶红旗察哈尔、正红旗察哈尔、镶白旗察哈尔、正白旗察哈尔、镶蓝旗察哈尔、正蓝旗察哈尔。盖清初察哈尔林丹汗既走死于青海附近，其裔东附，移处于义州；及康熙时，其酋又反，讨平之后，移其部驻此，因有察哈尔部八旗之称，与内蒙古诸部异矣。

外蒙诸部以喀尔喀为最广。清初喀尔喀分为三汗部，即土谢图汗部、车臣汗部、札萨克图汗部。雍正九年，以固伦额驸策凌击准噶尔有功，分土谢图汗部为赛音诺颜部以处之，于是喀尔喀有四部矣。然外蒙古除喀尔喀四部外，杜尔伯特、土尔扈特等部皆亦牧于其地，而诸族于蒙古之外，又散牧于今新疆、宁夏诸处，今并述于下：

喀尔喀后路土谢图汗部二十旗，属于汗阿林盟；

喀尔喀中路赛音诺颜部二十二旗，属于齐齐尔里克盟；

喀尔喀东路车臣汗部二十三旗，属于喀鲁伦巴尔和屯盟；

喀尔喀西路札萨克图汗部十九旗，属于札克必拉色钦毕都哩雅诺尔盟；

阿拉善额鲁特部一旗，不设盟，游牧于河套以西，宁夏甘州边外，亦曰西套额鲁特；

杜尔伯特部十六旗（左翼旗十一，右翼旗三，附辉特旗二），左右翼分为二盟，皆名赛因济雅哈图盟，游牧于科布多金山以东，乌兰固木地；

阿尔泰乌梁海七旗，游牧于乌里雅苏台之西；

阿尔泰诺尔乌梁海部二旗，游牧于索果克喀伦之外；

南路旧土尔扈特部四旗，属于乌讷恩素珠克图盟南路，游牧于喀喇沙尔城北，天山之南，珠勒都斯地；

中路和硕特部三旗，属于巴启色特启勒图盟，与南路土尔扈特部同游牧于珠勒都斯地；

北路旧土尔扈特部三旗，属于乌拉恩素珠克图盟东路，游牧于库尔喀喇乌苏城西南，天山之北，济尔噶朗河流域；

西路旧土尔扈特部一旗，属于乌讷恩素珠克图盟西路，游牧于

伊犁河东,天山之北,晶河东岸;

额济拉旧土尔扈特部一旗,不设盟长,游牧于阿拉善旗之西,甘肃甘州、肃州边外;

新土尔扈特部二旗,属于青色特启勒图盟,游牧于科布多城西南,布勒罕河流域;

新和硕特部一旗,不设盟,游牧于金山东南,哈弼察克地;

札哈沁部一旗,游牧于科布多城南;

科布多额鲁特部一旗;

唐努乌梁海部。

青海为额鲁特蒙古牧地,共分五部:

青海和硕特部二十一旗;

青海绰罗斯部二旗;

青海土尔扈特部四旗;

青海辉特部一旗;

青海喀尔喀部一旗。

青海自昔为西羌、吐蕃盘据之地,自额鲁特人侵入,吐蕃遗族遂为所役使,及罗卜藏丹津平后,乃分建土司四十以处之,借分额鲁特之势,蒙人牧于北,藏族处于南,各据其地,遂得久安。

清代自顺治入关,历经康熙、雍正两朝,迭破噶尔丹及罗卜藏丹津诸叛酋,乾隆继之,国威远镇,既荡平准噶尔,复戡定回部之乱,又因西追叛酋,遂耀武边外,于是西域诸回部,若巴勒提痕、爱乌罕、拔达克山、布哈尔、博洛尔、塔什干、安集延、浩罕东西、布鲁特左右、哈萨克及坎车提等皆来朝贡,比于藩属;而南方诸国若安南、缅甸、暹罗及西藏边外之廓尔喀、布鲁克巴、锡金亦皆内附,即南洋之苏禄等地咸远渡重洋,贡献不绝,清代之版图至此极大矣。

第四节　清代地方行政制度

　　清代诸省既承明人布政使司之旧区，故其行政制度亦多祖前朝之遗制。明制省设左右承宣布政使以理行政，提刑按察使以辖刑名。其后每遇重地要区，复置督抚，督抚因时而设，事毕功竣，其额即停，故明季督抚虽多，究非定制。清代增其权力，遂渐为一省之大员，最高之长官矣。大抵总督所辖或一省或二三省，视其地之繁简而定。顺治初，置天津、宣大、福建、两江、浙江、湖广、陕西、四川、广东、云贵诸总督；康熙、雍正时有增损，至乾隆时仅余八总督。八总督者：直隶、两江、闽浙、两湖、陕甘、两广、云贵、四川也。八总督中直隶、四川各兼其省之巡抚事，陕督亦兼甘抚。光绪时，奉天、吉、黑置省，因增设东三省总督，合为九督。清初置顺天、天津、正保、宣化、山东、登莱、山西、河南、江西、庐凤、安徽、陕西、延绥、甘肃、宁夏、浙江、江西、郧阳、南赣、湖广、偏沅、广东、广西、云南、贵州、福建等巡抚，乾隆时除直隶、四川、甘肃三省外，他省皆置巡抚一人，因成定制。光绪时诸新省建置，亦皆仿内地设立巡抚；后罢奉天巡抚，以东三省总督兼理，与甘肃同制度矣。

　　初，督、抚未建之时布政、按察二使实为一省最高之官吏，及增设督抚，大权尽为所夺，布政、按察渐沦为其属吏。清初循明制，省各设布政使二人（贵州一人，直隶不设），按察使一人；康熙六年每省各裁布政使一人，浸成定制，明制各省布、按二使下置分守、分巡道，分守司各地钱粮，以布政使司之参政参议副使佥事兼管，分巡则掌各地刑名，别以按察使司之属吏辖之，故分守、分巡之道员必带原衔,示为二使司之属吏。乾隆十八年裁其本衔,定其辖属,分守、分巡各执其事,所治之地始有固定之范围。

府置知府以辖一府之事,惟顺天、奉天二府为首都、陪都重地,则别置府尹,以示区别。州有直隶、散州之分,亦因明人旧制,惟散州不统县,与前代稍异;不论其为直隶、散州,皆置知州,以治其事。县仍设知县,无所改易。清代于府、州、县外别创厅制,厅初设于边省,后渐置于内地,亦有直隶、散厅之分,略与州同。厅之官制略与州、县相同。

盛京、吉林、黑龙江诸处,略异内地。每处设将军以掌镇抚之事,而以副都统为之贰。盛京副都统三人,分驻盛京、锦州府、熊岳城;吉林副都统五人,分驻吉林、宁古塔、伯都讷、三姓地方、阿勒楚哈;黑龙江副都统三人,分驻齐齐哈尔、墨尔根、黑龙江。自改省后遂易将军为督抚。乾隆时,平准、回二部,因其俗而治理之,故回部置各级伯克,蒙族部落则置札萨克,与内外蒙古同制;复以伊犁将军总理天山南北路之军政边防诸务。改省之后,建置渐同内地。

内外蒙古诸旗各置札萨克以掌政令,联诸旗而为部盟,盟有盟长。札萨克为世袭之职,盟长则由中央任命。中央别派大员驻扎各地以相控制,故张家口有察哈尔都统,热河有热河都统,绥远有绥远都统,乌里雅苏台有定边左副将军、参赞大臣,科布多有参赞大臣及办事大臣,库伦有库伦办事大臣。青海虽为蒙古部族,仅于诸旗置札萨克,不设盟长,其会盟事务则由西宁办事大臣处理,与内外蒙古稍异矣。

西藏之政教则由达赖喇嘛及班禅喇嘛掌之,达赖掌全藏之政教,而班禅则仅辖后藏。其下有噶布伦四人以掌行政,仔俸三人以掌财政；宗教事务则由达赖、班禅属下之僧侣司之；中央置驻藏大臣于拉萨，以总其成焉。

第五节　清代西南土司制度

我国西南各地，蛮夷杂处，其与汉族发生关系远在秦、汉之时，庄蹻之入滇称王，汉武之建益州郡县，皆尝从事于开发。顾其民族既杂，文化复低，嗜杀好斗，小不如意，倾族相争，政治设施稍有不良，即率其种族叛离，致使边庭不安，而其间彼此之争执尤易引起各民族相互残杀，故自汉、唐以来，言西南边事者，无不注意及此。不论其政策为剿为抚，率以汉、夷相安为主。唐、宋于其地置羁縻州郡，元人复设宣慰、宣抚诸司，皆所以防其反侧，安辑边疆也。及有明之初，诸土司相率背元来归，太祖嘉其向善心切，即以原职授之，使得袭其爵禄，保其名号，土官遂渐增多，而土司之制度亦渐完备矣。土官既繁，其中不逞之徒在所难免，故与政府之冲突，时有所闻；中叶而后，猖獗愈甚，播州、水西诸处边乱如麻，驿报日急矣。

清代君臣颇思改弦更张，虽未完全解决土司之问题，然已较明时差强人意。明代最易引起纠纷者，厥为土司之承袭问题，土司为世袭之爵，固尽人而知之矣。彼中土司子若孙，固为承袭爵土之人，而女与婿亦可沾其余惠，即族中之子侄，亦莫不有染指之念，故老土司逝世之后，大位之争执，实为不可避免之事。明廷对此，虽亦有所规定，以防患于未然，惟疆吏每坐视其斗争，而后令其势大者承位，故纠纷日多，辄有牵及大局，引起巨乱者。清廷洞知其积弊，故于承袭之则例，严加规定，鉴别其宗支亲属，预藏其属籍于朝中，一旦起衅，执谱而索，则问题立决矣。然清代犹有逾于明人者，土司之诸子不论其为嫡为庶，皆使分其父之遗土，分土愈多，其势愈弱，土分势弱，其争执与反侧机会，自渐减少矣。

　　清代土司之官吏，虽沿明人旧制（明之土司长官有宣慰使、宣抚使、安抚使、诏讨使，以及长官司之长官、与千夫长副千夫长），而完备过之，官吏有文武之分，文则辖于吏部，武则属诸兵曹，武职有指挥使、指挥同知、宣慰使、指挥佥事、宣抚使、副宣抚使、安抚使、千户长、副千户、百户、长官司、副长官司、土游击、土都司、土守备、土千总、土把总之类，文职则有土知府、土同知、土通判、土经历、土知事、土知州、土州同、土州判、土判官、土吏目、土知县、土县丞、土主簿、土典史、土巡检之名，各因其族类大小与势力强弱而分授之。其称号虽有高低之差别，而互相隶属之关系则不多见。诸土官不论其地位之高下，遇流官时即低一级，此制为清人所新创，其中实含有防制跋扈之至意也。

　　诸土司之区域自甘肃、青海以南至于四川、两湖、云、贵、广西诸省莫不有之，或据一乡一寨，或辖一州一县，小者有地数里，大者乃有至数千里，总诸省土司其数殆不下数百，实居西南诸省中之重要地位。土司不论其官爵之大小，辖土之广狭，莫不自成一区域，于其领土之内执有莫大之威权，人民财产皆视为私人之所有物，实一区域中之土皇帝也。土司之贪婪者，每役其人民若牛马，任意宰割而不稍惜，土民受其荼毒，无术伸诉，宛转承受殆若命运所预定者然。土司辖地少而权力小者，虽暴虐其人民，其害犹不过一方而已；若土广人众，而其力又甚强，往往甘冒不韪，妄有所动作，或劫其邻部，或举兵内犯，以致衅起一方，边庭不安，故裁制与处理，遂为政府不可少之工作矣。

清代处理土司之策略，每因时因事而各有不同，其最著效者，则唯改土归流之法耳。改土归流者，即于归化之土司区内废除其土官，改建州县，设官置吏，使之同于内地也。其法本明人旧制，清代不过因其策略稍觉彻底而已。改土归流无异夺土司之实力，故其执行之时颇非易易，每遇专横暴虐之辈，生性好乱之徒，辄勒其改流，若奉公守法者则仍得保其疆土，享其爵禄，亦非一概弃置也。改流之土司，以两湖为最多，湖北之散毛、施南、容美，湖南之永顺、保宁、桑植及永绥、乾州、凤凰诸地，皆以改流而为郡县，其境内之土司殆已绝迹。他如四川之建昌、松潘、天全、打箭炉，广西之镇安、泗城，云南之开化、昭通、丽江、镇沅、蒙化、威远，贵州之威宁、郎岱、归化、永丰等地，亦皆因时制宜，乘间改流。嘉、道之间，复将贵州等处之土千总、守备诸职盛加裁损。光、宣之际，又勒令若干土司停止世袭，若云南之富州、镇康，四川之里塘、巴塘、德尔格忒，广西之忠州、镇远等地，皆假此法而夺其土地。故至清末，两湖之内廓清无余，滇、蜀、黔、广亦十存五六，仅甘肃一省仍如故耳。土司改流之后，失其疆土，往往迫其部民叛乱，以遂其恢复爵土之欲念，故政府对于此辈归流后之土司，每多加赏赐，仍许袭其旧号。然各省土司往往传世至数百年之久，其势力一时不能完全铲除，故彼辈辄假其余威，以支配其人民，归流后之土地，每不能与内地州、县同等治理，盖因此耳。

清代改土归流之政策，多行于接近腹地之土司，若两湖之间是也。边地则仍以保存固有之土司为原则，盖边民知识固陋，统治不易，反不若因其俗而治之为便也，且边境每易引起对外之纠葛，辄有利用土司为缓冲之必要，故虽得其土地，而土司不废，间亦有增置土司之举，其初或图苟安，往往贻后世以无穷之患难，此殆清代处理土司之时所未能预料者也。迄于今日，土司问题仍为西南边省政治上巨大之症结，斯又待于执政者之努力，庶可化夷、番为吾民也。

本章重要参考书：

《清史稿》。
《清通典》、《清通志》、《清通考》。
《大清一统志》。
张穆:《蒙古游牧记》。
佘贻泽:《明代之土司制度》(《禹贡半月刊》第四卷第十一期)。
佘贻泽:《清代之土司制度》(《禹贡半月刊》第五卷第五期)。

第二十五章　鸦片战后疆土之丧失

清自入关以来下至乾隆，其间诸帝皆一代令主，国势日益强盛；顾盛极而衰，清室之黄金时代渐随诸帝而去，不可复挽救矣。中国向视世界各国皆为蛮、夷之族类，文化落后之国家，闭关自守，不屑与之通礼，故乾隆时英使马加特尼远道来华，恭礼卑辞，恳求通商而不可得。及至鸦片祸起，割地赔款，遂使外人知我国家之柔弱，政府之无能，纷至沓来，皆挟其所欲而去，夺我藩属，割我良港，造成空前之耻辱，贻吾族以无穷之患难，吾人述此期之情形，诚不禁心痛神怆也。

鸦片战争之结果，此老大之帝国一旦为素所轻视之英夷所败，城下定盟，遂于道光二十二年共结《江宁条约》，此约除赔款之外复开广州、福州、厦门、宁波、上海五口为通商口岸，而珠江口外之香港亦随此约为其侵占矣。咸丰时英、法联军之役后，与英人结《北京条约》，而九龙司之地又为英人侵占矣。然英人之野心大欲固不因此而稍止。英属印度东接我国藩属之缅甸，北与西藏隔喜马拉亚山，故常垂涎此二地。英人既早有并缅之心，值法人亦欲伸其势力于该土，遂于光绪十一年遣兵侵缅，占为己有，次年复迫我共结《缅甸条约》承认之，于是西南藩属撤矣。英人既占有缅甸，复进而觊觎西藏，光绪十五年遂与藏人启衅，兴兵据哲孟雄，而次年所订之《藏印条约》，因承认哲孟雄为英人之保护国矣。我之藩属既为所攫,又复蚕食我之海港。甲午中、日战后,我国国势益弱,外人租借港口之事纷纷并起,英人乘法议租广州湾之际,强以保护香港为口实,租我九龙半岛而去(光绪二十四年《中英展拓香港界址专约》),寻又以俄租旅顺、大连,复租我威海卫(光绪二十四年《威海卫租借条约》,此地于民国十九年收回,惟海口之刘公岛尚为英人保留十年),我国以积弱之下,空见良港为人夺去,亦无可如何,诚可哀也!

鸦片战争使吾国与英人结辱国之《江宁条约》,其时因受武力之压迫,诚不得已之事;不意法人乘间来请援例,清廷以新败之余,谈虎色变,遂与之结修好条约,任其取若干权利而去!英、法联军之役,又为进一步之要求,利权之丧失亦愈多。于是法人见我国之孱弱,得寸进尺,复谋我之安南,光绪时,遂进兵侵占,与我军战于谅山,法军大败,然清廷犹与法人签订条约(光绪十一年《中法越南条约》),卒承认安南为法之保护国,外交之失策,一至于此!法既占安南,复思租我广州湾,会法传教师在广州湾附近被害,法遂派兵占领强行租借,清廷不得已,因与订《广州湾租借条约》(光绪二十五年),为事后之承认。

中、俄两国之结约为时甚早,康熙二十八年之《尼布楚条约》盖已肇其端倪。其时俄国正思伸其势力于东部西伯利亚,清廷欲阻其东进,与之共结《尼布楚条约》,此约尝为国人认为光荣之举,然额尔古讷河北地即于此时断送,边疆失地盖已肇基于此矣。俄人东进之心虽略受挫折,然其开扩土地之志固未尝稍息,故探险之队时时出没于黑龙江外与鄂霍次克海一带。咸丰时,我国与英、法起衅,俄人乘我力难东顾之时,与我黑龙江将军弈山共订《爱珲条约》,约中规定"黑龙江松花江左岸由额尔古讷河至松花江海口,作为俄罗斯国所属之地",于是黑龙江外诸地尽失,彼俄人又强定乌苏里河以东至海之间为共管之地,遂伏日后《北京条约》失地之基,仅黑龙江左岸精奇里河以南六十四屯弹丸之地,仍归我有。光绪拳匪之役,俄人乘机戮我诸屯居民,而占有其地,事后虽允归还,迄今犹未履行,盖已成悬案矣。爱珲订约后之二年,英、法联军入北京,文宗狩于热河,俄使居间调停,罢战议和,因借口索酬,清廷不得已,复与之结《北京条约》,而乌苏里河以东共管之地完全断送矣。若黑龙江口外之库页岛,则俄人于乾隆之时早已收为己有,我国以其荒服岛屿素不注意,及黑龙江乌苏里河划界,库页岛更不暇问闻,遂使大好土地失于不知不觉之中,可慨孰甚!俄人虽得志吾国东北,然西陲之侵蚀正方兴未艾,咸丰《北京条约》中即涉及西陲各地,约中言由"雍正六年所立沙滨达巴哈之界牌末处起,往西直至斋桑淖尔湖,自此往西南,顺天山之特穆尔图淖尔南至浩罕边界为界"。故同治三年依此约与清廷订《勘分西北界约记》议定中、俄边界"自沙滨达巴哈界牌起……顺萨彦山岭……赛留格木山岭……大阿勒台山岭至斋桑淖尔北面之海留图两河中间之山,转往西南,顺此山直至斋桑淖尔北边之察奇勒莫斯鄂拉,即转往东南,沿喀喇额尔齐斯河岸至玛呢图噶图勒干卡伦",自此再循塔尔巴哈台山岭至阿勒坦特布什山岭,复往西转南循霍尔果斯河至伊犁河岸之齐钦卡伦,"过伊犁河往西南行至春济卡伦,转往东南……由特穆尔里克山顶行……至根格河源……(又)至特克斯河",循天山至葱岭靠浩罕为界,此约订后阿勒台山后之阿勒坦诺尔乌梁海部及山前斋桑淖尔以西诸地失去矣。及回乱起,俄人出兵侵入伊犁,清廷派崇厚往俄交涉,崇厚懦弱,损失利权过多,乃复使曾纪泽与之折冲,另订新约(光绪七年《中俄改订条约》),保持利权不少,然伊犁西边

第二十五章 鸦片战后疆土之丧失

地方卒未能璧还。新界顺霍尔果斯河,南越伊犁河而至乌宗岛山廓里札特村之东,以此地易崇厚所许之特克斯谷地。然明年勘界之时,使臣昏庸,竟为俄人所愚,竟以特克斯河流域复畀俄人!而科布多、喀尔噶什等处勘界亦丧失疆土不少。科布多勘界为光绪九年事,新界自大阿勒泰山下阿克哈巴河源起,越喀喇额尔济斯河而至赛哩乌兰岭,界西之地尽付于俄人。喀什噶尔之北有察提尔库里湖,其周尽为膏腴之地,曾使改约之时,俄人即欲得此,赖曾使峻拒,得以保全,而光绪十年勘界之时,反轻轻让与;而西界且允至乌仔别里山豁,遂起英、俄互分帕米尔之念,光绪二十二年,二国私分其地,我国虽尽力交涉卒无效果,推其本原,此次勘界使臣实不能辞其咎也。自议界以来失地日多,乾隆时葱岭以西诸藩,亦无术羁縻矣(巴达克山、爱乌罕属英,布哈尔、浩罕、哈萨克、布鲁特属俄)。中、日战后,我国思联俄以报日,许以若干利益,俄复假口租我旅顺、大连;及日、俄战后,旅、大又由俄人转让于日本。在俄人虽失二港,然本为取之他人,非割土可比,我则易饿狼为暴虎,其害益无已时矣。

日本之夺我疆土,始自光绪初年之县我琉球。是时日本初强,力谋向外发展,我国积弱外现,遂与日人以可乘之机。甲午战后,我国大败,日人因割朝鲜,我辽东半岛、台湾、澎湖列岛而去;幸得俄、德、法三国之干涉,乃以辽东还我,而其他诸地沦归异族矣。日以俄联法、德干涉辽东事,愤恨不平,因有甲辰日、俄之战,战后,我之旅顺、大连又由俄人转租于日本,领土任人分剖,无权过问,诚可怜矣!

珠江口外之澳门岛,明嘉靖时开为葡萄牙通商口岸,葡人年纳租金;鸦片战后葡人遂不肯缴纳。光绪十三年中、葡两国订约于蒲京,遂以澳门为葡国永久管辖之土地。

甲午中、日战后,俄人以《中俄密约》得巨大之利益,其他各国亦相继在华获得良港,而德人独向隅,乃假曹州杀德传教师案,强租我之胶州湾而去! 欧战而后,此地又为日人夺去,几经交涉,始得归赵。失土虽复,然当时耻辱之情形吾人又岂敢忘之!

外人于夺我藩属,割我土地,租我良港之外,复于各通商口岸划地为租界区域,在此等区域内,占有者握有实际之政权,我国不得稍事过问,与外人之领土实相类似。如天津一地计有英、法、日、意、俄、德、比、奥八国租界(俄、德、奥、比四国租界已先后收回),汉口有俄、德、法、英、日五国租界(俄、德、英三国租界已收回),上海有公共租界及法租界,其他则英国于厦门、九江、镇江、广州、营口等地有之(厦门、九江、镇江等英租界已收回),日本于苏州、杭州、福州、沙市、重庆、厦门、沈阳、营口、安东等处有之(南满铁路别有附属地域,亦我国权力所不能及),法国亦别有广州之租界,而烟台、芜湖、鼓浪屿又别有公共租界。庚子"拳匪"乱后,各国为保护驻华各使,乃划北平城内之东交民巷为外国公使管区域,一国都城而有此等情形,实开世界各国未有之特例! 侮辱之甚,一至于此,曷胜痛心!

呜呼! 自鸦片战争之后,迄于今日,行将百年,此百年之中,国势益弱,外患日多,藩属被夺,领土日损,殊堪痛惜! 更有失土于不知不觉之中如黑龙江口外之库页岛及南洋之苏禄群岛,皆尝收入版图,清室中叶以后漫不问闻,任人争夺,其时国人对于领土漠不关心之情形,曷胜浩叹! 今也,边圉不整,强寇压境,虎视鹰瞵,直欲得我而甘心,求其致祸之由,岂能谓非百年来积弱之结果! 吾人回顾汉、唐两代光荣之历史及广大之疆域以及与今日求生不得之局面相较,洵不能同日而语！感念畴昔,能不悲伤！光复旧土,还我山河,是在吾人好自为之,勿谓汉、唐盛业永不能再见于今日也！

本章重要参考书：

《清史稿》。

清总理衙门:《中俄条约汇要》。

钱恂:《中俄界约斠注》。

施绍常:《中俄国际约注》。

于能模等:《中外条约汇编》。

洪钧:《中俄交界图》。

第二十六章　民国成立后疆域区划及制度之改革

　　清代之疆域区划,以省为主,省内复为若干府厅州县,三百年间,其建置虽时有增损,而其制度则前后相因,无大变更;民国成立,始盛加改革,遂与旧日面目异矣。国初疆域制度之改革,以废除府、厅、州制及建置特别区域二端为最巨。府、厅、州制之废除,清末已肇其端倪,惟仅广东一省而已。建国以后,各省踵事效行,湖北、安徽、江苏、浙江、江西等省,亦纷纷改革;然是时国体初定,法令尚未统一,故省自为政,遂至相互参差,至为不齐,湖南、贵州、广西等省且有升县为厅、州者。民国二年,政府为划一国内制度计,乃令各省一律裁府与厅、州,旧制遂完全废除,而县名亦多有所厘正,全国疆域区划一时有新气象矣。

　　国初建置特别区域有四,热河、察哈尔、绥远、川边是也。其地居中国本部及蒙、藏二地方间,而热、察、绥三区尤多为内蒙古故地。四特区之建置以绥远为最早,而热河、川边、察哈尔三区继之。民国二年十一月,以山西口北之归化城、萨拉齐、清水河、丰镇、托克托、宁远、和林格尔、兴和、陶林、武川、五原、东胜等直隶厅旧地陕西、河套之地及内蒙、伊克昭、乌兰察布二盟诸旗牧地建绥远特别区域。次年一月,复以直隶之承德、朝阳二府及赤峰直隶州旧地,及内蒙昭乌达、卓索图二盟牧地设热河特别区域。其年四月,

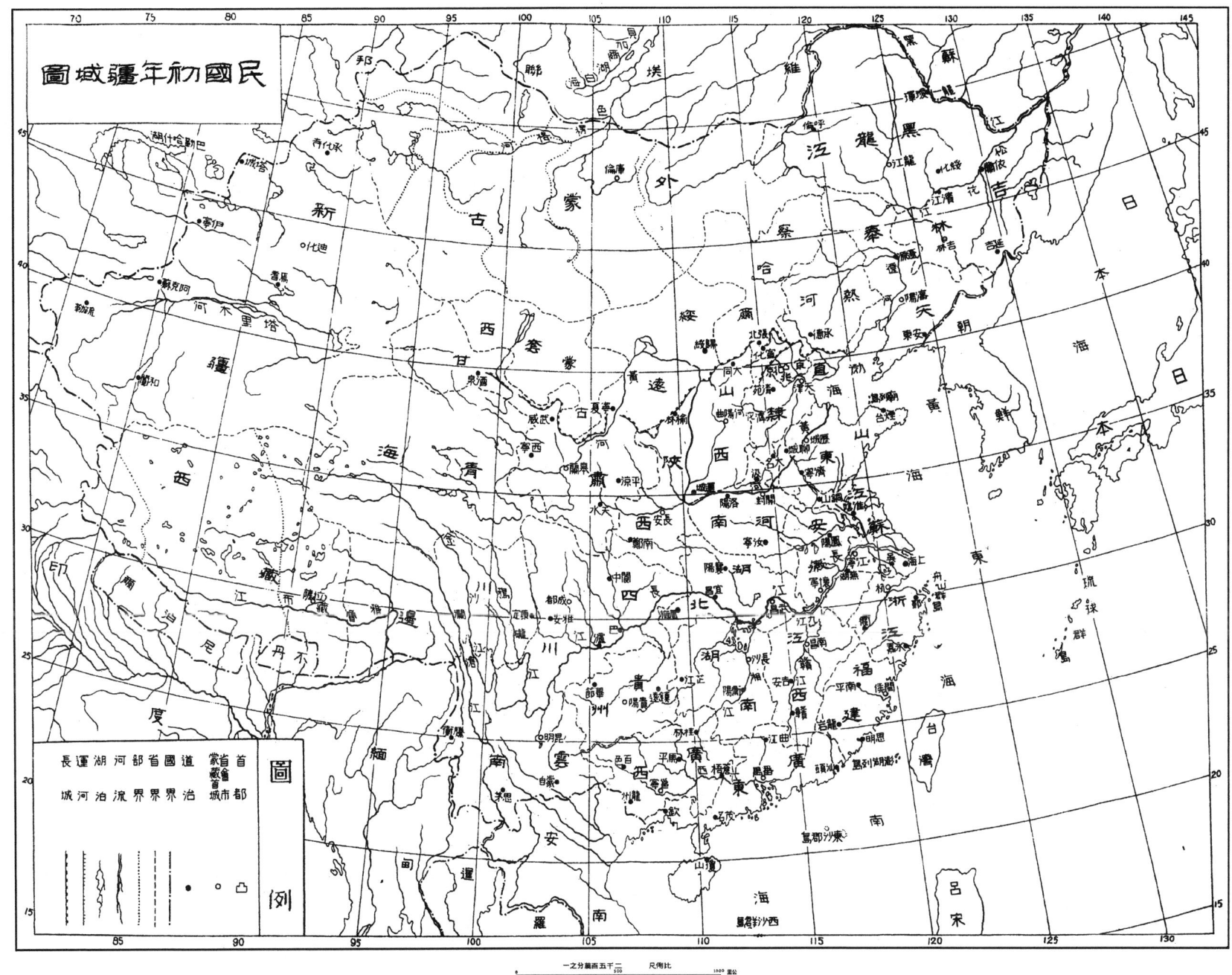

民國初年疆域圖

第二十六章 民国成立后疆域区划及制度之改革

又以川边、滇边毗邻西藏等处，划为川边特别区域。六月，又以直隶口北道之独石、张北、多伦诸地与绥远之丰镇、兴和、凉城、陶林四县及锡林郭勒盟察哈尔八旗牧地建察哈尔特别区域。旧顺天府则于民国二年改为京兆地方，以其为京师所在故耳。

国初既裁逊清之府、厅、州，而诸省之区域过大，辖县数多，统治不易，因厘定道制，使居省、县之间，每道辖县多者三十以上，少者十余，各因其人口疏密，政务之繁简而别其隶属，其名称如下：

直隶省　津海、保定、大名、口北四道
奉天省　辽沈、东边、洮昌三道
吉林省　吉长、滨江、延吉、依兰四道
黑龙江省　龙江、黑河、绥兰、海满四道
山东省　济南、济宁、东临、胶东四道
河南省　开封、河北、河洛、汝阳四道
山西省　冀宁、雁门、河东三道
江苏省　金陵、沪海、苏常、淮阳、徐海五道
安徽省　安庆、芜湖、淮泗三道
江西省　豫章、庐陵、赣南、浔阳四道
福建省　闽海、厦门、汀漳、建安四道
浙江省　钱塘、会稽、金华、瓯海四道
湖北省　江汉、襄阳、荆宜、施鹤四道
湖南省　湘江、衡阳、辰沅三道
陕西省　关中、汉中、榆林三道
甘肃省　兰山、渭川、泾原、宁夏、西宁、甘凉、安肃七道
新疆省　迪化、伊犁、塔城、阿山、阿克苏、喀什噶尔、焉耆、和阗八道

四川省　西川、东川、建昌、永宁、嘉陵五道

广东省　粤海、岭南、潮循、高雷、琼崖、钦廉六道

广西省　南宁、苍梧、桂林、柳江、田南、镇南六道

云南省　滇中、蒙自、普洱、腾越四道

贵州省　黔中、镇远、贵西三道

川边特别区域　边东、边西二道

热河特别区域　热河道

察哈尔特别区域　兴和道

绥远特别区域　绥远道

国民政府成立之后，迁都南京，废诸道，行省、县二级之制。热河等特别区域皆改为省，使全国政治区划趋于简单，远近一致。寻复建宁夏、青海二省，而直隶、奉天亦改为河北、辽宁。其建省改称之时略如下表：

热河省　旧热河特别区域，民国十七年九月改省。

察哈尔省　旧察哈尔特别区域，民国十七年九月改省，划河北（直隶）之宣化、赤城、万全、龙关、怀来、阳原、怀安、蔚、延庆、涿鹿十县来属，又以民国初年由绥远割来之丰镇等四县还绥远。

绥远省　旧绥远特别区域，民国十七年九月改省。

西康省　旧川边特别区域，民国十七年九月改省。

宁夏省　旧甘肃之宁夏道及阿拉善额鲁特额济纳旧土尔扈特二旗地，民国十七年十月改为宁夏省。

青海省　旧甘肃之西宁道及青海地方，民国十七年十月改省。

河北省　旧直隶省及京兆地方，民国十七年六月并京兆入直隶、改直隶为河北省。

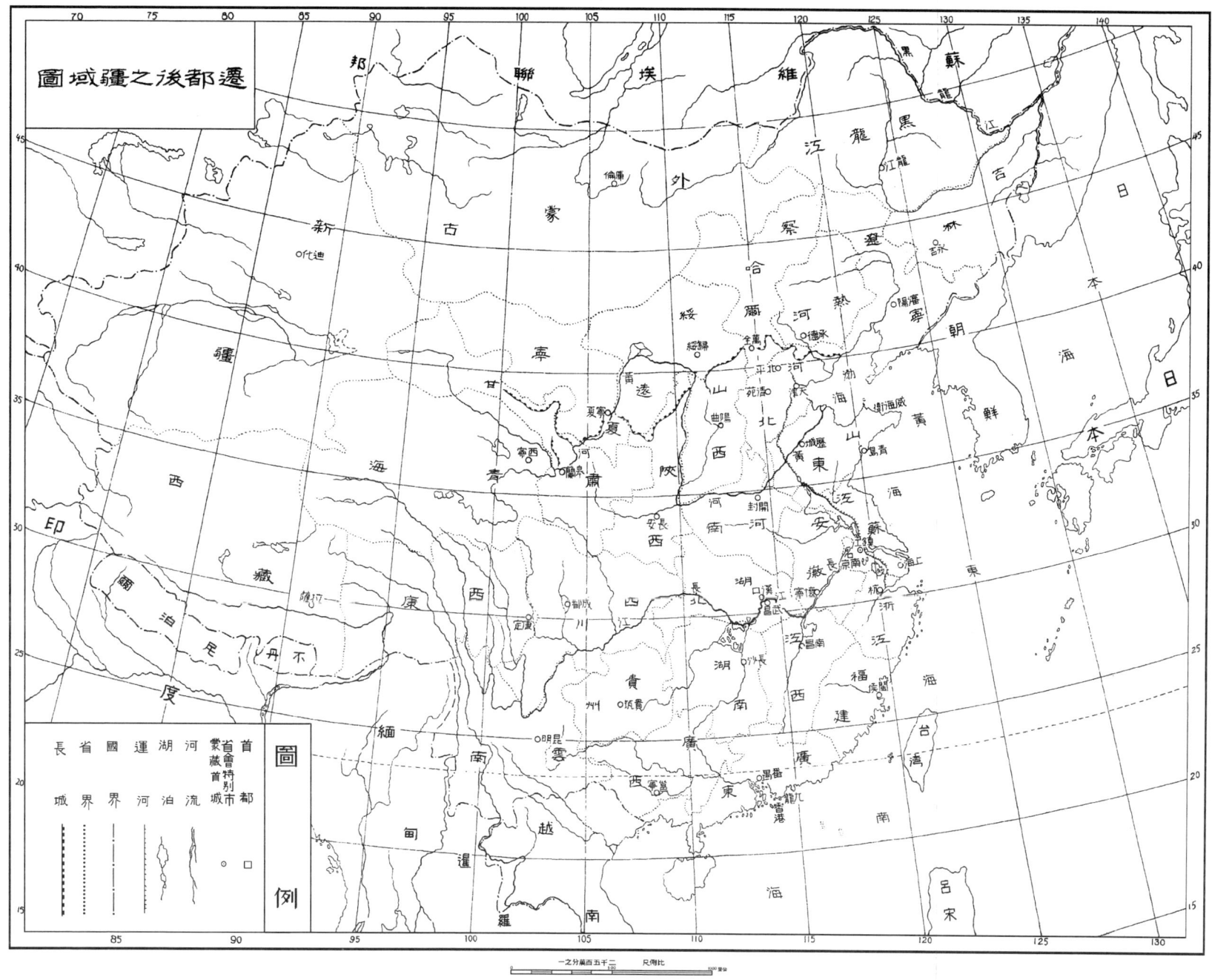

辽宁省　旧奉天省,民国十八年二月改辽宁省。

首都及通商大埠或人口稠密之区,皆别设市,市有隶于省政府者,有直隶于行政院者。直隶于行政院之市有六。其名称及建置之年代如下：

　　首都市　民国十六年六月,以南京城郊区域置市；

　　上海市　民国十六年七月,以上海县及宝山、南汇、松江、青浦等县之一部置市；

　　北平市　民国十七年六月以旧都城郊置市；

　　天津市　民国十七年六月以天津置市,十九年一月改隶于河北省,近复隶于行政院；

　　青岛市　民国十八年四月置市；

　　西京市　民国二十二年二月,以陕西省城置市。

清末于新辟土地及改土归流之区,往往斟酌当地之情形,建置设治局,以为置县之准备；入民国后,此类建置益多,而升为县者亦非少数,边地荒区皆可借此开发。省、市、县之外,别有行政区二处,威海卫及东省特别区是也。威海卫旧为英人所租借,东省特别区原为中东铁路附属地,其行政权久操于俄人,二地收回之后,以其情形特殊,故设特区以治理之。若外蒙、西藏二地方,则仍因旧制,无所改革也。

我国现行之省制,乃承元人行中书省之旧,区划过大,动感不便,加以改行省、县二级制度以后,统治指挥稍觉不灵。近年迭有倡缩小省区之议者,然兹事重大,关系甚巨,非一时所能实现。政府年来就江苏、安徽、浙江、江西、湖北、福建、河南、四川等省创设行政督察区,每区各辖若干县,盖以补救现行地方制度之不足,惟新制初建,尚未能普遍耳。

本章重要参考书：

内政部:《中国最近政治区划之变迁》(《地理杂志》四卷三期)。

《最近关于行政区划之变迁事项》(《水陆地图审查委员会会刊》二期、三期)。

《内政部整理各省行政区划之统计》(同上三期)。

《最近本年来关于行政区划之变迁事项》(同上一期)。

王念伦:《中华民国地理沿革录》。

陆为震:《近年来我国政治地理之变迁》(《东方杂志》二十六卷二十二期)。

《中华民国省道县区域表》(民国三年《地学杂志》第七、第八期)。

顾颉刚先生学术年表[*]

1893 年（光绪十九年）
　　5 月 8 日（农历癸巳年三月二十三日）出生于苏州。
1894 年（光绪二十年）
　　祖父教识方块字。
1895 年（光绪二十一年）
　　母亲教读《三字经》、《千字文》，写描红字。
1896 年（光绪二十二年）
　　叔父教读《诗品》。
1897 年（光绪二十三年）
　　叔父教读《天文歌略》、《地球韵言》、《读史论略》等书。
1898 年（光绪二十四年）
　　听祖父讲苏州掌故旧闻，得到了初步的历史的认识。
　　先从叶某读《大学》，后从顾介石读《中庸》。翻览《万国史记》、《泰西新史揽要》、《万国演义》等。
1899 年（光绪二十五年）
　　从顾介石师。
1900 年（光绪二十六年）
　　从顾介石读《论语》、《孟子》。读《左传》。深思好疑，曾积零

---

[*] 本年表由王煦华撰写，范猛整理。

碎材料自成"古史"一篇。课余阅《三国演义》。

1901 年（光绪二十七年）

从张承胪读《诗经》，师赞其悟性甚好。

1902 年（光绪二十八年）

从陆惠刚读《左传》。从陆颂侯读《东莱博议》。从孙延管读《读史论略》、《学堂日记》。

1903 年（光绪二十九年）

从胡耿侯读《左传》。读《古文翼》。始作文，首篇《赵盾弑君论》颇有可取处。购《西洋文明史要》，购书自此始。

1904 年（光绪三十年）

继续读《古文翼》。博览群书，喜读梁启超、蔡元培文章，颇受其文风影响。读《天演论》等反封建之书，喜议论时事。读《纲鉴易知录》。

1905 年（光绪三十一年）

从包叔馀读《礼记》，因善作论时事文颇获赞誉。所作《送江督文》、《近代官吏论》，为师所称赞。

1906 年（光绪三十二年）

以《膤兵论》第一名入元吴高等小学。泛览《二十二子》、《汉魏丛书》。受《国粹学报》影响，有志于国学，深服章炳麟。

1907 年（光绪三十三年）

自读《唐诗三百首》、《六朝文絜》。

1908 年（光绪三十四年）

入苏州公立中学就读。与叶圣陶等组织诗社，作诗、习字，互相唱和。

1909 年（宣统元年）

始作笔记。从祖父读《尚书》、《周易》、《礼记》。有志于辨别《虞书》、《夏书》之真伪，积极搜罗材料。

1910 年（宣统二年）

报考江苏存古学堂，未取。与叶圣陶等编《哀思录》。

1911 年（宣统三年）

组织"国学研究会"，油印《艺兰要诀》等研究会丛书。

1912 年

加入中国社会党，任支部文书。主编《学艺日刊》。入上海神州大学，后因事退学。

撰《社会主义与国家观念》（刊于《社会党日刊》1912 年 3 月 18 日）、《妇女与革命》（刊于《妇女时报》第 6 号，1912 年 5 月）。

1913 年

入北京大学预科二部，努力研习德文。听学于章炳麟，成《化石停车记》。

撰《〈新世潮〉序》（钞本，不知刊否）。

1914 年

入预科一部，深受马裕藻、沈兼士影响，读书甚勤。

辑录《名伶剧谱》一册（未刊）。撰《〈古今伪书考〉跋》（刊于《古史辨》第 1 册上编）。撰《寒假读书记》附《东斋十日记》一册。

1915 年

读《新学伪经考》，编《学术文钞》。

撰《乙舍读书记》二册、《徐师录》六册。

1916 年

考入北京大学文科中国哲学门。

撰《清代著述考》手稿二十册(未刊)。

1917 年

上章士钊逻辑课。

撰《民国教育宗旨解释》(稿本未刊)、《上北京大学图书馆书》(刊于《北京大学日刊》第 82—87、89—93 号)。撰《敝帚集》五册、《西斋读书记》二册。

1918 年

撰《致傅孟真信》(刊于《新潮》第 1 卷第 3 号)、《对于旧家庭的感想》(刊于《新潮》第 1 卷第 2 号、第 2 卷第 4—5 号)。撰《膏火书》一册。

1919 年

搜集吴歌、方言、谚语、唱本、风俗、宗教等各种材料。上梁漱溟"印度哲学"、蒋梦麟"教育学"课。

撰《中国近来学术思想界的变迁观》(刊于《中国哲学》第 11 辑)。撰《寄居录》二册。

1920 年

毕业于北京大学文科中国哲学门。读胡适之《水浒序》。被选为新潮社编辑。受聘为图书馆编目。始点读《古今伪书考》。

撰《〈庄子·外、杂篇〉著录考》(刊于《古史辨》第 1 册下编)、《重编中文书目的办法》(刊于《北京大学日刊》第 693 号)、《图表编目意见书》(刊于《北京大学日刊》第 743 号),撰《答〔胡适〈询姚际恒著述书〕〉书》、《答〔胡适〈嘱点读《伪书考》书〕〉书》、《〔与胡适〕告拟作〈伪书考〉跋文书》、《答〔胡适〈告拟作《伪书考》长序书〕〉书》、《论〈朱柏山房丛书〉及〈庄子·内书〉书》(以上均刊于《古史辨》第 1 册上编)。

1921 年

在北京大学图书馆任编目员。用《颉刚日程》记日记、阅《崔东壁遗书》。拟编《辨伪丛刊》,着手搜集材料。读胡适《红楼梦考证》,与胡适、俞平伯讨论相关问题。辑录《诗辨妄》,研究《诗经》和搜集郑樵的事实。

撰《〔与钱玄同〕论〈辨伪丛刊〉分编分类书》、《〔与胡适〕论伪史及〈辨伪丛刊〉书》、《〔与钱玄同〕论辨伪工作书》、《〔与胡适〕论伪史例书》、《〔与钱玄同〕答编录〈辨伪丛刊〉书》、《〔与王伯祥〕自述整理中国历史意见书》、《〔与胡适〕论〈通考〉对于辨伪之功绩书》、《答〔胡适论〈辨伪丛刊〉体例书〕书》、《〔与钱玄同〕论孔子删述〈六经〉说及战国著作作伪书书》(以上均刊于《古史辨》第1册上编),撰《北京大学"古器文"书目》手稿一册(未刊),《与适之先生讨论〈红楼梦〉信札》(编者改题为《〈红楼梦〉讨论通信》,刊于《中华文史论丛》1981年第4辑),《与平伯讨论〈红楼梦〉信札》(编者改题为《俞平伯和顾颉刚讨论〈红楼梦〉的通信》,刊于《红楼梦学刊》1981年第3辑)。校点《子略》(1928年9月北平朴社出版)。辑点《诗辨妄》(1933年7月北平朴社出版)。

1922 年

为商务印书馆编辑教科书,并担任商务印书馆编译所编辑。始标点《崔东壁遗书》。

撰《〔与胡适〕告辑集郑樵事实及著述书》、《〔与钱玄同〕论〈诗经〉歌词转变书》、《〔与胡适〕告编著〈诗辨妄〉等三书书》、《〔与胡适〕论郑樵与北宋诸儒的关系书》(以上均刊于此后出版的《古史辨》第1册上编),撰《〔与胡适〕论〈诗序〉附会史事的方法书》(刊于《古史辨》第3册下编),《郑樵著述考》上(刊于《国学季刊》第1

卷第1号),撰《〈非诗辨妄〉跋》(刊于《北京大学研究所国学门周刊》第6期、《诗辨妄》附录一),《郑樵传》(刊于《国学季刊》第1卷第2号),《我们对于国故应取的态度》(刊于《小说月报》第14卷第1号)。作《纂史随笔》三册。

1923年

任商务印书馆编辑。与叶圣陶合编国语教科书。与郑振铎等筹备组织朴社。所撰"层累地造成的中国古史"观引起大讨论。《崔东壁遗书》全部第一次整理完成。

撰《诗经的厄运与幸运》(刊于《小说月报》等14卷第3—5号、《小说月报丛刊》第4集、《古史辨》第3册下编〔改题《〈诗经〉在春秋战国间的地位》〕),《〔与钱玄同〕论〈诗经〉经历及老子与道家书》(刊于《古史辨》第1册上编),《与钱玄同先生论古史书》(刊于《努力周报增刊·读书杂志》第9期、《史地学报》第3卷第1—2期合刊、《古史辨》第1册中编),《郑樵著述考》下(刊于《国学季刊》第1卷第2号),《〈红楼梦辨〉序》(刊于本书书首),《元曲选叙录》(刊于《文学旬刊》第72、74、78、90期),《〔与胡适〕论今文尚书著作时代书》(刊于《古史辨》第1册下编),《记杨惠之塑罗汉像——为一千年前的美术品呼救》(刊于《努力周报》第59期),《答刘胡两先生书》(刊于《努力周报增刊·读书杂志》第11期、《史地学报》第3卷第1—2期合刊、《古史辨》第1册中编),《讨论古史答刘胡二先生》(刊于《努力周报增刊·读书杂志》第12、14—16期、《史地学报》第3卷第3、4、6期(第6节未转载)、《古史辨》第1册中编),《答〔郭绍虞先生论孔门学风只有务外主内两派书〕书》(刊于《民铎杂志》第4卷第4号、《古史辨》第2册中编),《〈水浒后传〉的著者陈忱》(刊于《努力周报增刊·读书杂志》第17期),《答

〔朱鸿寿〈询《野有蔓草》的赋诗义书〉〕书》(刊于《小说月报》第14卷第11号、《古史辨》第3册下编)、《〈孟姜女故事的转变〉跋》(刊于《孟姜女故事研究集》第2册)、《杨惠之的塑像》(1)、(2)(刊于《小说月报》第15卷第1号)、《复舒大桢先生〈我对于研究歌谣的一点小小意见〉的信》(刊于《歌谣周刊》第38号)、《从〈诗经〉中整理出歌谣的意见》(刊于《歌谣周刊》第39号、《古史辨》第3册下编)。校点完毕《诗经通论》(1958年12月中华书局出版)。

1924年

任北京大学研究所助教。编辑《国学季刊》、《歌谣周刊》。重标《崔东壁遗书》。兼任孔德学校教员,为编《国史讲话》。召开歌谣会,定其所集吴歌为专集第一种。在北京重新组织朴社。编《孟姜女专号》,作《孟姜女故事的转变》。推荐王国维入清华。

撰《〔与丁文江〕询〈禹贡〉伪证书》、《〔与丁文江〕论禹治水故事书》(刊于《古史辨》第1册下编)、《东岳庙的七十二司》(刊于《歌谣周刊》第50号)、《整理国史非空言所能为》手稿(不知刊否)、《方言标音实例:苏州音》(林玉堂标音,刊于《歌谣周刊》第55号)、《一个"全金六礼"的总礼单》(刊于《歌谣周刊》第56号、《苏粤的婚丧》)、《一个光绪十五年的"夿目"》(刊于《歌谣周刊》第58号)、《中国学术年表说明书》(刊于《北京大学日刊》第1506号、《民铎杂志》第3卷第3号、《晨报副刊》第152号、《东方杂志》第21卷第14期、《学灯》1924年7月16日)、《吴歌甲集》(刊于《歌谣周刊》第64—68、70—72、74、77—78、80—81、84号,1926年7月由北京大学研究所国学门歌谣研究会出版)、《古史杂论序》(刊于《语丝》第2期)、《纣恶七十事发生的次第》(刊于《语丝》第2期、《古史辨》第2册上编)、《宋王偃的绍述先德》(刊于《语丝》第6

期、《古史辨》第 2 册上编)。

1925 年

继续编辑《国学季刊》、《歌谣周刊》、《孟姜女专号》、《国史讲话》。兼任孔德学校教员,为其整理蒙古车王府曲本。

撰《盘庚中篇的今译》(刊于《语丝》第 11 期、《古史辨》第 2 册上编),《论古史研究答李玄伯先生》(刊于《现代评论》第 1 卷第 10 期、《古史辨》第 1 册下编〔改题《答李玄伯先生》〕),《春秋与孔子》(刊于《北京大学研究所国学门周刊》第 1 期、《古史辨》第 1 册下编〔改题《答〈钱玄同论春秋性质书〉书》〕),《杞梁妻的哭崩梁山》(刊于《歌谣周刊》第 86 号、《孟姜女故事研究集》第 2 册),《盘庚上篇今译》(刊于《北京平民中学半月刊》第 1—2 期、《国立中山大学语言历史学研究所周刊》第 1 集第 8—9 期、《古史辨》第 2 册上编),《孟姜女十二月歌与放羊调》(刊于《歌谣周刊》第 90 号、《孟姜女故事研究集》第 2 册),《招魂与大招》(刊于《小说月报》第 16 卷第 5 号),《杞梁妻哭崩的城》(刊于《歌谣周刊》第 93 号、《孟姜女故事研究集》第 2 册),《虞初小说回目考释》(刊于《语丝》第 31 期、《史学年报》第 3 期),《〈吴歌甲集〉自序》(刊于《歌谣周刊》第 97 号、《文学周报》第 188 期、《吴歌甲集》),《〈孟姜女故事的歌曲甲集〉弁言》(刊于本书书首、《南洋日报六周年纪念特刊·椰子集》),《孟姜女故事的歌曲甲集》(1925 年 9 月北京大学研究所国学门歌谣研究会出版),《〈金縢〉篇今译》(刊于《语丝》第 40 期、《古史辨》第 2 册上编),《答〔钱玄同论庄子真伪〕书》(刊于《古史辨》第 1 册下编),《上海商务印书馆五卅增刊事件》(刊于《京报副刊》1925 年 9 月 20 日《救国特刊》第 14 期),《孟姜女故事研究的第二次开头》(刊于《北京大学研究所国学门周刊》第 1 期、《孟姜女故事研究集》第 2 册)、《范杞梁的死法》(刊于《北京大学研究所国学门周刊》第 2 期、《孟姜女故事研究集》第 2 册)、《歌谣中标字的讨论弁言》(刊于《吴歌甲集·附录》)、《国史讲话》(1925 年 10 月孔德学校排印)、《吴声恋歌》(刊于《语丝》第 54 期)、《唐代的孟姜女故事的传说》(刊于《中华文史论丛》1982 年第 3 辑)、《答柳翼谋先生〔论以说文证史必先知说文之谊例〕》(刊于《北京大学研究所国学门周刊》第 15—16 期、《古史辨》第 1 册下编)、《论诗经所录全为乐歌》(刊于《北京大学研究所国学门周刊》第 10—12 期、《古史辨》第 3 册下编)。

1926 年

编辑《北京大学研究所国学门周刊》。兼孔德学校教员,为其整理蒙古车王府曲本。《崔东壁遗书》大致编完。为日本《改造杂志》撰《苏州的歌谣》一文。在华文学校讲《秦汉统一的由来和战国人对于世界的想象》。《古史辨》第一册出版。赴厦门大学任教,开经学专书研究课。与林幽等发起成立风俗调查会。

校点《诸子辨》(朴社出版,刊于《古籍考辨丛刊》第 1 集)。《古史辨》第 1 册由朴社出版。撰《北京大学研究所国学门周刊一九二六年始刊词》(刊于《北京大学研究所国学门周刊》第 2 卷第 13 期)、《〈庄子外、杂篇著录考〉案语》(刊于《古史辨》第 1 册下编)、《瞎子断扁的一例——静女》(刊于《现代评论》第 3 卷第 63 期、《白屋说诗》、《古史辨》第 3 册下编)、《邶风静女篇的讨论》(刊于《语丝》第 74 期、《白屋说诗》、《古史辨》第 3 册下编〔改题《〈关于〈瞎子断扁的一例——静女〉的异议〉答书》〕)、《〈古史辨〉第一册自序》(刊于此书书首)、《孟姜女故事研究》(刊于《现代评论》第二周年纪念增刊、《孟姜女故事研究集》第 1 册)、《秦汉统一的由来和战国时人对于世界的想象》(刊于《孔德学校旬刊》第34期、《国立中山大学语言历史学研究所周刊》第1集第1期、《古史辨》第2册上编),《苏州的歌谣》(刊于《民俗周刊》第11—12期合刊),《杨惠之塑像续记》(刊于《现代评论》第4卷第82期),《〈诸子辨〉序》(刊于本书书首、《古籍考辨丛刊》第1集)。撰《北京孔德学校图书馆所藏蒙古车王府曲本分类目录》(刊于《孔德月刊》第3—4期),《春秋时代的孔子和汉代的孔子》(刊于《厦门大学国学研究院周刊》第160—161期、《国立中山大学语言历史学研究所周刊》第1集第5期、《古史辨》第2册中编),《问〔程憬〕孔子学说何以适应于秦汉以来的社会书》(刊于《古史辨》第2册中编),《〈诸子辨〉再版弁言》(刊于本书书首),《论孔子学说何以适应于秦汉以来的社会书的缘故(一):顾颉刚与傅斯年书》(刊于《国立中山大学语言历史学研究所周刊》第1集第6期、《古史辨》第2册中编〔改题《问孔子学说何以适应于秦汉以来的社会书》〕),《泉州的土地神》(刊于《厦门大学国学研究院周刊》第1卷第1—2期、《民俗周刊》第2—3期),《红枪会与八卦教》(刊于《语丝》第65期)。

1927年

厦门大学任教,编《厦门大学国学研究院周刊》。在杭州、上海搜集大量图书、碑帖。任中山大学史学系教授兼主任,开"上古史"等课程。编《国立中山大学语言历史学研究所周刊》,组织"中山大学民俗学会"。

撰《尚书讲义第一编序》(抄本未刊),《天后》(刊于《民俗周刊》第41—42期合刊),《读李崔二先生文书后》(刊于《国立中山大学语言历史学研究所周刊》第1集第11—12期合刊、《古史辨》第2册上编),《〈粤风〉序》(刊于《新生周刊》第1卷第13期、本书书首、《南洋日报六周年纪念特刊——椰子集》)、《〈国立第一中山大学语言历史学研究所周刊〉发刊词》(刊于本刊第 1 集第 1 期)、《二十四孝》(刊于《新生周刊》第 1 卷第 24—25 期合刊)。

1928 年

继续在中山大学讲"上古史"等课程。编《国立中山大学语言历史学研究所周刊》和《民俗周刊》。与傅斯年等筹办历史语言研究所。

《苏粤的婚丧》(与刘万章合编)由国立中山大学语言历史学研究所出版。《孟姜女故事研究集》第 1—3 册由国立中山大学语言历史学研究所出版。撰《吴歌丙集》(刊于《民间文艺》第 11—12 期合刊)、《答钟国楼论〈十三经〉、书籍分类与书目学书》(刊于《国立中山大学语言历史学研究所周刊》第 6 集第 72 期)、《〈民俗学会小丛书〉弁言》(刊于《苏粤的婚丧》书首)、《〈孟姜女故事研究集〉自序》(刊于《民俗周刊》第 1 期、《孟姜女故事研究集》第 1 册)、《〈民俗〉发刊词》(刊于《民俗周刊》第 1 期)、《清代著述考小引》(刊于《国立中山大学图书馆周刊》第 1 卷第 1 期)、《清代著述考》(与马太玄、陈槃合辑,刊于《国立中山大学图书馆周刊》第 1 卷第 1—6 期、第 2 卷第 1—6 期、第 3 卷第 1、2、5 期、第 4 卷第 3、4 期、第 5 卷第 1—3、5—6 期、第 6 卷第 5—6 期合刊、第 7 卷第 1—6 期)、《答何定生询〈山海经〉书》(刊于《国立中山大学语言历史学研究所周刊》第 2 集第 21 期)、《圣贤文化与民众文化》(刊于《民俗周刊》第 5 期、《岭南大学学术论文集》)、《答李萌光论鲧的传说变迁书》、《答彭炜棠论巡狩与封禅书》(刊于《国立中山大学语言历史学研究所周刊》第 6 集第 72 期)、《答夏廷械论研究〈庄子〉里的孔子方法书》(刊于《国立中山大学语言历史学研究所周刊》第 2 集第

23期),《广州儿歌甲集序》(刊于《民俗周刊》第17—18期合刊、本书书首),《〈民俗学问题格〉序》(刊于本书书首、《民俗周刊》第19—20期合刊),《〈孟姜女故事研究集〉第三册自序》(刊于本书书首),《论康有为辨伪之成绩》(刊于《国立中山大学语言历史学研究所周刊》第11集第123—124期合刊),《〈苏州风俗〉序》(刊于《民俗周刊》第21—22期合刊、本书书首),《毛诗序之背景与旨趣》(刊于《国立中山大学语言历史学研究所周刊》第10集第120期、《古史辨》第3册上编),《〈闽歌甲集〉序》(刊于《民俗周刊》第23—24期合刊、本书书首),《〈迷史〉序》(刊于本书书首、《民俗周刊》第23—24期合刊〔改题《关于迷史》〕),《天问》(刊于《国立中山大学语言历史学研究所周刊》第11集第122期),《阮元明堂论》(刊于《国立中山大学语言历史学研究所周刊》第11集第121期),《〈两广地方传说〉序》(刊于《文学周报》第337期),《〈广州谜语〉序》(刊于本书第1集书首),《东莞城隍庙图》(刊于《民俗周刊》第41—42期合刊)。

1929年

所编初中本国史教科书为国民党教育部查禁。任燕京大学国学研究所研究员兼历史学系教授,开中国上古史研究课。

校点《四部正伪》(9月北平朴社出版,刊于《古籍考辨丛刊》第1集)。撰《〈台山歌谣集〉序》(刊于《民俗周刊》第49—50期合刊、本书书首),《致选修三百年来思想史诸同学书(代序)》(刊于《桂学答问》),《本部〔中大图书馆旧书整理部〕所藏善本图书目录》(与黄仲琴合编,刊于《国立中山大学图书馆周刊》第6卷第1—4期合刊),《〈福州歌谣甲集〉序》(刊于《民俗周刊》第49—50期合刊、本书书首),《〈民俗周刊传说专号〉序》(刊于《民俗周刊》

第47期)、《〈国立中山大学语言历史学研究所年报〉序》(刊于《国立中山大学语言历史学研究所周刊》第6集第62—64期合刊)、《〈泉州民间传说〉序》(刊于《民俗周刊》第67期、此书书首)、《〈湖南唱本提要〉序》(刊于《民俗周刊》第64期、此书书首)、《〈纪元通谱〉序》(刊于《国立中山大学语言历史学研究所周刊》第7集第80期)、《〈四部正伪〉序》(刊于本书书首、《古籍考辨丛刊》第1集)、《〈辨伪丛刊〉缘起》(刊于《辨伪丛刊》中《四部正伪》、《诗疑》、《古今伪书考》等书末尾)、《〈潘博山藏黄尧圃所校贾谊新书〉跋》(稿本未刊)、《〈文澜阁目索引〉序》(刊于《燕大月刊》第6卷第2期)、《孔子事实的变迁》(稿本未刊)、《周易卦爻辞中的故事》(刊于《燕京学报》第6期、《古史辨》第3册上编)、《四记杨惠之塑像》(刊于《燕大月刊》第5卷第3期、《国立中山大学语言历史学研究所周刊》第10卷第117期)。

1930年

继续在燕京大学开中国上古史研究课,主编《燕京学报》。被北平研究院聘为史学研究会会员兼北平志编辑委员。

校点《诗疑》、《古今伪书考》(3月景山书社出版,刊于《古籍考辨丛刊》第1集)。编完《古史辨》第二册(9月北平朴社出版)。撰《论易系辞传中观象制器的故事》(刊于《燕大月刊》第6卷第3期、《古史辨》第3册上编)、《关于祝英台故事的戏曲》、《华山畿与祝英台》(刊于《民俗周刊》第93—95期合刊)、《五记杨惠之塑像》(刊于《燕大月刊》第5卷第4期、《国立中山大学语言历史学研究所周刊》第10集第118期)、《启与太康》(未毕,稿本未刊)、《重刻〈诗疑〉序》(刊于本书书首、《睿湖》第2期、《古史辨》第3册下编、《古籍考辨丛刊》第1集)、《校点〈古今伪书考〉序》(刊于本书书首,《史学年报》第 1 卷第 2 期、《古籍考辨丛刊》第 1 集),《论易经的比较研究及象传与象传的关系》(刊于《古史辨》第 3 册上编),《五德终始说下的政治与历史》(刊于《清华学报》第 6 卷第 1 期、《古史辨》第 5 册下编),《洪水之传说及治水等之传说》(刊于《史学年报》第 1 卷第 2 期),《层累地造成的传经系统小叙》(稿本未刊),《〈古史辨〉第二册自序》(刊于此书书首),《〈北平歌谣续集〉序》(刊于此书书首),《胡适〈论观象制器的学说书〉跋》(刊于《古史辨》第 3 册上编)。

1931 年

始研究《尧典》的著作时代问题。开《尚书》研究课并编讲义。

编完《古史辨》第三册(11 月北平朴社出版)。撰《跋钱穆〈评五德终始说下的政治和历史〉》(刊于《大公报·文学副刊》第 171 期、《古史辨》第 5 册下编),《〈苏州唱本叙录〉序》、《苏州唱本叙录》(刊于《开展月刊》第 10—11 期合刊、《民俗学集镌》第 1 辑),《〔〈论商颂的年代〉〕案语》(刊于《古史辨》第 3 册下编),《关于汉武帝的十三州问题答谭其骧书》(刊于燕京大学《尚书研究讲义第 3 册附录》、《复旦学报》(社会科学版)1980 年第 3 期),《〈古史辨〉第三册自序》(刊于本书书首),《〈管子集注〉序》(刊于《图书馆学季刊》第 5 卷第 3—4 期合刊)。撰《尚书研究讲义第一册(丙种之一)》、《尚书研究讲义第二册(戊种一至四)》。

1932 年

借钞崔永安家藏《仪礼通论》。在燕京大学、北京大学续开"尚书研究"课。出席北平史学会、北平志编纂委员会。

校点《禹贡》(刊于《尚书研究讲义》甲种之三、《说文月刊》第 4 卷合订本〔吴稚晖先生八十大庆纪念专号,改题《校点尚书禹贡篇》]),《周礼正义·夏官职方氏》(刊于《尚书研究讲义》乙种三之一、二)。撰《九族问题(答张福庆书)》(刊于《清华周刊》第37卷第9—10期合刊、《张季善遗著》附、燕京大学《尚书研究讲义》第3册附录),《从〈吕氏春秋〉推测〈老子〉之成书年代》(刊于《史学年报》第1卷第4期、《古史辨》第4册下编),《周汉风俗和传说琐拾——读〈吕氏春秋〉及〈淮南子〉笔记》(刊于《民俗学集镌》第2集),《序〈西藏恋歌集〉》(刊于《民间月刊》第2卷第1期),撰《冀州境界问题》、《兖州境界问题》、《青州境界问题》、《徐州境界问题》、《扬州境界问题》、《荆州境界问题》、《豫州境界问题》(以上分别刊于《尚书研究讲义》丙种三之一、二、三、四、五、六、七),《〈春树闲钞〉跋》(抄稿),《书古文训中之禹贡》(刊于《尚书研究讲义》甲种之二、三),《〈初日楼诗驻梦词合刊〉跋》(刊于本书书首)。

1933年

继续在燕京大学、北京大学续开"尚书研究"课。在燕京大学开"春秋战国史"课。欲在学校中开"通俗文学习作"课程,作唱本、戏剧、小说、大鼓书。

辑点《诗辨妄》(7月北平朴社出版),《书序辨》(10月北平朴社出版,收入《古籍考辨丛刊》第一集〔1955年11月中华书局〕)。校点并附辑录《左氏春秋考证》(7月北平朴社出版,收入《古籍考辨丛刊》第一集〔1955年11月中华书局〕)。校点《尚书注疏·禹贡》(刊于《尚书研究讲义》甲种三之三、《禹贡》半月刊第7期卷第1—3期〔改题《读〈尚书·禹贡〉篇之伪孔〈传〉与孔氏〈正义〉》〕)。编订《崔东壁遗书》(1936年6月上海亚东图书馆出版)。撰《〈古史辨〉第四册序》(刊于《古史辨》第4册),《五德终始说残存材料表》(刊于《清华周刊》第39卷第8期、《行素杂志》第1卷第1期、

《古史辨》第 5 册)、《燕京大学引得编纂处的引得》(刊于《图书评论》第 1 卷第 9 期)、《〈辑录历代对于郑樵诗说之评论记〉案语》(刊于《诗辨妄》附录四)、《汉代史第三编》(1933 年燕京大学排印;后改名《汉代学术史略》,1935 年上海亚细亚书局排印,1936 年 4 月上海中国文化服务社再版;建国后改名《秦汉的方士与儒生》,1955 年 3 月上海群联出版社修正版)、《九州之说是怎样来的?》(刊于《尚书研究讲义》丁种三之二)、《州与岳的演变》(刊于《史学年报》第 1 卷第 5 期、《方志月刊》第 7 卷第 3 期)、《粤风的前身》(刊于《民间月刊》第 2 卷第 8 号)、《题甫里殷氏藏文征明书卷》(抄稿未刊)、《〈封氏闻见记校证〉序》(刊手本书书首)、《〈明史纂修考〉序》(刊于本书书首)、《〈尚书注疏·禹贡〉按语》(刊于《尚书研究讲义》甲种三之三,《禹贡》半月·刊第 7 卷第 1—3 期〔改题《读〈尚书·禹贡〉篇之伪孔〈传〉与孔氏〈正义〉》〕)。

1934 年

在燕京大学、北京大学续开"尚书研究"课。决定创办禹贡学会。《禹贡半月刊》出版。被聘为故宫博物院理事。

编完《古史辨》第五册(1935 年 1 月北平朴社出版)。校点《山歌》(1935 年 9 月上海传经堂出版)。撰《春秋战国史讲义第一编民族与疆域》(1934 年 1 月燕京大学排印)、《五藏山经试探》(刊于《史学论丛》第 1 期)、《古史中地域的扩张》、《写在〈薮泽表〉的后面》(刊于《禹贡半月刊》第 1 卷第 2 期)、《两汉州制考》(刊于《庆祝蔡元培先生 65 岁论文集》)、《说丘》(刊于《禹贡半月刊》第 1 卷第 4 期)、《滦州影戏》(刊于《文学》第 2 卷第 6 期),撰《读〈风俗通义·山泽〉篇》、《读〈释名·释地〉以下六篇》、《读〈广雅·释地〉以下四篇》(以上均刊于《尚书研究讲义》),撰《读〈尔雅·释地〉以下四篇》(刊于《尚书研究讲义》、《史学年报》第 2 卷第 1 期)，《题敦煌千佛洞壁画留真》(刊于《文史杂志》第 5 卷第 7—8 期合刊)，《〈宋元南戏百一录〉序》(刊于此书书首、《浙江省立图书馆馆刊》第 4 卷第 3 期)，《从地理上证今本尧典为汉人作》(刊于《禹贡半月刊》第 2 卷第 5 期)，《〈万德懿时论集〉序》(抄稿)，《〈清代燕都梨园史料集〉序》(刊于此书书首)，《尧典著作时代问题之讨论》(刊于《禹贡半月刊》第 2 卷第 9 期)，《〈史〉、〈汉·儒林〉及〈释文·叙录〉传经系统异同表》(刊于《古史辨》第 5 册)，《〈古史辨〉第五册自序》(刊于此书书首)，《王思任拟歌谣》、《昆曲流行秦晋》、《梁章钜记秦腔》、《北平说书分类》(刊于《文学季刊》)。

1935 年

仍任燕京大学历史学系教授、北京大学讲师。开"春秋史"课。被北平研究院聘为史学研究会历史组主任。被教育部聘为国语推行委员会委员。

撰《〈禹迹图〉说》(刊于《禹贡半月刊》第 3 卷第 1 期)，《〈二十五史补编〉题辞》(刊于《禹贡半月刊》第 3 卷第 6 期、此书书首)，《崔迈之〈禹贡〉遗说》(刊于《禹贡半月刊》第 3 卷第 4 期)，《王素的五帝说及其对于郑玄的感生说与六天说的扫除工作》(刊于《史学论丛》第 2 册)，《〈中国地方志综录〉序》(刊于《大公报》1935 年 5 月 23 日《图书副刊》第 80 期、此书书首)，《〈崔东壁遗书〉序》(刊于《燕京大学图书馆报》第 91 期、此书书首(亚东版))，《战国秦汉间人的造伪与辨伪》(刊于《史学年报》第 2 卷第 2 期、《古史辨》第 7 册《崔东壁遗书》〔1983 年 6 月上海古籍出版社重版〕)，《〈山歌〉序》(刊于本书 1935 年传经堂版书首)，《〈中国地方志考〉小序》(刊于《禹贡半月刊》第 4 卷第 3 期)，《介绍三篇关于王同春的文字》(刊于《禹贡半月刊》第 4 卷第 7 期),《〈二十五史补编〉序》(刊于《开明月报》第 1 卷第 3 期、《文澜学报》第 2 卷第 3—4 期合刊、本书书首),《六月雪故事的转变》(刊于《民间文学论坛》1983 年第 1 期)。

1936 年

任燕京大学历史学系主任,并仍任北京大学讲师,开春秋史和古物古迹调查实习课。创办《史学消息》,编《史地周刊》。倡议组织的风谣学会、禹贡学会、边疆研究会成立。

主编《尚书通检》(哈佛燕京学社出版)。撰《三皇考》(与杨向奎合著,哈佛燕京社出版,收入《古史辨》第 7 册中编),《〈晋惠帝时代汉族之大流徙〉题记》(刊于《禹贡半月刊》第 4 卷第 11 期),《汉代以前中国人的世界观念与域外交通的故事》(与童书业合著,刊于《禹贡半月刊》第 5 卷第 3—4 期合刊),《禅让传说起于墨家考》(刊于《史学集刊》第 1 期、《古史辨》第 7 册下编),《〈中国考试制度史〉序》(刊于《燕京大学图书馆报》第 89 期、本书书首),《三统说的演变》(刊于《文澜学报》第 2 卷第 1 期),《卖解的歌》(刊于《歌谣周刊》第 2 卷第 3 期),《〈十七世纪南洋群岛航海记〉序》(刊于《禹贡半月刊》第 5 卷第 5 期),《跋〈河南叶县之长沮桀溺古迹辨〉》(刊于《禹贡半月刊》第 5 卷第 7 期),《夏史三论——夏史考五、六、七章》(与童书业合著,刊于《史学年报》第 2 卷第 3 期、《古史辨》第 7 册下编),《吴歌小史》(刊于《歌谣周刊》第 2 卷第 23 期),《墨子姓氏辨》(与童书业合著,刊于《史学集刊》第 2 期),《〈春秋"公矢鱼于棠"说〉跋》(刊于《中央研究院历史语言研究所集本》第七本第二分本),《有仍国考》(刊于《禹贡半月刊》第 5 卷第 10 期、《古史辨》第 7 册下编),《〈中国思想研究法〉序》(刊于此书书首),《〈史记〉白文本序》(刊于此书书首)。

1937 年

继续开"春秋史"和"古物古迹调查实习"课。任风谣学会会长。

撰《武训讨饭兴学(大鼓词)》(刊于《民众周报》第 2 卷第 3 期)、《大刀王五(鼓词)》(刊于《民众周报》第 2 卷第 4 期)、《〈四库全书纂修考〉序》(刊于此书书首)、《〈书经中的神话〉序》(刊于《经世》第 1 卷第 9 期、此书书首)、《〈清代西藏史料丛刊〉第一集序》(刊于此书书首)、《回教的文化运动》(刊于天津、上海《大公报》〔1937 年 3 月 7 日〕、《月华》第 9 卷第 6—7 期、《禹贡半月刊》第 7 卷第 4 期、《晨曦》第 3 卷 5 月号)、《苏州近代乐歌》(刊于《歌谣周刊》第 3 卷第 1 期)、《董仲舒思想中的墨教成分》(刊于《文澜学报》第 3 卷第 1 期)、《后套的移垦事业》(刊于《申报》1937 年 4 月 25 日)、《〈潜夫论〉中的五德系统》(刊于《史学集刊》第 3 期、《古史辨》第 7 册)、《〈丛书子目类编〉序》(刊于《东方杂志》第 39 卷 5 期)、《九州之戎与戎禹》(刊于《禹贡半月刊》第 7 卷第 6—7 期合刊、《古史辨》第 7 册下编)、《〈谣俗周刊〉发刊词》(刊于北平《晨报》1937 年 6 月 6 日)、《春秋时代的县》(刊于《禹贡半月刊》第 7 卷第 6—7 期合刊)、《鲧禹的传说——夏史考第四章》(刊于《说文月刊》第 1 卷第 2—4 期、《古史辨》第 7 册下编)、《边疆教育和边疆文化》(刊于北平《晨报》1937 年 7 月 7 日)、《〈黄可庄圣教序集联〉序》(刊于《顾颉刚先生在临洮之言论》)、《边疆教育和边疆文化》(刊于《甘肃民国日报》1938 年元旦特刊)。

1938 年

在临洮开办"小学教员寒假讲习会"。任云南大学文史系教授,讲上古史、经学史。编《边疆周刊》。

撰《〈黄可庄集联三百首〉序》（刊于《上游集》），《〈梅仙诗遗〉序》（刊于《文史杂志》第 2 卷第 4 期、《上游集》），《〈五凤苑汉藏字典〉序》（刊于《中国边疆月刊》第 1 卷第 5—7 期合刊、《上游集》），《〈重刊明弘治本绛守居园池记〉跋》（抄稿），《〈边疆周刊〉发刊词》（刊于昆明《益世报》1938 年 12 月 19 日）。

1939 年

在云南大学讲上古史、经学史。任齐鲁大学国学研究所主任，开中国古代史课。

重要著述：撰《西庑读书记》一册。撰《中国一般古人想象中的天和神》（刊于云南大学《上古史讲义》、昆明《益世报》1939 年 4 月 23 日《宗教与文化》新 18 期），《商周时代的神权政治》、《德治的创立和德治学说的开展》（刊于云南大学《上古史讲义》），《中华民族是一个》（刊于昆明《益世报》1939 年 2 月 13 日《边疆》第 9 期、《西北通讯》第 1 期），《东汉的西羌》（刊于《经世战时特刊》第 47—48 期合刊），《周人的崛起及其克商》（刊于《文史杂志》第 1 卷第 3 期），《商王国的始末》（刊于《文史杂志》第 1 卷第 2 期），《甘青史迹丛谈》（刊于昆明《益世报》1939 年 3 月 17 日《史学副刊》第 7 期、《时事类编》抗战四周年纪念专刊），《周室的封建及其属邦》（刊于云南大学《上古史讲义》、《文史杂志》第 1 卷第 6 期），《西周的王朝》（刊于《文史杂志》第 1 卷第 9 期），《渐渐衰亡的周王朝》（刊于云南大学《上古史讲义》），《齐桓公年表》（抄稿），《齐桓公事业分类表》（手稿），《齐桓公的霸业》（刊于云南大学《上古史讲义》、《文史杂志》第 3 卷第 1—2 期合刊），《续论"中华民族是一个"——答费孝通先生》（刊于昆明《益世报》1939 年 5 月 8 日《边疆》第 20 期、《西北通讯》第 2 期〔改题《我为什么要写"中华民族是一个"?》]),《秦晋的崛起与晋文公的霸业》(刊于云南大学《上古史讲义》),《续论"中华民族是一个"——答费孝通先生(续)》(刊于昆明《益世报》1939年5月29日《边疆》第23期),《楚庄王的霸业》(手稿),《跋〈东川夏氏所藏陈海楼手札〉》(刊于《上游集》),《暹罗改号与中国之关系》(刊于香港《天文台》第292期)。

1940年

在齐鲁大学开中国古代史和古代史实习课。创办《责善半月刊》和《齐大国学季刊》。

撰《跋〈漓水大夏水考〉》(刊于《责善半月刊》第1卷第2期),《〈刘节士冰柱雪车诗斠注〉跋》(刊于《上游集》),《燕国曾迁汾水流域考》(刊于《责善半月刊》第1卷第5期、《浪口村随笔》〔改题《燕国曾迁汾水流域》〕),《武士与文士之转换》(刊于《责善半月刊》第1卷第7期、《浪口村随笔》、《史林杂史初编》〔后二种改题《武士与文士之蜕化》〕),《〈史学季刊〉发刊词》(刊于《史学季刊》创刊号、《上游集》),《题罗希成先生所藏〈蜀石经毛诗残石〉》(刊于《上游集》),《齐大国学季刊新第1卷第1期后记》(刊于《齐大国学季刊》新第1卷第1期)。

1941年

仍任齐鲁大学国学研究所主任。任中国边疆学会理事长、文史杂志社副社长、边疆语文编译委员会委员、边疆教育委员会委员、史地教育委员会委员、中央大学史学系教授。

撰《答爱立才夫先生告编辑尚书学经过书》(抄稿),《古代巴蜀与中原的关系说及其批判》(刊于《齐鲁华西金陵三大学中国文化研究汇刊》第1卷、《论巴蜀与中原的关系》),撰《〈论诗序之作者〉按语》、《〈论六诗之"兴"义〉按语》(以上均刊于《责善半月刊》

第2卷第11期),撰《英译本〈汉书·王莽传〉序》(刊于此书书首、《上游集》),《〈人类社会与民族国家论〉序》(刊于此书书首),《拟印行〈十三经新疏〉缘起(附目录)》(排印本,收于《上游集》),《黄河流域与中国古代文明》(刊于《文史杂志》第5卷第3—4期合刊)。

1942年

任中央大学教授兼出版部主任。继续开"古代文学"、"中国古代史研究"、"春秋战国史"、"《史记》研究"课,编《文史哲季刊》。仍任文史杂志社副社长,代理边疆语文编译委员会副主任委员。

撰《商人名词问题之商榷》(刊于《责善半月刊》第2卷第20期、《浪口村随笔》〔改题《商人释名——与吴庆鹏同学书》〕),《秦汉时代的四川》(刊于《学思》第1卷第8期),《古蜀王》(刊于《新中国日报》1942年5月10日《新文》第1期),《秦代的四川(十字唱)》(刊于《新中国日报》1942年6月7日《新文》第5期),撰《三代史略与周之东迁(春秋史话之一)》、《春秋以前的列国世系(春秋史话之二)》、《郑国独霸时代(春秋史话之三)》、《郑的中衰与齐的始强(春秋史话之四)》、《所谓"尊王攘夷"事业的背景(春秋史话之五)》(以上分别刊于《读书通讯半月刊》第73、74、75、76、77期),《中国古代史述略》(刊于《学术季刊》第1卷第2期)。

1943年

仍任文史杂志社副社长。任中国史学会常务理事、中国史地图表编纂社社长。

撰《左丘失明》(刊于《文史杂志》第2卷第9—10期合刊、《浪口村随笔》、《史林杂识》),《齐桓公的霸业》(刊于《文史杂志》第3卷第1—2期合刊),《〈中国边疆学会边疆丛书〉总序》(刊于《中国边疆》第2卷第1—3期合刊),《赶紧搜罗风俗材料》(刊于《中央日报》1943年12月19日《中央副刊》第6期),《读〈左传〉杂记》(刊于《真理杂志》第1卷第3期)。

1944年

仍任文史杂志社副社长。任复旦大学史地系教授,开"《史记》研究"、"春秋战国史"和"历史地理"课。任北碚修志委员会常务委员。任齐鲁大学国学研究所主任。

撰《〈风物志〉序辞》(刊于《风物志集刊》),《清初学者的政治思想》(抄稿),《〈蜀王本纪〉与〈华阳国志〉所记蜀国史事之比较》(刊于《中国史学》第1期、《论巴蜀与中原的关系》),《〈诗经通论〉序》(刊于《文史杂志》第5卷第3—4期合刊、《上游集》)。

1945年

在复旦大学开"历史地理"、"春秋战国史"、"方志实习"课,编写《春秋史要》。编《复旦学报》。任北碚修志委员会主任委员、中国出版公司总编辑、文通书局编辑所所长、国立编译馆社会教育用书编纂委员会常务委员。

撰《〈古代史专号〉编后记》(刊于《文史杂志》第5卷第3—4期合刊),《〈文讯〉复刊词》(刊于《文讯》新1号(6卷1期))。

1946年

任《文讯》主编、福德图书馆馆长、大中国图书局总经理兼编辑部主任,兰州大学教授兼史学系主任。任社会教育学院教授,开"中国目录学"、"中国古代社会史"课。编《史苑》周刊。

撰《〈禹贡周刊〉发刊词》(刊于《国民新报》、1946年3月21日《禹贡周刊》第1期),《题秀野堂第一图》(手稿未刊),《〈史苑周刊〉发刊词》(刊于上海《益世报》、1946年9月6日《史苑》第1期)。

1947 年

仍任兰州大学教授兼史学系主任、社会教育学院教授、大中国图书局总经理兼编辑部主任。任南京国史馆纂修、民众读物社理事长。

撰《苏州的文化》(刊于《教育与社会》第 6 卷第 1 期、《苏州史志资料选辑》第 2 辑〔改题《苏州的历史和文化》〕)、《〈中国边疆〉复刊词》(刊于《中国边疆》第 3 卷第 9 期)、《中国边疆问题及其对策》(刊于《西北通讯》第 3、4 期)、《读"春秋"郑国彝铭因论郑之盛衰》(刊于《中央日报》1947 年 8 月 6 日《文物周刊》第 46 期)、《〈文史杂志〉复刊词》(刊于《文史杂志》〔新〕第 6 卷第 1 期)、《佛教下之西北》(刊于《西北通讯》第 7 期)。

1948 年

仍任兰州大学教授兼史学系主任、社会教育学院教授、大中国图书局总经理兼编辑部主任。任中国边疆学会甘肃分会理事长。

撰《〈尧典〉二十有二人说》(刊于《文史杂志》第 6 卷第 2 期)、《中国历史与西北文化》(刊于《西北论坛》第 1 卷第 6 期)、《中国通史与边疆史料》(刊于兰州《和平日报》1948 年 8 月 8 日《西北边疆》第 4 期)、《国立兰州大学积石堂碑记》(刊于《西北世纪》第 4 卷第 2 期、《上游集》)、《国立兰州大学昆仑堂碑记》(刊于《西北世纪》第 4 卷第 1 期、《上游集》)。

1949 年

仍任大中国图书局总经理兼编辑部主任。任边疆文化教育馆研究员。组织中国史地学社。任诚明文学院教授,开目录学及《左传》研究课,兼中国语文学系主任,开"中国文学史"、"传记研究"、"校勘学"课。任震旦大学教授,开"专书选读"课。

撰《尾生故事考》（刊于上海《中央日报》1949年3月18日《集纳》），《抛采绣球》（刊于《东南日报》1949年3月20日《文史》第130期），《东夷语试探》（刊于《东南日报》1949年2月27日至4月1日《文史》第127—131期），《九州名义小记》（刊于《东南日报》1949年4月8日《文史》第132期），《尾生故事补记》（刊于上海《中央日报》1949年4月26日《集纳》）。

1950年

仍任大中国图书局总经理，兼诚明文学院教授兼中国语文学系主任，开史汉比较研究课。兼任震旦大学教授，开"专书选读"和"考证学"课。任上海市文物管理委员会委员。

撰《伪东方朔书的昆仑说》（刊于《中国历史地理论丛》第2辑），《〈穆天子传〉及其著作时代》（刊于《文史哲》第1卷第2期），《〈禹贡〉中的昆仑》（刊于《历史地理》创刊号〔1981年11月〕），《〈水经〉中的河源》（刊于《文史集林》〔《人文杂志丛刊》第4期〕），《昆仑和河源的实定》（未刊），《酒泉昆仑说的由来及其评价》（刊于《中国史研究》1981年第2期），《〈山海经〉中的昆仑区》（刊于《中国社会科学》1982年第1期），《邹衍及其后继者的世界观》（刊于《中国古代史论丛》第1辑〔1981年〕），《〈庄子〉和〈楚辞〉中昆仑和蓬莱两个神话系统的融合》（刊于《中华文史论丛》1979年第2辑），《从古籍中探索我国的西部民族——羌族》（刊于《社会科学战线》第1期〔1980〕），《司马谈作史考》（刊于《周叔弢先生六十生日纪念论文集》）。

1951年

仍任大中国图书局总经理、上海市文物管理委员会委员。任上海图书馆筹备委员。任诚明文学院兼任教授，开"《尚书》研究"

课。任西北大学讲学教授。

撰《〈大诰〉校释译论》、《〈康诰〉校释译论》、《〈酒诰〉校释译论》、《〈梓材〉校释译论》、《〈召诰〉校释译论》、《〈多士〉校释译论》、《〈无逸〉校释译论》、《〈洛诰〉校释译论》(以上均为手稿未刊)。

1952 年

仍任大中国图书局总经理、上海市文物管理委员会委员、复旦大学、上海学院两校教授。任中国史学会上海分会理事。

撰《〈少室山房笔丛〉题记》(手稿未刊)。

1953 年

仍任大中国图书局(8 月改为大中国图片出版社)总经理、上海市文物管理委员会委员。任中国史学会上海分会第二届理事。

撰《中国古代的城市》(刊于《历史教学问题》1983 年第 3、5 期),《〈文学山房明刻集锦〉序》(刊于本书书首),《题胡吉宣著〈玉篇〉初校》(手稿)。

1954 年

8 月调北京。任中国科学院历史研究所第一所研究员、江苏省文物管理委员会委员。标点《资治通鉴》,任总校。

撰《〈苏南区文物管理委员会方志目录〉序》(刊于《图书馆杂志》1982 年第 1 期),《〈木兰从军〉序》(刊于此书书首),《〈中国上古史演义〉序》(刊于此书书首),《〈中国历史地图集〉序》(刊于本书书首),《〈清代地理沿革表〉序》(刊于此书书首)。

1955 年

任中国科学院历史研究所第一所研究员、学术委员,苏州市文物古迹保管委员会顾问。结束禹贡学会。校点完《资治通鉴》,始点《史记》。

编完《〈古籍考辨丛刊〉第一集》（1955年11月中华书局出版）。撰《〈子略〉(选录)序》(刊于《古籍考辨丛刊》第1集)，《〈战国策〉之古本与今本》(刊于《历史研究》1957年第9期)，《〈秦汉的方士与儒生〉序》(刊于此书书首)，《〈古籍考辨丛刊〉第一集序》(刊于此书书首)，《〈古籍考辨丛刊〉第一集后记》(刊于此书书末)，《〈周官辩非〉序》(刊于《文史》第6辑〔改题《"周公制礼"的传说和〈周官〉一书的出现》〕)，《〈礼经通论〉序》(手稿未刊)，《〈周官辨〉序》(手稿未刊)。

1956年

继续校点《史记》。参加考古工作会议及讨论历史科学长远规划草案会议。参加科学史讨论会、高教部审定文史教学大纲会议（先秦西汉史组）。

撰《朝阳类聚》一册。

1957年

继续校点《史记》。在山东大学讲《〈诗经〉的来源问题》。

撰《与辛树帜函三通为商榷〈禹贡制作时代的推测〉》(刊于《西北农学院学报》1957年第3期)。撰《息壤考》(刊于《文史哲》1957年第10期)。该年4月至1961年所做的笔记后辑为《汤山小记》22册。

1958年

参加国务院科学规划委员会古籍整理和出版规划小组成立会。当选中国民间文艺研究会常务理事。指导朝鲜研究生研究古朝鲜史。

校点完《史记》(1959年9月中华书局出版)。

1959 年

与苏联越特金商译《史记》。

撰《读尚书笔记》六册。全文注释《禹贡》(刊于《中国古代地理名著选读》第 1 辑)。撰《〈山海经〉说明》(手稿未刊),《读了〈义和团故事〉之后》(刊于《民间文学》1959 年 2 月号)。

1961 年

整理旧读书笔记。审核《辞海》经学、经学史、哲学和历史地理条目。

编订《史林杂识初编》(1963 年 2 月中华书局出版)。撰《〈古朝鲜研究〉序》(刊于《民间文学》1961 年 9 月号),《武王的死及其年岁和纪元》(刊于《文史》第 18 辑)。

1962 年

仍任中国科学院历史研究所第一所研究员。任编审、图书委员会委员。调刘起釪协助整理《尚书》。

撰《〈箧书盛影录〉序》(刊于此书书首),《〈尚书大诰〉今译》(刊于《历史研究》1962 年第 4 期),《〈逸周书·世俘篇〉校注、写定和评论》(刊于《文史》第 2 辑),《〈史林杂识〉初编小引》(刊于此书书首)。

1963 年

参加中国科学院哲学社会科学学部委员会第四次扩大会议。撰《中国史料的范围及其已有的整理成绩》(油印本,手稿),《为了迎接社会主义文化高潮,应建立中国古籍研究所,并大量出版古籍,供应全国以至全世界人民的需要》(排印本)。

1964 年

在北京大学为古典文献学专业上"经学通论"课。

1965 年

为何启君讲中国历史。

撰《由蒸报等婚姻方式看社会制度的变迁》(刊于《文史》第14—15辑)。

1966 年

继续为何启君讲中国历史并为修养病人讲北京历史。

撰《王伯祥先生〈书巢图卷〉后记》(刊于《文献》第8辑),《周公东征史事考证》(稿本未完,其中《"三监"人物及其疆地》与《周公执政称王》刊于《文史》第22、23辑)。

1967—1970 年

动乱中仍偷暇读书、写笔记。

1971—1973 年

受命主持标点《二十四史》。

撰《耄学丛谈》。

1974 年

撰《甲寅杂记》一册。

1975 年

撰《乙卯杂记》一册。

1976 年

撰《丙辰杂记》一册。

1977 年

撰《为杨惠之塑像问题题陈从周所绘〈甪直闲吟图〉》(刊于《中国历史文献研究集刊》第1集),《〈秦汉的方士与儒生〉重版前言》(刊于1978年上海古籍出版社此书首)。撰《读尚书随笔》二册、《耄学丛谈》一册。

1978 年

任中国社会科学院历史研究所研究员。调王煦华为助手,帮助整理一生的积稿。

撰《〈盘庚〉三篇校释译论》(与刘起釪合作,刊于《历史学》季刊1979年第1—2期),《〈尚书·甘誓〉校释译论》(与刘起釪合作,刊于《中国史研究》1979年第1期)。

1979 年

任中国社会科学院历史研究所学术委员、中国文学艺术界联合会全国委员、中国民间文艺研究会副主席、中国红楼梦学会顾问、《红楼梦学刊》编辑委员、《历史地理》顾问。与钟敬文等倡议建立民俗学及有关研究机构。继续整理校订旧稿。

撰《〈尚书·西伯勘黎〉校释译论》(与刘起釪合作,刊于《中国历史文献研究集刊》第1集),《"圣""贤"观念和字义的演变》(刊于《中国哲学》第1辑),《我是怎样编写〈古史辨〉的?》(王煦华整理,分上下两部分,分别刊于《中国哲学》第2辑、第6辑,又《古史辨》第一册上海古籍书店影印本),《柳毅传说与遗迹》(刊于《书林》1979年第1期),《嫦娥故事之演化》(刊于《书林》1979年第2期),《〈尚书·汤誓〉校释译论》(与刘起釪合作,刊于《郑州大学学报》〔社会科学版〕1980年第1期),《"夏"和"中国"——祖国古代的称号》(与王树民合作,刊于《中国历史地理丛刊》第1辑)。读《左传》,写读书笔记《读〈左传〉杂记》。

1980 年

任《文献》丛刊顾问。整理旧稿。

撰《〈梁启超年谱〉序》(刊于此书书首),《论巴蜀与中原的关系》(1981年四川人民出版社出版),《〈尚书·微子〉校释译论》

(与刘起釪合作,刊于《社会科学阵线》1981年第2期),《战国中山国史札记》(顾洪整理,刊于《学术研究》1981年第4期)。

12月25日,因脑溢血逝世,遗体献给中国医学科学院供解剖研究之用。

史念海先生学术年表＊

1912 年

生于山西省平陆县大臣村(今东太村)。

1918 年

是年至 1932 年,就读于平陆、运城、太原中小学,课余聆听父亲讲授《陆宣公奏议》《史通》等古籍。

1932 年

秋,考入北平辅仁大学历史系,"大一国文"课获免修。

1933 年

秋,大学二年级,选修谭其骧先生所授《中国历史时期的地理》课。

1934 年

2 月,参加顾颉刚先生创办的禹贡学会。

6 月,在顾颉刚先生创办的《禹贡》半月刊发表自己的第一篇学术论文《两汉郡国县邑增损表》,此后陆续发表《两唐书地理志互勘》《西汉侯国考》《秦县考》等文章,其中《西汉侯国考》后半部分文稿因抗战军兴,存于友人处遗失,未能刊出。

1935 年

夏初,在谭其骧先生寓所第一次面见顾颉刚先生。时顾先生

＊ 本年表由王京阳编制。

嘱校对投稿清样。

大学三年级，亲聆陈垣校长讲授《中国史学名著评论》课。

秋末冬初，经顾颉刚先生推荐，课余协助张国淦先生撰著《中国地方志考》。

1936 年

年初，顾颉刚先生嘱搜集资料和起草《中国疆域沿革史》。

5 月，毕业论文《钱竹汀先生之史学》经系主任张星烺先生阅后，获陈垣校长重视，并由顾颉刚先生推荐，在《北平研究院院务汇报》7 卷 3 期发表；以张国淦先生代起之笔名"沧州"在《新民月刊》2 卷 3 期发表《唐宋两代广州之贸易》。

7 月，北平辅仁大学毕业，陈垣校长亲自颁发毕业证并在典礼会上提及毕业论文《钱竹汀之史学》内容。

秋，在禹贡学会与白寿彝先生相识。

9 月，任禹贡学会编辑员，协助编辑《禹贡》半月刊，又兼河北通志馆编纂，编写《河北通志·沿革篇》。

1937 年

7 月，七七事变后离开北平返回平陆家中。

1938 年

3 月，商务印书馆出版《中国疆域沿革史》，署名顾颉刚、史念海。

4 月，因日军侵入平陆，遂西迁兰州，依顾颉刚先生安排，暂留兰州从事学术研究（顾先生预留生活费）。

秋，与友人杨向奎等参加甘肃科学教育馆熊德元发起组织的西北研究社，后任文书工作。

1939 年

3 月，经杨向奎先生介绍，赴甘肃平凉师范学校教授历史、国文课程。

上半年,在《西北论衡》7卷陆续发表《保卫大西北外围地理形势》《西北宗教与民族问题》《发展西北交通与建设西北农村》《晋永嘉乱后中原流人及江左居民》等文章。

7月,由平凉返回西安,受同乡马鹤天之邀,候任榆林的察哈尔蒙旗公署事务员。

8月,在昆明《益世报·史学》18期发表《晋永嘉流人及其所建的坞壁》,因删节过多,又于1940年8月在顾颉刚先生主编的《责善》半月刊上全文刊登。

11月,接顾颉刚先生成都来信,受邀填表加入新成立的边疆学会。

12月,由西安赴榆林,就任察哈尔公署代理秘书,转年任秘书。

1940年

春夏之交,参加马鹤天发起的中国边疆学会,后此学会与顾颉刚的边疆学会合并改称中国边疆学会陕西分会。

7月,在《责善》半月刊1卷10期发表《"汉子"与"伧父"》文章。

1940年秋—1941年7月,返回西安编辑《西北资源》月刊,并替中国边疆学会陕西分会印制两期学会刊物《边疆》。

11月,在《西北资源》1卷2期发表《敌寇套取法币之检讨》文章。

1941年

3月,在《西北资源》2卷1期发表《关中水利与西北盛衰之史的研究》长篇论文。

7月,在《责善》半月刊2卷9期发表《永嘉乱后江左对于流人之安置》论文。

9月,从西安到重庆江津县白沙镇,由辛树帜、顾颉刚先生介绍到国立编译馆工作,从事历史地理研究,完成三十余幅西汉地理图,抗战胜利后编译馆解散,图幅下落不明。

1942 年

2月,在《文史杂志》2卷2期发表《汉代对于西北边郡的经营》论文。

冬至第二年春,经顾颉刚先生介绍参加中国史地图表编刊社,因与办社商人志趣不合退出。

1943 年

10月,在《文史杂志》2卷9、10期连续发表《论战国时代的国际关系及其所受地理环境的影响》论文。

1944 年

1月,在《文史杂志》3卷1、2期连续发表《秦汉时代国内之交通路线》论文。

3月,在《东方杂志》40卷5期发表《娄敬和汉朝的建都》论文。

7月,在《文史杂志》4卷1、2期连续发表《论秦汉时代的民族精神》论文。

8月,在《政治家》月刊创刊号发表《晁错及其边防政策》论文。

9月,所撰《中国的运河》,在重庆史学书局出版。是为历史地理学科不应局限于历史学的辅助学科的一次尝试。

1945 年

夏至第二年4月,在编译馆工作之余协助顾颉刚先生编辑《文史杂志》,为北碚修志馆编《北碚志·沿革篇》。

8月,在《文史杂志》6卷2期发表《论诸葛亮的攻守策略》论文。

秋,为顾颉刚先生主编《中国名人传》撰写《娄敬传》。

11月,在《东方杂志》41卷22期发表《秦汉时代关西人民的尚武精神》论文。

12月,在《史学杂志》1期发表《战国时代的"插花地"》论文。

冬,因事离渝返陕,由西安西北行经彬县、泾川、平凉、固原、银川、石咀山、磴口至河套地区的杭锦后旗。

1946年

2—7月,任时迁到北碚的复旦大学史地系副教授,讲授中国沿革地理、中国史学史、中国史料目录学等课程。

8月,在《经世日报·禹贡周刊》第1号发表《论战国时宋国之疆土》论文。

夏至12月,因夫人生产日近,留守已东迁的编译馆旧址,应文通书局编辑白寿彝先生之请帮助审稿及协助编辑《文讯月刊》。

12月,由重庆北碚合家返陕,居凤翔县。

1947年

1月,应辛树帜校长之聘,任兰州大学历史系教授,讲授"中国通史"、"秦汉史"、"中国沿革地理"等课程。

9月,代理历史系主任。

1948年

5月,因兰州大学发生乱校风潮,离开兰州到西安。

10月,就任西北大学历史系教授。

1950年

春,调任西北大学师范学院史地系教授。

夏,应白寿彝先生之请到北京师大历史系讲授"中国历史地理"课程。

1953年

开始撰写《中国历史地理纲要》讲义。

12月,参加中国民主促进会。

1954 年

11月,西北大学师范学院独立设置,更名西安师范学院,任历史系主任。

1955 年

4月,到北京见谭其骧先生,呈送所编《中国历史地理》讲义。

1956 年

在西安师范学院《教学与研究》第1期发表《春秋战国时代农工业的发展及其地区的分布》论文。

是年,被评为"全国先进生产者"称号。

1958 年

在《人文杂志》第2期发表《释史记·货殖列传所说的"陶为天下之中"——兼论战国时代的经济都会》论文。

1959 年

在《人文杂志》第3期发表《石器时代人们的巨地及其聚落分布》论文。在《人文杂志》第6期发表《开皇天宝之间黄河流域及其附近地区农业的发展》论文。

1960 年

在《人文杂志》第1期发表《隋唐时期长江下游农业的发展》论文。在《人文杂志》第3期发表《春秋时代的交通道路》论文。在《人文杂志》第4期发表《三门峡与古代漕运》论文。

1961 年

5—8月,在《西安晚报》陆续发表《郑国渠的故事》《函谷关和潼关》等4篇科普短文章。

1962 年

8—12月,在《西安晚报》陆续发表《昆明池的通塞》《咸阳和驰道》等15篇科普短文章。

是年,在《北京师范大学学报》第3期发表《战国至唐初太行山东经济地区的发展》论文,并应白寿彝先生请到北京师大历史系就该文作学术报告;在陕西师范大学《科学研究论文选辑(社会科学部分)》发表《黄河流域蚕桑事业盛衰的变迁》论文。

1963年

9月,所著论文集《河山集》(初集)由三联书店出版。新发表论文有《秦汉时代的农业地区》《古代的关中》。

1964年

11月,当选第三届全国人大代表。

是年,在陕西师范大学《科学研究论文选辑》(社会科学部分)发表《汉中历史地理》论文。

1965年

在陕西师范大学《科学研究论文选辑》发表《陕西地区蚕桑事业盛衰的变迁》论文。

1971年

12月,借调陕西省军区,从事时任兰州军区司令员皮定钧指示的编写《陕西军事历史地理》工作,负责撰写总序部分。

1972年

4月16—26日,与李之勤、李健超先生等七人首次进行陕西军事历史地理野外考察,由西安东北经韩城、龙门、河津、侯马,南下潼关出秦汉函谷关至洛阳,再南穿熊耳、伏牛两山到南阳,由西峡、武关返回。了解历史上潼关等地的地理形势及地位。

6月8日—7月14日,与李之勤、李健超、田泽生先生及摄影师李忠义先生等赴陕北和内蒙古地区,考察洛川旧城、吴堡、佳县、榆林镇北台及两翼长城、唐麟州城、宋府州城、红碱淖和洪州城、银州城和永乐城、沙漠中的统万城、多盐湖的盐州，还有旬邑县的石门关。依据出土墓志、地理形势确定了唐银州城、宋永乐城位置。归途经彬县、长武考察关中西部的一些战地和道路，有陈仓、回中道、五丈原、和尚原等。

1973 年

3月—4月8日，与李健超先生等进行第三次考察，由西安越秦岭，循子午道至石泉，再溯江至汉中，依栈道旧迹南下考察宁强百牢关、甘肃徽县仙人关，沿诸葛亮所出祁山之路到礼县，复越秦岭至天水、张家川陇城镇寻找街亭遗址，东越陇山，探知陇关关址，北上平凉、固原、考察萧关、朝那、秦县城，又东北至环县，了解秦长城避开盐碱地而绕弯修筑的情况，再经宁夏吴忠到银川、灵武，行走古代通灵州的大道。继从定边、吴旗、延安、富县、黄陵返回西安。原拟考察直道，因汽车故障未能成行。

11月19—23日，与李健超先生等考察西安近郊的历史战地及历史遗迹香积寺、斗门镇、汉昆明池遗址、秦阿房宫遗址、唐内苑光泰门遗址、唐青龙寺、汉长安城、汉建章宫等处。

1974 年

1月11日，与李健超先生等考察秦咸阳遗址、唐武则天母杨氏顺陵、秦汉栎阳城遗址。

1975 年

2月21—29日与李健超先生等考察秦直道及陇东黄土高原古城寨等遗迹，由淳化县秦林光宫即汉甘泉宫遗址北上子午岭，沿山脊的林场道路北行到石门关，途中丈量观察直道遗迹宽度、坡度，至富县直罗镇西北，又西南行过甘肃正宁、宁县、泾川，绕道灵台、崇信等县，考察当地的良原和庆阳县的董志原后,经宝鸡返回西安。

是年,在《陕西师大学报》第 3 期发表《秦始皇直道遗迹的探索》论文。

1976 年

12 月,作为三主编之一与谭其骧、侯仁之、陈桥驿等先生参加在西安小寨饭店举行的《中国自然地理·历史自然地理》审稿会。

是年,在《陕西师大学报》第 2 期发表《黄河在山陕之间》论文。在《陕西师大学报》第 3 期发表《周原的变迁》论文。

1977 年

在《陕西师大学报》第 1 期发表《论泾渭清浊的变迁》论文;在《陕西师大学报》第 3 期发表《历史时期黄河在中游的下切》论文;在《陕西师大学报》第 4 期发表《西周至元代陕西地区的蚕桑事业》论文。

1978 年

2 月,担任第五届全国政协委员。

夏秋之际,担任民进陕西省委临时领导小组成员。

12 月,经陕西省委组织部批准担任陕西师大副校长。

是年,在《西北大学学报》第 2 期发表《周原的历史地理及周原的考古》论文;在《陕西师大学报》第 2 期发表《黄河中游战国及秦时诸长城遗迹的探索》论文;在《陕西师大学报》第 3、4 期发表《论两周时期黄河流域的地理特征》论文。

1979 年

2 月,在西安参加国家计委、农林部、水电部联合召开的黄土高原水土保持农林牧发展科研工作讨论会。

6 月,在西安丈八沟陕西宾馆参加中国地理学会历史地理专业委员会首届学术研讨会。

是年,在《陕西师大学报》第1期发表《论禹贡的导河和春秋战国时期的黄河》论文;在《人文杂志》第1、2期发表《战国秦汉时期黄河流域及其附近各地经济的变迁和发展》论文;在《陕西师大学报》第3期发表《论禹贡的著作年代》论文;在《陕西师大学报》第4期至1980年第3期发表《以陕西省为例探索古今县的命名的某些规律》论文;在陕西师范大学《社会科学研究论文选辑》第2辑发表《鄂尔多斯高原东部战国时期秦长城遗迹探索记》论文。

是年,加入中国共产党。

1980 年

1月,担任政协西安市第六届委员会副主席。

春,应西北大学校长郭琦邀集,与唐长孺先生等议决成立唐史研究会。

6月,撰写《黄土高原及其农林牧分布地区的变迁》论文,刊中国科学院农业现代化调查研究室编《参考资料》。

秋,在西安陕西师大成立的唐史研究会入会上被选为副会长。

是年,在《北京师范大学学报》第2期发表《两千三百年来鄂尔多斯高原和河套平原农林牧地区分布及其变迁》论文。

1981 年

5月,所著论文集《河山集》(二集)由三联书店出版。新发表论文有《历史时期黄河在中游的侧蚀》《历史时期黄河中游的森林》《与辛树帜先生论禹贡书》等论文;就任经教育部批准成立的陕西师范大学唐史研究所所长。

7月25日—8月1日,在太原参加中国地方史志协会成立大会暨首届地方史志学术讨论会并作学术报告。

10月,经国务院学位委员会批准为首批历史地理博士生导师,为陕西省26名博导中唯一文科博导;在西安主持"历史河流水文地理学术讨论会",并与谭其骧、陈桥驿先生等四十余人考察黄河壶口瀑布。

12月,受聘担任国务院古籍整理出版规划小组成员。

是年,在《陕西师大学报》第1期发表《论地名和地名的整理工作》论文;在《红旗》杂志第5、6期发表《黄河中游森林的变迁及其经验教训》论文,北京科学教育电影制片厂据此拍成《黄土与森林》的科教片,日本NHK电视台也制作访谈节目宣传其学术观点;在《中国地方史志通讯》第5、6期发表《论历史地理学和方志学》论文;在其主编的《中国历史地理论丛》第1辑收入所撰《祖国锦绣河山的历史变迁》《由历史时期黄河的变迁探讨今后治理黄河的方略》论文。

1982年

1月,所任副主编的《中国自然地理·历史自然地理》由科学出版社出版。

2月,所撰《史念海自传》收入《中国现代社会科学家传略》第1辑,山西人民出版社出版。

4月26日—5月4日,带研究生考察潼关、旧函谷关、新函谷关及登封嵩阳书院、少林寺等地。

7月25—31日,在太原并州饭店参加北方八省区地方志研究班并作报告。

暑假,与上官鸿南先生及研究生等赴甘肃、新疆考察。

9月1—5日,到上海参加中国地理学会和复旦大学联合举办的中国历史地理学术讨论会。谭其骧、侯仁之先生及日本三位学者出席。

10月,担任政协西安市第七届委员会副主席。22—29日,带研究生考察黄河古道,24日到淇县,25日到浚县大伾山,28日到安阳,29日到济源后返回西安;在《秦俑馆开馆三年文集》发表《考古发掘与历史研究》论文;带研究生去河南淇县考察黄河故道。

是年,在《陕西师大学报》第1、2、3期发表《论济水和鸿沟》论文;在《陕西地方志通讯》第1期发表《发扬历来重视方志的传统精神》《方志刍议——在山西省第二次地方志工作会议上的讲话》论文;在《扬州师院学报》第2期发表《论唐代扬州和长江下游的经济地区》论文;在《生态学杂志》第3期发表《论历史时期黄土高原生态平衡的失调及其影响》论文;在《陕西地方志通讯》第2期发表《方志的撰述与有关地区自然环境演变规律的探讨》论文;在《陕西地方志通讯》第3期发表《论旧方志与新方志》论文;在《陕西地方志通讯》第5期发表《怎样写好地方志》论文;在《中华文史论丛》第3辑发表《唐代前期关东地区尚武风气的溯源》论文;在《北京师范大学学报》第5期发表《论方志中的史与志的关系》论文。

1983年

3月,所撰《青山踏遍绘新图》收入《中国当代社会科学家》第3辑,书目文献出版社出版。

4月,在西安会见白寿彝先生,承接白先生总主编多卷本《中国通史》中《隋唐史》的主编工作。

5月7日—6月1日,带研究生一行五人考察西南古道,出陕西过秦岭,经四川、云南、贵州、重庆、湖北等地,考察了剑门关、都江堰、清溪关、大理驿道、三峡水道等地方。

6月,担任第六届全国政协委员。

夏,到上海复旦大学参加谭其骧先生博士生答辩会,又赴莫干山参加国家大地图集历史地理卷首次编辑会议;到武汉大学作《由地理的因素试探远古时期黄河流域文化最为发达的原因》学术报告。

9月,在西安参加中国古都学会成立大会暨第一次学术讨论会,当选为会长,谭其骧、侯仁之先生被推为名誉会长;与曹尔琴先生合著《王静安对历史地理学的贡献》论文收入《王国维学术研究论文集》第1集,华东师范大学出版社出版。

11月,当选中国唐史学会副会长;担任陕西师大古籍整理研究所名誉所长;在《历史地理》第3辑发表《由地理的因素试探远古时期黄河流域文化最为发达的原因》论文。

是年,在《地名知识》第3期发表与曹尔琴先生合著《论雁门关》论文。

1984年

3月8—11日,邀请陈桥驿先生来西安为研究生上课,并赴大荔、合阳、韩城县考察战国魏西长城遗址,又经合阳、澄城、蒲城、富平到黄陵考察。

4月,在西安参加白寿彝先生主持的《中国通史·隋唐史》编撰研讨会,承担上册主编并撰写序说部分第1、4章,综述部分第2、3章,第10章第2节,典章部分第1、7、8章。此外还承担撰写《商周史》丙编第2章。

10月,在中共中央书记处研究室《调查和研究》第199期发表《森林地区的变迁及其影响》论文。

11月,担任民进第五届陕西省委主任委员。

12月,受聘担任《中华人民共和国国家地图集·历史地图集》编委会副主任委员兼农牧业图组组长。

年底,所指导首届硕士研究生举行答辩会。

是年,在《历史研究》第2期发表《河南浚县大伾山西部古河道考》论文;在《西北史地》第3期发表《函谷关和新函谷关》论文。

1985年

3月,与曹尔琴先生合著《李吉甫》论文收入《中国史学家评传》,中州古籍出版社出版;应陕西省委第一书记马文瑞建议,与曹尔琴、朱士光先生合著《黄土高原森林与草原的变迁》由陕西人民出版社出版。

4月,在《中国古都研究》第1辑发表《蓝田人时期至两周之际西安附近地区自然环境的演变》论文,浙江人民出版社出版。

5月,主编《文史集林》第1辑,收入所撰《陕西省在我国历史上的战略地位》论文,《人文杂志》丛刊出版。

9月,主编《中国历史地理论丛》第2辑,收入所撰《论地名的研究和有关规律的探索》《论黄土高原的治沟和治水》《再论关中东部战国时期秦魏诸长城》等论文,陕西人民出版社出版。

10月,在西安参加《国际黄土研究讨论会》,并与陈桥驿先生及研究生赴陕北考察古长城。

是年,在《文物》杂志第11期发表《洛河右岸战国时期秦长城遗迹的探索》论文。

1986年

3月,与曹尔琴先生合著《方志刍议》由浙江人民出版社出版,所撰《论方志的纂修与实地考察》《方志的纂修和对于自然与社会演变规律的探索》《论宋敏求的长安志》(与曹尔琴先生合著)《李吉甫与元和郡县图志》(与曹尔琴先生合著)收入其中。

5—6月,应邀到美国加利福尼亚州立大学北岭分校讲学。

8月,到兰州大学参加历史地理及丝绸之路学术讨论会并赴天水麦积山考察。

9月,在《中国古都研究》第2辑发表《中国古代都城建立的地理因素》论文,浙江人民出版社出版。

12月,所撰《陕西省地理区划的沿革》作为总述第1章收入《陕情要览》,陕西人民出版社出版。

是年,在《浙江学刊》第1、2期合刊发表《中国古都学刍议》论文;在《史学史研究》第1期发表《中国历史地理的渊源和发展》论文;在《今日中国》杂志第11期发表《终南山下的樊川》文章。

1987年

1月,主编《唐史论丛》第2辑,收入所撰《隋唐时期黄河上中游的农牧业地区》论文,陕西人民出版社出版;主编《唐史论丛》第3辑,收入所撰《唐代河北道北部农牧业地区的发布》论文,陕西人民出版社出版;主编《文史集林》第2辑,收入所撰《陕西北部的地理特点和在历史上的军事价值》《关中的历史军事地理》论文,三秦出版社出版。

3月,担任陕西师大历史地理研究所所长。

5月,在《王国维学术研究论集》第2编发表《论王静安先生研治历史地理学的方法》论文,华东师范大学出版社出版。28—29日,为配合电视台拍摄黄土高原变迁片,与上官鸿南先生带研究生经铜川、洛川、宜川赴黄河壶口考察。

6月,赴华东师大参加王国维学术研讨会。

8月,在西安小寨省军区招待所主持《西安国际历史地理学术讨论会》,并与谭其骧先生等参观考察楼观台、翠华山、渼陂等地。

11月,担任陕西省政协常委。

是年,主编正式刊物《中国历史地理论丛》,并在第1期(总第4辑)发表《论两周时期农牧业地区的分界线》《新秦中考》论文;在《中国历史地理论丛》第2期发表《历史时期黄土高原沟壑的演变》论文;在《人文杂志》第3期发表《两点希望》文章。

1988年

1月,所指导的首届博士生举行学位授予仪式;在北京中组部招待所参加《中国大地图集》项目启动仪式;所著论文集《河山集》(三集)由人民出版社出版。

3月,主编《唐史论丛》第1辑,收入所撰《开元天宝时期长安的文化》论文,陕西人民出版社出版;受聘担任中国科学院黄土高原综合科学考察队学术委员会委员。

4月,所著《中国的运河》修订本由陕西人民出版社出版。

5月,担任第七届全国政协委员。

6月,所撰《胡渭〈朏明学案〉》论文收入《清儒学案新编》第2卷,齐鲁书社出版;所撰《阎若璩〈潜邱学案〉》论文收入《清儒学案新编》第2卷,齐鲁书社出版;在《唐史论丛》第4辑发表《论唐代前期陇右道的东部地区》论文,三秦出版社出版。

7月,担任民进第六届陕西省委主任委员。所撰《关于历史时期黄土高原沟壑的演变研究的若干问题》论文收入《黄土高原综合治理与开发》,中国展望出版社出版。

8月,在河南安阳参加中国古都学会年会并到周边考察。

10月,在河南安阳中原宾馆参加中国古都学会第六次年会,确定七大古都称谓,并考察安阳、内黄、汤阴等地。

是年,在《中国历史地理论丛》第1期发表《历史时期森林变迁的研究及有关的一些问题》论文;在《中国历史地理论丛》第2期发表《隋唐时期域外地理的探索及世界认识的再扩大》论文；在《中国历史地理论丛》第 3 期发表《直道和甘泉宫遗迹的质疑》论文；在《中国历史地理论丛》第 4 期、1989 年 1 期连载《河西与敦煌》论文。

1989 年

3 月，在《中国古都研究》第 4 辑发表《中国古都形成的因素》论文，浙江人民出版社出版；受聘担任陕西省生态学会学术顾问。

5 月，为山西省平陆县黄河书画展作《黄河颂》文章。

7 月，所撰《中国古代都城建都期间对于自然环境利用和改造及其影响》论文收入《余嘉锡先生纪念文集》，湖南教育出版社出版。

暑假，与朱士光先生等赴陕西周至县黑河考察，因无公路通达徒步至仙游寺。

10 月，在西安参加中国唐史学会第四届年会暨国际唐史学术讨论会。

11 月，被剑桥大学名人传记中心收入《英国剑桥世界名人录》。

是年，在《史学史研究》第 2 期发表《唐代的地理学和历史地理学》论文；在《中国历史地理论丛》第 2 期发表《历史地理学的形成因素》论文；在《中国历史地理论丛》第 3 期发表《班固对于历史地理学的创建性贡献》论文；在《中国历史地理论丛》第 4 期发表《壶口杂考》《与王北辰先生论古桥门与秦直道书》论文。

1990 年

11 月 12—16 日，在上海复旦大学参加《庆祝谭其骧先生八十寿辰暨从事学术活动六十周年国际中国历史地理学术讨论会》，并到江苏吴县甪直镇等地考察。

12 月，国家教委颁发荣誉证书，表彰从事高校科技工作四十年。国家教委、国家科委联合颁发证书,授予全国高校先进科技工作者称号。

是年,在《中国历史地理论丛》第1、2期发表《西周与春秋时期华族与非华族的杂居及其地理分布》论文;在《中国历史地理论丛》第3期发表《致谭季龙先生书》《春秋以前的交通道路》论文;在《中国历史地理论丛》第4期发表《论班固以后迄于魏晋的地理学和历史地理学》论文。在《陕西师大学报》第1期至1991年2期发表《中国古都概说》长篇论文;在《历史研究》第1期发表《隋唐时期重要的自然环境的变迁及其与人为作用的关系》论文;在《陕西师大学报》第2期发表《增强历史责任感繁荣祖国学术事业》文章;在《史学史研究》第3期发表《忆先师陈援庵先生》文章。

1991年

4月,赴山西太原参加山西省历史地图审稿暨学术研讨会;在西安陕西师大主持《西安历史地理学术研讨会》。

5月,与上官鸿南先生等到西安城南终南山野外考察,在翠华山路上突发心脏病昏厥。回城后在陕西省人民医院安装心脏起搏器。住院间口述论文《论西安周围诸河流量的变化》;随后以陕西师大中国历史地理研究所名义向省政府提出关于根本解决西安城市用水问题的建议,得到省政府采纳,省林业厅提出具体实施办法。

8月,赴香港大学参加《1991国际隋唐五代史研讨会》,宣读《隋唐时期农牧业地区的变迁及其对王朝盛衰的影响》论文。

9月,在《中国古都研究》第7辑发表《中国古代都城的萧条与破坏》论文,山西人民出版社出版。

10月,获国务院颁发享受政府特殊津贴证书,表彰为我国科学研究事业做出突出贡献;受陕西古籍整理办公室委托担任《古长安丛书》主编,所撰《古长安丛书总序》刊于辛德勇著《隋唐两京丛考》中,三秦出版社出版。

11月,所撰专著《中国历史人口地理和历史经济地理》由台湾学生书局出版。

12月,所著论文集《河山集》(四集)由陕西师范大学出版社出版。新发表论文有《秦岭巴山间在历史上的军事活动及其战地》《论战国时期称雄诸侯各国间的关系及其所受地理环境的影响》《与代县友人论雁门关书》《再与王北辰先生论古桥门与直道书》;所著论文集《河山集》(五集)由山西人民出版社出版。新发表论文有《两唐书列传人物本贯的地理分布》;所著《中国历史地理纲要》上册,山西人民出版社出版。中央广播电视大学选为教材。

是年,在《中国历史地理论丛》第1期发表《战国时代的交通道路》论文;在《中国历史地理论丛》第2期发表《论我国人口重心区域的变迁》论文;在《中国历史地理论丛》第3期发表《论历史时期我国植被的分布及其变迁》论文;在《中国历史地理论丛》第4期发表《隋唐时期农牧地区的变化及其对王朝盛衰的影响》论文;在《文史知识》第1期发表《我研习中国历史地理学的过程》文章。

1992年

4月,受聘担任国务院古籍整理出版规划小组顾问。

5月,所著《中国历史地理纲要》下册由山西人民出版社出版,中央广播电视大学选为教材;24—28日,在陕西师大中国历史地理研究所和西安联合大学中国历史地理研究室联合召开的中国历史地理学术讨论会作《发挥中国历史地理学有用于世的作用》发言并于《中国历史地理论丛》第3期发表;陕西师大举办庆祝史念海先生八十寿辰暨从事学术活动六十周年大会。

10—11月，与朱士光先生等考察黄河中下游地区农业历史地理的演变，途经陕西、河南沿黄河流经到达山东东营黄河入海口，回程经河北邯郸、山西长治、侯马、永济、风陵渡返回西安。

是年，在《中国历史地理论丛》第1期发表《论我国历史上东西对立的局势和南北对立的局势》论文；在《中国历史地理论丛》第2期发表《黄土高原主要河流流量的变迁》论文及《景爱秦长城与腾格里沙漠跋》；在《中国历史地理论丛》第3期发表《发挥中国历史地理学有用于世的作用》论文；在《中国历史地理论丛》第3、4期发表《十六国时期各割据霸主的迁徙人口》论文；在《陕西师大学报》第3期发表《论西安周围诸河流量的变化》论文；在《文史知识》第6期发表《陕西在秦汉时期历史中的地位》论文。

1993年

2月，所撰《我国历史上周边地区人口变迁蠡测》论文收《马长寿纪念文集》，西北大学出版社出版。

9月，在西安主持中国古都学会成立大会暨第一次学术讨论会。

10月，所撰《论三国志及晋书列传人物本贯的地理分布》收入《中国东南地区人才问题国际研讨会论文集》，刊于《浙江大学学报》丛刊；10月9日—12月8日，应藤善真澄教授邀请赴日本大阪关西大学东西学术研究所讲学，作《唐长安城外郭城街道的变迁及里坊的设置》《中国的运河》《中国的长城》等报告。

是年，在《中国历史地理论丛》第1期发表《论陕西省的历史民族地理》论文；在《中国历史地理论丛》第2期发表《论秦九原郡始置的年代》《郦道元与其水经注中所记的高阙》《说唐与吐蕃相争已久的维州城》论文；在《中国历史地理论丛》第3期发表《顾颉刚先生与禹贡学会》文章；在《中国历史地理论丛》第4期发表《中国古都和文化》论文。

1994 年

8月,所撰《论唐代贞观十道和开元十五道》论文收入《历史科学与历史前途——纪念白寿彝教授八十五华诞》,河南人民出版社出版。

是年,在《中国历史地理论丛》第1期发表《唐代长安外郭城街道及里坊的变迁》论文;在《中国历史地理论丛》第2、3期发表《论西北地区诸长城的分布及其历史军事地理》论文;在《中国历史地理论丛》第4期发表《隋唐时期运河和长江的水上交通及其沿岸的都会》《唐代原州的木峡关和石门关》论文;在《陕西师大学报》第4期发表《论中国古都文化与当代文化的融通》论文。

1995 年

10月,在《唐史论丛》第六辑发表《隋唐时期的交通与都会》论文。

11月,荣获香港柏宁顿(中国)教育基金会颁发首届"孺子牛金球奖"。

12月,所著《河山集》(1—5集)获国家教委全国高校人文社会科学研究优秀成果一等奖。

是年,在《中国历史地理论丛》第1期发表《唐代通西域道路的渊源及其途中的都会》论文;在《中国历史地理论丛》第2、3期发表《隋唐时期农牧地区的演变及其影响》论文;在《中国历史地理论丛》第4期发表《西安地区地形的历史演变》论文;在《陕西师大学报》第2期发表《古代音乐戏曲杂耍与古都文化》论文。

1996 年

8月,主编《西安历史地图集》,西安地图出版社出版。

9月,在西安参加西北大学考古专业成立40周年纪念会并宣读骈体贺词。

10月27日,在《光明日报》发表《防止河患应着眼治本》文章。

是年,所撰《再论历史地理学与方志学》收入《中日地方史志比较研究》,南开大学出版社出版;在《中国历史地理论丛》第1期发表《环绕长安的河流及有关的渠道》论文;在《中国历史地理论丛》第2期发表《释〈禹贡〉雍州"终南惇物"和"漆沮既从"》论文;在《中国历史地理论丛》第3期发表《中国历史地理学区域经济地理的创始》论文;在《中国历史地理论丛》第4期发表《西安附近的原始聚落和城市的兴起》论文。

1997年

3月,所撰《古都安阳的历史地位》收入《中外学者论安阳》,新华出版社出版。

4月,所撰《汉魏洛阳故城在历史上的地位和作用》收入《偃师古都文化论文集》,偃师古都学会出版。

6月,参加全国古籍提要编纂工作会议;与吴宏岐合著《略论秦直道》论文发表在《秦文化论丛》第5辑,西北大学出版社出版。

8月,在西安夏威夷酒店举办的唐史研习班上讲课,题为《隋唐长安城的营建与中国传统文化的关系》。

9月,在西安外语学院主持中日合作汉唐长安城与黄土高原首届学术讨论会,会后与香港学者黄约瑟先生等考察甘肃乌鞘岭。

10月,赴山东曲阜参加中国古都学会年会。

11月28日,在《光明日报》发表《改革黄土高原广种薄收的经营方式》文章。

12月1日,应妹尾达彦教授邀请赴日本筑波大学讲学;《隋唐史》收入其任主编之一的《中国通史》(总主编白寿彝)第6卷,由上海人民出版社出版,收入所撰《中国通史隋唐卷编写旨趣》《隋唐史基本史料》《隋唐疆域和行政区划及其变迁》《隋唐两代自然环境的利用和变迁》《隋唐时期经济重心南移的趋势》《唐代的长安和洛阳》等篇章；所著论文集《河山集》（六集）由山西人民出版社出版。

是年，应西安市委崔林涛书记之请担任《古都长安》丛书主编，计划出书50种；在《中国历史地理论丛》第2期发表《唐长安城外龙首原上及其邻近的小原》论文；在《中国历史地理论丛》第3期发表《先秦城市的规模及城市建置的增多》论文；在《中国历史地理论丛》第4期发表《最早建置都城的构思及其对汉唐诸代的影响》《十六国和南北朝时期长安城中的小城、子城和皇城》论文。

1998年

3月，主编《隋唐史卷·陕西通史》由陕西师大出版社出版，其中《历史地理卷》与萧正洪、王双怀合著。

4月，主编《汉唐长安与黄土高原》（中日历史地理合作研究论文集）第1辑，收入所撰《黄土高原的演变及其对汉唐长安城的影响》及与马驰合著《关陇地区的生态环境与关陇集团的建立和巩固》论文，《中国历史地理论丛》增刊。

7月，所著论文集《中国古都与文化》（原拟作《河山集》八集）由中华书局出版。

11月，所撰《西安附近秦岭山上森林的变化》论文收入《胡厚宣先生纪念文集》，科学出版社出版。

12月，主编的《西安历史地图集》获教育部普通高校第二届人文社会科学研究成果历史学一等奖。

是年，在《中国历史地理论丛》第2期发表《汉代长安城的营建规模》论文。在《中国历史地理论丛》第2、3期发表《我与中国历史地理学的不解之缘》文章；在《中国历史地理论丛》第3期发表《西汉零陵郡始安县址刍议》论文;在《中国历史地理论丛》第 4 期发表《郑韩故城溯源》论文;在《文博》杂志第 3 期发表《半坡遗址与历史地理研究》文章;在《传统文化与现代化》杂志第 3 期发表《〈周礼·考工记·匠人营国〉的撰著渊源》论文。

1999 年

1 月,所著论文集《河山集》(七集)由陕西师大出版社出版。

10 月 28 日,在山东莒县举行的中国古都学会第十六届会议上卸任会长职务。

12 月,主编《汉唐长安与关中平原》(中日历史地理合作研究论文集)第 2 辑,收入所撰《唐长安城的池沼与林园》论文,《中国历史地理论丛》增刊。

是年,在《中国历史地理论丛》第 1 期发表《司马迁规划的农牧地区分界线在黄土高原上的推移及其影响》论文;在《中国历史地理论丛》第 3 期发表《黄土高原考察琐记》文章;在《中国历史地理论丛》第 4 期发表《龙首原和隋唐长安城》论文;在《文史知识》第 6 期发表《中国历史地理学的回顾与前瞻》论文;在《史学史研究》第 3 期发表《风雨春秋,亦师亦友——祝贺白寿彝教授九十华诞》文章。

2000 年

3 月,所撰《顾颉刚创立禹贡学会及其以后的二三事》收入《学林往事》,朝华出版社出版;所撰《张国淦文集序》刊《张国淦文集》,北京燕山出版社出版。

12 月 19 日,在《光明日报》黄土高原地区历史环境变迁与治理对策国际学术研讨会论文摘登发表《深化研究为世所用》文章。

是年,在《中国历史地理论丛》第 2 期发表《评景爱著〈沙漠考古通论〉》文章。

2001 年

3 月 27 日病逝。终年九十岁。

（说明:2003 年 6 月,《游城南记校注》,(与曹尔琴合著),三秦出版社出版;2006 年 7 月,遗稿《回忆文史杂志在北碚的旧事》收入《顾颉刚先生学行录》,中华书局出版;2006 年遗稿《方志门槛内外的徘徊》刊于《中国历史地理论丛》第 2 期;2006 年 12 月,先生生前编就《河山集》第九集由陕西师大出版社出版;2012 年,《史念海全集》七卷本由人民出版社出版。收入遗稿《关中平原和汉唐长安城》、《历史聚落和城市地理》等论文;2012 年 10 月,陕西师范大学举行《史念海先生百年诞辰纪念大会》,设立"史念海中国历史学学术奖"。)